第2部 より高度なファシリテーションへの道

- 第1章 対話型授業とジェネレイティブ・ファシリテーター
- 第2章 ホールシステム・アプローチへの招待
- 第3章 ワールド・カフェ
- 第4章 AI（アプリシエイティブ・インクワイアリー）
- 第5章 フューチャーサーチ
- 第6章 OST（オープンスペース・テクノロジー）

3月 終業式

第10章 ファシリテーター・マインド
1. 言葉かけ・言葉えらび
2. 学習者との関係性

第5章 「見える化」する
1. 学びや話し合いを「見える化」する
2. 学びや話し合いを構造化する

第9章 評価する
1. 学習者の評価
2. 実践者の評価

12月 成績つけ

7月 1学期末

第8章 マネジメントする
1. 対立を解消する
2. 合意形成・意思決定とオープンエンド

10月 体育の秋

第6章 ファシリテーションの落とし穴

8月 夏休み

9月 2学期目

第7章 場をみる
1. 「みること」と「きくこと」
2. ひろうこと

教育ファシリテーターになろう！

グローバルな学びをめざす参加型授業

石川一喜・小貫 仁 / 編

弘文堂

はじめに

　本書は教育分野におけるファシリテーションを想定して書かれています。ファシリテーションの技法は、学校、企業内研修、地域の生涯学習など、学ぶことを目的としたすべての場所で応用が可能です。教える立場にある人たちがファシリテーターとしての教育観をもつことで、教室にいるすべての人が互いに教え、教えられる関係になること、そのとき、学びは単なる知識の伝達を超えた相互作用へと変わることを、たくさんの方々に実感していただくことが本書の目的です。

　本書は、私たちが2004年から企画運営に携わってきた拓殖大学の公開講座「国際開発教育ファシリテーター養成コース」の内容がベースになっています。これまでに11期、のべ400名以上の受講生の皆さんと学び合ってきた蓄積の結晶です。ともすれば停滞しがちな学びの場を少しでも活性化し、より多くの気づきを得る場所にするために、「ファシリテーターのあり方とは？」「よりよいファシリテーションとは？」と議論を重ねてきたこの10年間を1つの節目とし、本にまとめることにしました。

　コース修了生の皆さんに声をかけ、2012年の暮れに立ち上げた「教育ファシリテーション研究会」では、メンバーそれぞれがファシリテーター役となり、ワークショップ形式で検討会を開き、本に表すべきものを紡いできました。メンバーは教員のほか、会社員、学生、学校やNPOの職員など、それぞれ多忙な職務を抱えながら原案を執筆してくれました。本書の内容が多様な立場を反映し、教育の現状に即したものとなっているとすれば、それは彼らの努力の賜です。

　本書は序章・第1部・第2部という3つのパートから成っています。

　序章「ファシリテーションの可能性」では、教育の本質について再考し、歴史的な背景と現代的ニーズという観点からファシリテーションの可能性と必要性を概観します。

　第1部「授業を変えるファシリテーション」では、教育実践者がファシリテーターとなるために必要なスキル、視点、センス、姿勢などを網羅しました。いわば実践編です。たくさんのファシリテーション・スキルの中には、すぐにできそうなもの、やってみたいと思えるものが必ずあるはずです。まずは1つでもいいので取り入れていただき、ファシリテーションの効果を実感してみてください。

　第2部「より高度なファシリテーションへの道」は発展編であり、ファシリテーターの未来像を示します。より生成的（ジェネレイティブ）なファシリテーターとなることを目的として、ホールシステム・アプローチと呼ばれる手法を中心に紹介します。

　全体を通して見ていただくと、教育分野の〈過去～現在～未来〉という流れの中でファシリテーションを捉えていることに気づいていただけると思います。またそれは

〈理論編〜実践編〜発展編〉という構成にもなっています。とはいえ、必ずしも順を追って読んでいただく必要はありません。最初は、自分の実践で必要だと思うところ、興味関心の湧いたところから読んで、使っていただければいいのです。

　ちなみに、副題の「グローバルな学び」とは、「世界のこと、地球のことを学ぼう」というだけではありません。むしろ、globalのもうひとつの意味である「全体的な／包括的な」の思いを込めています。学習者と実践者、自分の内と外、多様な手法・アプローチ、システム思考的な捉え方、時空の全体性（過去・現在・未来／コミュニティ・国・地域・世界）などを意識した学びを心がけることがファシリテーターには必要であるからです。こうした姿勢の根本にあるのは、自己の利益追求だけではなく、相手を思いやり、共に生きようとする心であり、それこそがグローバルな学びの目的だと考えます。

　それでも、教育の場が劇的に変わるなどという特効薬や万能薬があるはずもなく、効果はなかなか見えてこないものです。しかし、まさにそれこそが教育の本質的なところであり、終わりのない学びのプロセスにこそ意義があるのです。ファシリテーターとは、そうした壮大な「学びの旅」に寄り添う存在と言ってもいいかもしれません。各人の「学びの旅」において、岐路に立たされたり、路頭に迷ったり、あるいは道草を食いたくなったりしたときに、「ともに在る人」がファシリテーターです。特別な行為をするわけではなくとも、ただ「ともに在る人」の存在が、学びを孤独で単調な作業から、おもしろく、楽しいものにしていくのです。

　そういった意味では、ファシリテーションとは、効果的なスキルという以前に、学びに対する姿勢であり、視点です。おおげさに言えば、教育の思想・哲学であると言ってもいいかもしれません。そして、この本を手に取ってくださったみなさん自身もまた、ファシリテーターであると同時に「学びの旅」の旅人です。ぜひここから、一緒にその旅を始めましょう。

2014年12月

編者を代表して　石川　一喜

■ 表記について

　本書でいう教育とは、必ずしも学校での教育に限定されず、フォーマル教育（学校教育）、ノンフォーマル教育（学校外の教育活動）、インフォーマル教育（日常の中での学習過程）での実践すべてを想定しており、幅広く教育活動全般が含まれる。

　そのため、対象を狭く限定しないために、教える立場の者を「実践者」、対象を「学習者」と表記した。ただし、明らかに学校教育を想定している部分では「教師」「教員」や「児童」「生徒」といった表記も用いている。同様に、「授業」は「学習プログラム」、「教室」は「学びの場」に置き換えてある。

教育ファシリテーターになろう！●目次

はじめに　i

目次　iii

序　章　ファシリテーションの可能性　1

第1部　授業を変えるファシリテーション

第1章　参加型授業を始めよう！　…………………………………………13

1　ファシリテーター型の教師　14
　　1-1　従来型の教師とファシリテーター型の教師／1-2　求められる教育形態／
　　1-3　学習内容と過程、発言量／1-4　立ち位置、集団への介入／
　　1-5　雰囲気づくり／1-6　リーダーシップ／1-7　参加感
　　　　コラム 1-1　ファシリテーターはフォロワー　17

2　参加型授業の意義　19
　　2-1　なぜ参加型学習なのか？／2-2　参加型で学習効果は上がるのか？／
　　2-3　参加型学習の基本的考え方
　　　　コラム 1-2　参加型学習は万能薬か？　22

第2章　学習プログラムをデザインする　…………………………………23

1　プログラムのグランドデザイン　24
　　1-1　学習プログラムの基本パターン／1-2　5つのステージ／
　　1-3　全体のビジョンをイメージする／1-4　ビジョンから構成する
　　　　ワークシート 1　全体構成案　28

2　つかみ　29
　　2-1　「導入」ではなく「つかみ」／2-2　グランドルール／
　　2-3　チェックイン／2-4　アイスブレイク／2-5　情報・問題の共有

3　本体（アクティビティ）　33
　　3-1　学びのプロセスは「旅」／3-2　アクティビティ（学び方の6分類）／
　　3-3　学びのスタイル
　　　　コラム 2-1　ブレーンストーミング　37

4 ふりかえり　38
4-1　なぜ「ふりかえり（省察）」をするのか？／4-2　ツァイガルニク効果
コラム 2-2　「ねぇねぇ聞いて」はふりかえり!?　40
ワークシート 2　ファシリテーション進行表　42

第3章　「場」をつくる　43

1 空間デザイン　44
1-1　「場づくり」とは？／1-2　場の形と効果（空間デザイン）
コラム 3-1　寺子屋は変幻自在　50

2 アイスブレイク　51
2-1　アイスブレイクとは？／2-2　自己紹介系のアイスブレイク／
2-3　ほぐし系のアイスブレイク／2-4　協力ゲーム系のアイスブレイク／
2-5　アイスブレイクの目的・効果／2-6　アイスブレイクする際の留意点／
2-7　ファシリテーターもアイスブレイク／2-8　アイスブレイクにもメリハリを
コラム 3-2　まずはファシリが自己開示！　54
コラム 3-3　アイスブレイク以前の大問題　59

3 グループサイズ　60
3-1　グループにする意味／3-2　ちょうどよいサイズとは？／
3-3　グループサイズの使い分け／3-4　逆効果なグループワーク

第4章　問いかけのスキル　65

1 問いかけの基本　66
1-1　問いかけには「押したり、引いたり」がある／
1-2　問いかけには「閉じたり、開いたり」もある

2 促す・引き出す　71
2-1　何を促し、引き出すのか？／2-2　訊き上手は引き出し上手／
2-3　問いには必ず「答え」が返ってくる／2-4　問いかけ方で場が変わる／
2-5　問いの条件／2-6　参加度を上げる工夫（働きかけ）

3 深める　77
3-1　「深い」実践ってどんな実践？／3-2　ワークを深くする問い／
3-3　「深い問い」と「深める問い」／3-4　問いかける深さと広さ（自由度）／
3-5　ワークショップ型学習はもともと深い

4 ずらす（リフレーミング）83
  4-1 「ずらす」とは？／4-2 リフレーミングの方法／
  4-3 リフレーミングに関して注意すべきこと
    ワークシート3 リフレーミングの問い 89

第5章 「見える化」する ……………………………………… 91

1 学びや話し合いを「見える化」する 92
  1-1 ファシリテーション・グラフィック（FG）とは？／
  1-2 板書とFGの違い／1-3 見える化で参加につなげる
    コラム5-1 パーキングロット 96
    コラム5-2 一斉型授業にホワイトボードを！ 97

2 学びや話し合いを構造化する 98
  2-1 FG実践の3つのポイント／2-2 ビジョン／2-3 スキル／
  2-4 ツール（道具）の使い分け／2-5 まずは場数を踏もう！
    コラム5-3 色の効果を気にしたことある？ 106

第6章 ファシリテーションの落とし穴 ……………………… 107

  1 参加者の特性を把握し、「場」をつくり上げていく／
  2 集団圧力による同調行動を避ける／3 リスキーシフトに注意する／
  4 集団浅慮にならないように／5 傍観者をつくらない
    コラム6-1 少数派を切り捨てないで活用する 110
    コラム6-2 コーシャスシフト 112
    コラム6-3 没個人化 114

第7章 場をみる ……………………………………………… 115

1 「みること」と「きくこと」 116
  1-1 「場をみる」とは？／1-2 傾聴する
    コラム7-1 音環境も空間デザイン 117

2 ひろうこと 120
  2-1 「ひろう」ということ／2-2 ひろうことを意識することはなぜ大切か？／
  2-3 どんなものをどうひろうのか？／2-4 ひろうことの難しさや落とし穴／
  2-5 ひろう幅が広がり、多様になることの贅沢

第 8 章　マネジメントする ……………………………………………… 127

1　対立を解消する　128
1-1　「3つのP」で見る／1-2　インタレスト分析からの WIN-WIN アプローチ／
1-3　本質を見きわめる／1-4　協調的な関係性を築く
　　ワークシート4　オレンジの取り合い（WIN-WIN アプローチ）　134

2　合意形成・意思決定とオープンエンド　135
2-1　「合意」と「同意」は別物／2-2　合意形成を促すスキル／
2-3　合意形成へのプロセス／2-4　オープンエンドの必要性
　　ワークシート5　ピラミッドランキング　142

第 9 章　評価する ……………………………………………………… 143

1　学習者の評価　144
1-1　「評価する」とは？／1-2　ふりかえりのパターン／
1-3　ファシリテーターとつくる評価
　　コラム 9-1　カークパトリックの4段階評価　148

2　実践者の評価　150
2-1　実践者としてのふりかえり／2-2　ふりかえるポイント／
2-3　客観的なふりかえりのしかた／2-4　主観的なふりかえりのしかた
　　コラム 9-2　「ゆらぎ」を大切にする　151
　　コラム 9-3　「省察的実践家」と専門職の力量アップ　154
　　コラム 9-4　「実践記録をつづる」歴史的伝統　157
　　ワークシート6　実践者（教師）用ふりかえりシート　160

第 10 章　ファシリテーター・マインド ……………………………… 161

1　言葉かけ・言葉えらび　162
1-1　つなぐ言葉・ひろげる言葉／1-2　中立であるべきか？／
1-3　ポジティブな言葉に置き換える／1-4　言葉のマナーは「江戸しぐさ」から
　　コラム 10-1　問い方で答えは変わる　166

2　学習者との関係性　170
2-1　ともに学ぶ／2-2　失敗を歓迎しよう／2-3　変化を恐れない／
2-4　とにかく楽しむ！
　　コラム 10-2　「反転授業」で役目も反転　173

第 1 部　参考文献　175

第 2 部　より高度なファシリテーションへの道

第 1 章　対話型授業とジェネレイティブ・ファシリテーター 179

1　討議から対話へ　179
　　1-1　ラーニング・ファシリテーターになる／
　　1-2　学びを深めるための教育課題／ 1-3　深い学びと深い対話

2　対話型授業の実践に向けて　181
　　2-1　対話型授業で築く深い学び／
　　2-2　ジェネレイティブ・ファシリテーターになる／
　　2-3　学びの共同体のファシリテーター
　　　　コラム 1-1　サンデル教授の「白熱教室」　183
　　　　コラム 1-2　「学びの共同体」の学びの原理　184

3　理論編（U 理論とダイアログ）　185
　　3-1　U 理論における対話／ 3-2　ダイアログとしての対話

4　いざ、対話型授業実践へ　187
　　4-1　ホールシステム・アプローチを導入する／
　　4-2　グローバルに対応できる対話能力とファシリテーション

第 2 章　ホールシステム・アプローチへの招待 189

1　なぜホールシステム・アプローチか　189
　　1-1　時代が求める対話を助ける手法／ 1-2　学習する組織の成立へ

2　学校現場とホールシステム・アプローチ　190
　　2-1　ホールシステム・アプローチの使いやすさ／
　　2-2　学校のどのような場面で活用するか

3　ホールシステム・アプローチのファシリテーターのあり方　191
　　3-1　高度なファシリテーションとその条件／
　　3-2　スペースを開き、スペースを保持する／
　　3-3　何もしないでただそこに立っていなさい！

第3章　ワールド・カフェ……………………………………………… 195

第4章　AI ……………………………………………………………… 204

第5章　フューチャーサーチ…………………………………………… 212

第6章　OST …………………………………………………………… 219

おわりに　227

著者紹介　228

序章 ファシリテーションの可能性

■ 学ぶことって楽しい？

これまでアジアやアフリカ、つまり「途上国」と言われる国々にあるさまざまな「学びの場」をまわってきて感じる共通点がある。あえて「学びの場」と称したのは、必ずしもそれが「学校」という形態をとっているとは限らないからだ。

それは、ゴミ山でゴミ拾いをして生計を立てようとするフィリピンの子どもたちが集う場であったり、線路脇のスラム街から来るバンコクの子どもたちが通う場であったりする。なんらかの事情で親元を離れざるをえなかったウガンダの子どもたちが通う更生施設へも行った。もちろん、いくつもの学校も訪れた。ぎゅうぎゅう詰めに肩寄せ合うタンザニアの教室や、雨ざらしに近い掘っ建て小屋のようなラオスの小学校、山道とも言えないような坂を登りながら登校するヒマラヤの麓のインドの子どもたちにも会った。

そうして遭遇してきた子どもたちが一様にして笑顔で口にするのは「学校が楽しい」「勉強が好きだ」という言葉である。しかし、同じ言葉を日本の子どもたちから発せられることを果たして期待できるだろうか。あるいは、自分の子どもの頃をふりかえって素直にそうだったと思えるだろうか。どうもそれには確信が持てないというのが大方の本心ではなかろうか。

2011年に行われた国際数学・理科教育動向調査（TIMSS）[*1] では、「算数・数学の勉強は楽しいか」という問いに対し、「強くそう思う」「そう思う」と肯定的に回答した小学4年生は73.3%だった。一見高くも見える数値だが、国際平均が10ポイント以上の開きがある84.2%と知れば、決してそうとは言えない。まして、中学2年生になるとその数値は47.6%となり、国際平均（70.7%）より23

[*1] 国際教育到達度評価学会（IEA）が行う小・中学生を対象とした国際比較教育調査。算数・数学、理科の問題の他に、学習環境条件等に関して児童・生徒、教師、学校をそれぞれ対象にした質問紙による調査が行われる。

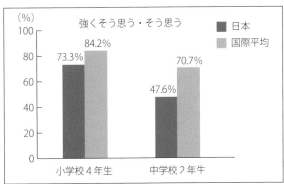

図　算数・数学の勉強は楽しいか

ポイント以上も下がり、さらに開きが大きくなっている（図）。

また、似たような質問だが「算数・数学の勉強は好きか」に対する回答でも同様の傾向が見られる。日本の小学4年生の平均は65.9%で、国際平均の81.4%を大幅に下回っている。中学2年生では、国際平均が66.2%であるのに対し、日本の平均が33.1%とその差はより顕著になっていく[*2]。ここで見えてくるのは、学年が上がることで国際平均との差がより大きくなり、小学校から中学校に上がることで勉強が好きでもなく楽しくもなくなってしまっているということである。つまり、「学びの場」であるはずの学校に在籍すればするだけ、皮肉にも勉強がつまらなく、かつ好きでもないものになってしまっているということになる。

しかし、実のところ、日本の子どもたちは「学校は楽しい」と感じている。内閣府が平成12年度に行った調査[*3]によれば、学校生活への満足度に対して「とても楽しい」「楽しい」と回答した児童生徒は約9割[*4]にものぼっている。最近の他の調査でもその傾向にあまり変化は見られず、例えば、NHKが2012年に行った調査[*5]で「学校は楽しいか」と尋ねたところ、中高生とも9割を超えて「楽しい」と回答している[*6]。ベネッセ教育総合研究所が行った調査[*7]でも「あなたは今、学校が楽しいですか」と聞かれ、「とても楽しい」「わりと楽しい」と88.2%の小学生が回答している。学校は子どもたちにとって実に楽しい場となっているのが現状なのだ。

それでは、なぜ、日本の子どもたちが「学校が楽しい」「勉強が好きだ」と発するイメージを私たちは抱けないのだろうか。おそらく、私たちの中で「学校が楽しい」ことと「勉強が好きだ」ということはなんとなく一緒と捉えてしまっていて、それが単純には相関しない別のものであるということに気づいていないからなのだろう。

前述の内閣府の調査では、「学校生活に関する不満」として「授業の内容ややり方・進み方のこと」がどの年代でも上位に挙がってきている。NHKの調査では、楽しい理由の筆頭に挙げられるのが「友だちと話したり一緒に何かしたりすること」で、その率は中学生で68％、高校生で77％と圧倒的に高く、「授業」と回答したのは、中高生ともわずか3％にすぎない。ベネッセ教育総合研究所の調査では、7割以上の小学生が「授業中は楽しい」（75.3％）と答えているが、一方で約4割の子が「もっとわかりやすい授業をしてほしい」（37.2％）と望んでもいる。学校教育の肝となるべき授業が、子どもたちにとっては必ずしも「楽しい」ものにはなりえておらず、非常に本末転倒な結果となっている。

人はもとより「知りたい！学びたい！」という根源的な欲求を持っている。学校はその根源的な欲求に応えるべきところなのだが、どうもそうなりえていないのが実状なのである。

[*2] これは理科においてもほぼ同じ結果となっている。

[*3] 第2回青少年の生活と意識に関する基本調査（平成13年11月報告書発行）

[*4] 小学4〜6年生では「とても楽しい」が37.8％、「楽しい」が54.6％（合わせると92.4％）で、中学生では「とても楽しい」が34.8％、「楽しい」が54.4％（合わせると89.2％）となっている。

[*5] 2012年夏に、NHKが全国の中高生と親を対象に「中学生・高校生の生活と意識調査」（第5回）を行っている。
出典：政木みき（世論調査部）「"楽しい"学校、ネットでつながる友だち──『中学生・高校生の生活と意識調査2012』から①」

[*6] 中学生は「とても楽しい」との回答が57％で、「まあ楽しい」と回答したのが38％。高校生は「とても楽しい」が54％で、「まあ楽しい」が42％。

[*7] 2007年12月に全国の公立小学校に通う6年生とその保護者を対象に行われた「中学校選択に関する調査」より。

それでは、「学校は楽しい」というイメージを私たちが持つことのできない日本の子どもたちと、「学校は楽しい！」と答えるアジア・アフリカの子どもたちとは何がちがうのだろうか。それは「学校に通えている」という実感からくる学ぶことの喜びや意義を根本に持っているかどうかに大きな差異があるように思われる。言うならば「自分は変われる！」というチャンスに期待を寄せられているかどうかという違いである。

　しかしそれは、あくまで社会的背景の違いがそうさせているだけとも言える。実は、彼らが置かれている授業風景は日本とあまり変わらない。アジア・アフリカで見る教室の風景は、ほとんどが一斉教授型の詰め込み教育的なアプローチで、それは日本の教育現場とオーバーラップする。そう考えると、いずれアジア・アフリカの子どもたちもせっかく抱いた興味や意欲が削がれていってしまうのではという気がしてならない。つまり、教育社会学的にみれば存在する差異も、教育方法論や授業論から言えばあまり相違はないということになる。

　一般的には「教育機会の平等」を就学率の高さで評価する見方があるのに加え、それを教育方法の多様さではかる観点もほしいと主張する学者もいる（35-36頁「学びのスタイル」参照）。そうであれば、「学校は楽しい」と回答する根拠が、学べるチャンスを与えられた喜びと学び方の充実から来る喜びで二重に満たされるものでなければならない。だからこそ、学習者が本質的なところで「学校は楽しい！」と思える場づくりが実践者には大きな宿題として課されている。日本の子どもたちやアジア・アフリカの子どもたちがどういった未来を創造していけるかは、これからの学びの場のあり方次第なのである。

　そうした場づくりを可能にするのがファシリテーターという役割なのではないかというのが本書の根幹とするところである。

■「楽しい」とは変わること／変われること

　「楽しい！」と思える教育現場というのは、感覚的には「たくさん意見が出ておもしろかった」「みんなの意見をもっと聞きたい」「時間があっという間に過ぎた」「次は何をするのかが気になった」といった感想があふれ出る場であろう。そこには、主体性、充実感、参加感、創造性といった学習者の実感がともなっている。つまり、実践者は、それら感覚の発露を導き出す場をつくる者であるべきだ。

　新学習指導要領で謳う「詰め込み」でも「ゆとり」[*8]でもない教育というのは、これまでの教育のあり方への批判的検証の現れであり、教師と児童生徒の新たな関係性構築への問い直しである。教師からの一方的な教え込みでもなく、徒に児童生徒の奔放さに任せるものでもない実践者のあり方が求められており、「教師＞児童生徒」という図式からの解放が望まれているのだ。

＊8　ただし、「ゆとり教育」と呼ばれるものの理念そのものが反省されるべきではなく、その運用が十分でなかったゆえに「ゆとり」と揶揄されたと分析する。

ファシリテーターというのは、まさにそうした関係性のもとに、本質的な意味での「楽しい」実践を行おうとする者のことである。中野民夫[*9]がファシリテーターを「先生ではない」と定義づけているように、あり方を再考する時期に来ている。

> 「ファシリテーターは教えない。『先生』ではないし、上に立って命令する『指導者』でもない。その代わりにファシリテーターは、支援し、促進する。場をつくり、つなぎ、取り持つ。そそのかし、引き出し、待つ。共に在り、問いかけ、まとめる。（中略）　ファシリテーターは、『支援者』であり、新しい誕生を助ける『助産師』の役割を担うのだ。」[*10]

　ここにこの定義を象徴するような2つの絵がある。ひとつは「権威の教育」と呼ばれるもので、もうひとつは「変化の教育」と呼ばれるものである[*11]。現場にいる教師からすれば、このシニカルさは痛烈すぎて、我が事としてみられないかもしれない。しかし、多かれ少なかれ、「権威の教育」的なマインドが実践に反映されてきたことは否めないのではないだろうか。かたや「変化の教育」として、創造的に、かつ未来志向的に子どもたちのアイデアを引き出すような実践を行ってきたかと自身に問えば、自信をもってそうは答えがたいのではないだろうか。

　国語教育で名を馳せた大村はま[*12]は、『教室に魅力を』[*13]の中で、授業について「魅力というのは、簡単に言いますと、どの子にも、たしかな成長感があることではないかと思います。自分自身が何らかの成長の実感がないときに、魅力を感じるということは、まず、ないのではないでしょうか」と述べた。彼女は、子どもたちが自分自身で「変わった」という成長感を覚えるような「変化の教育」を教師に求めたのである。

　また、「島小教育」と呼ばれた教育史に残る実践を展開した斎藤喜博[*14]は『授業』[*15]の中で「授業は、教師や子どもに創造と発見の喜びを与え、子どもに、きびしい思考力とか追求力とかをつけ、教師や子どもを、つぎつぎと新鮮にし変化させていくものである」とやはり変化していく

[*9]　同志社大学大学院総合政策科学研究科ソーシャル・イノベーション・コース教授。元博報堂社員。著作に『ワークショップ　新しい学びと創造の場』などがある。

[*10]　中野民夫『ファシリテーション革命　参加型の場づくりの技法』岩波書店、2003年、「はじめに」より。

[*11]　David Werner & Bill Bower (1982) Helping Health Workers Learn: A Book of Methods, Aids and Ideas for Instructors at the Village Level (The Hesperian Foundation)

[*12]　日本の国語教育研究家、横浜生まれ（1906 – 2005）。教師はプロであるがゆえ、子どもを"指導"すべきという信念を持っていたが、そのスタイルは話し合いをベースにした子どもたちの可能性を引き出す授業実践であった。

[*13]　1986年10月に大分文化会館で行われた第71回全国大学国語教育学会での講演。

[*14]　群馬県生まれの教育者であり、歌人（1911-1981）。群馬で長年小学校の教師を務め、その教育実践は、『島小の授業』『授業入門』などの多くの著作となっている。のちに宮城教育大学の教授に就任。

[*15]　斎藤喜博『授業』国土社、2006年

権威の教育〜知識を注入する

「これを学びなさい。なぜかなんて聞いてはいけません。ペラペラペラ…」「はい、わかりました。ありがとうございます。そのとおりです」

変化の教育〜アイデアを引き出す

「どうしてそう思ったのかな？」「どうも不思議に感じていたのですが、それは自分の経験によれば…」

ことの重要性に触れた。

彼らは、知識を与えることからのみではなく、創造し、発見していくことの喜びをも与えること、つまり、学習者の内発的にわき出す学びや気づきがあってはじめて実践者としての願いが成就されるとしているのだ。

もし、教育現場が「変化の教育」の探求を放棄してしまったら、学校には「楽しい！」と言える子どもたちがいなくなってしまう。人は自分が変化できることに喜びを覚え、変化する主体であると自覚することで成長していくものなのだ。

■ 教育現場が求めたファシリテーション

そうした危機感は教育現場にいる者たちにはあった。ただ、学校教育現場ではなく、むしろ社会教育の現場にいる実践者たちにそれはより強く感じられていたと言っていい。

日本の教育現場において「ファシリテーター」という言葉が浸透していくようになったのは、1980年代から1990年代にかけての社会教育分野においてである。この時期、環境、開発、人権、平和などのグローバルイシューと呼ばれる地球的規模の諸課題を喫緊のテーマとして取り上げることが増えていった。ただし、複雑多様化する現代社会において、唯一絶対の解を提示することには無理があり、座学だけで学習者が腑に落ちることは困難となっていた。そこで、参加型学習の手法を用いて、参加する学習者に疑似体験してもらったり、自分たちの経験に基づく多様な視点を共有していったりする場をつくる必要があった。そこで、ファシリテーターという役割にスポットライトが当てられていったのだった。

ファシリテーター（facilitator）は facilitate という動詞がもとになっている。facilitate を辞書で引けば「容易にする、手助けする、促進する」といった意味が並ぶ。また、その接頭辞の facil はラテン語で easy を意味する。つまり、内面に秘めたものをうまく発露しやすくしたり、これまで滞っていたり、困難であったりしたことを再度動かしていくようなイメージがファシリテーションにはある。

また、堀公俊[*16]はファシリテーションを「集団による知的相互作用を促進する働き」と端的に定義した上で、フラン・リース[*17]の言葉を借用し、「中立的な立場で、チームのプロセスを管理し、チームワークを引き出し、そのチームの成果が最大となるように支援する」役割を担う人をファシリテーターとしている。

これまで、教室の風景はどちらかといえば「個の能力アップ・スキルアップ」に焦点が当てられてきた。しかし、これからは「自分を集団で活かす力」「自分が集団を活かしていく力」「総体として集団が活きていく力」を育む姿勢も大事にしていかなければならない。個人が何点を取ったのかということよりも場の力をどれだけ最大化していけたのかということが評価されていくだろう。隣りの人

*16 日本ファシリテーション協会初代会長。『ファシリテーション入門』ほか、ファシリテーション関連の著書多数。

*17 『ファシリテーター型リーダーの時代』（プレジデント社、2002年）の著者。

と点数を比べて相対化する教育ではなく、隣りとの人と協働し、活かしあう教育が必要とされ、その潮流にファシリテーターがフィットしていくことになる。

学校教育現場の契機となったのは、2000年から段階的に導入されていった「総合的な学習の時間」である。学習指導要領で謳われていたのは、「変化の激しい社会に対応して、自ら課題を見付け、自ら学び、自ら考え、主体的に判断し、よりよく問題を解決する資質や能力を育てることなどをねらいとする」[18] ことであり、旧来型のチョーク＆トーク[19]の授業では対応しきれなくなったことに現場が気づき始めていく。そこで、教師がワークショップ型の授業実践の必要に迫られていったことで、ファシリテーターというあり方が知られるようになっていった。そうして、ファシリテーターのいる風景が学びの場に広まっていったのである。

■ 教育分野におけるファシリテーター

教育学の系譜においてファシリテーションを眺めると、それは大きく2つの源流をたどることになる。ひとつは、心理学の流れで人間関係アプローチを中心とするもの、もうひとつが社会変革を求める潮流で問題解決アプローチを中心とするものである。前者の原点はクルト・レヴィン（Kurt Lewin）[20]やカール・ロジャース（Carl Rogers）[21]であり、後者はブラジルで識字教育を行ったパウロ・フレイレ（Paulo Freire）[22]である。

クルト・レヴィンは、1940年代後半から人間関係トレーニングの原点とも言えるグループダイナミクス（第3章3節参照）による訓練方法（Tグループ[23]）を開発、実践してきた。そうした業績は、今日における体験学習やファシリテーションの基礎となっている。

また、カール・ロジャースは、臨床心理学者として来談者中心療法[24]を提唱する中で、人間中心アプローチ、さらにはエンカウンターグループ[25]の研究・実践を展開した。エンカウンターグループでは、リーダーのことをファシリテーターと呼んでいた。ちなみに、カウンセリングにおいて現在では当たり前となった、面接内容の記録や患者（patient）ではなくクライエント（client）と呼ぶことは彼が始めた。

彼らが活躍した時代、アメリカは産業社会への転換を迫られ、人間性が疎外されていくことが問題視されていた。そうした中、人間関係を良好にしていくことが実は作業の効率化にもつながることがわかり、グループダイナミクスに基づく考え方やグループワークによる関係性の再構築が図られていった。人が人らしく生きていくということが求められた時代でもあった。

パウロ・フレイレは、農夫たちが置かれている被抑圧的な境遇を意識化させ、自らそれを変革させていく力をつける（エンパワメント）ための識字教育を行っ

[18] 文部科学省ウェブサイト「総合的な学習の時間」より抜粋。

[19] チョークと黒板だけを用い、一方的に教師が喋り、児童生徒がノートを写す講義型の授業を揶揄した表現。

[20] 社会心理学の父と呼ばれたユダヤ系の心理学者（1890-1947）。

[21] アメリカ合衆国の臨床心理学者（1902-1987）。

[22] ブラジルの貧しい農村で地主から抑圧されている農夫たちに識字教育を実践した教育活動家であり、思想家（1921-1997）。

[23] Training Groupの略。スタッフを含め10名程度でひとつのグループを組み、1週間ほどの合宿形式で行う人間関係トレーニング。

[24] 来談者（クライエント）には、自己を成長させ、実現化できる潜在的な力があるという考えをベースにして、クライエントの話をよく聴くことで、自己イメージとのズレをなくしたり、自己実現を阻害する外的圧力を取り除いたりしていく。そこにはカウンセラーの知識や権威は必要ないとされ、無条件の肯定的関心、共感的理解が重視される。

た。また、一般的に行われていた教育は児童生徒が無知であるとの前提のもとに知識を詰め込むだけの「銀行型教育」であるとして批判し、児童生徒に能動的な役割を与え、対話をしながら共同的な学習形態をとる「課題提起型学習」をすすめていった。

　ファシリテーションの源流をあえて人間関係アプローチと問題解決アプローチの2つに分けて捉えてみたが、クルト・レヴィンはユダヤ人や黒人などの少数集団に対する偏見の問題に挑み、民主的風土をいかに創り出していけるかといった実践的研究を行ってもいるし、カール・ロジャースはエンカウンターグループを世界各国の紛争地域で実践し、世界平和の実現に尽力してもいた。パウロ・フレイレが目指してきたことは、単に社会の変革ではなく、そのベースに地主と農夫の抑圧／被抑圧の関係からの解放があり、教師と序列のある関係において、児童生徒をモノ化する扱いから人間化していこうという主張であった。

　要するに、人間関係のアプローチと社会変革のアプローチは、ファシリテーションの両輪となっている。ファシリテーションの源流にある彼らの思想をたどれば、次に挙げる点で通底するものが読み取れる。

- 場の可能性を信じる。
- 気づき、学びの主体は学習者にある。
- 人間的であり、モノ化しない。
- 自分を発見し、変化し続けていく。

　要するにこれらはファシリテーターの基本姿勢となっている。ファシリテーションには2つの源流があると捉えるよりは、ファシリテーションを2つの要素を含んだものと心得て実践していくべきであろう。

■ そもそも教育とはなんだろう

　そもそも「教育」とはなんなのだろうか？

　英語 education の原義をたどると、ラテン語の ducere（導き出す）だとか、あるいは e（外へ）＋ doctus（導く）の合成語だとか言われている。つまり、「学習者に潜在する思いや能力、可能性を引き出す」ことが教育においては重要なポイントであり、そういうねらいが言葉に埋め込まれている。

　しかし、えてして教育はその本質とは裏腹に、「引き出す」のではなく「押し込む」形のまるで逆のベクトルで行われてきた。学習者がもし活き活きとしてこなかったのであれば、原因はそこにあると思われる。知識・経験があるのは教師サイドとされ、それを権威的に教え込むのが「教育」であると思われてきた節がある。

　教育史をふりかえってみても、「教える」という営みは「押し込む」形と「引き出す」形の大きく2つの様式で語られてきた。ひとつは知識や技能を伝達す

*25　直訳すれば「出会いのグループ」の意味。10名程度の参加者とファシリテーターでグループが構成され、日常から離れた場所に数日間合宿するなどして、参加者間での語り合いや共通体験をもつ。そうしたプロセスでの気づきを通して、ポジティブな変容を図り、互いを尊重しあい、よりよい人間関係を探求していくグループワークのこと。

る「模倣的様式（mimetic mode）」で、もうひとつは変容を促す「変容的様式（transformative）」である*26。いつの時代もおおよそこの2つの様式の間を行き来し、最良の教育が何たるかを問い続けてきた。換言すれば、時代のニーズによってどこにその着地点があるかを探ってきた変遷とも言える。時代が教育のあり方を規定してきたわけである。

例えば、古代ギリシャにおいて、スパルタでは戦争を前提にした軍事訓練が中心で、国家統制のもと、一方的で没個性的な教育が行われていた。こうした教育は「模倣的様式」が中心だったと考えられる。一方、アテナイでの教育はスパルタほど極端な国家統制はなく、民主化が進む中で、国家に没入せず、個人主義的な考えが生まれていった。画期的だったのは、そこで人間へ関心の中心を置く教育思想が誕生したということである*27。そこには伝統的な国家奉仕の思想への批判があった。そして、その延長線上にソクラテスの対話を通じた「産婆術」*28 があり、対話者は自身について問い直していく作業へと至っていく。「変容的様式」の起源はここにあると言われている。

近代における新教育運動*29 への流れでも「模倣的様式」と「変容的様式」の間での揺らぎが見られる。新教育の軸となる子ども中心主義は、それまでの知育偏重からの解放であり、国民国家や家父長制による抑圧からの解放でもあった。伝達するだけの対象ではなく、生み出し、表現する可能性としての子どもが主体性や創造性を発揮していける教育実践を試みていったのだ。その背景には、産業革命後、工業化が進み、（教育現場においても）効率性や生産性が重視され、人間性が失われていくことを恐れたことから、身体性や感性の育みも含めた全人的な教育に軸足を移していった。

戦後の日本においてもその揺らぎはあった。終戦直後は GHQ の要請によって来日したアメリカ教育使節団が実態調査を行い、旧態依然とした教育現場を批判し、進歩主義教育*30 の思想に基づく教育変革を押し進めていった。しかし、子どもの生活経験を通して問題解決学習などが重視されたコアカリキュラム*31 は、基礎学力の低下を招くと非難を浴びるようになり、徐々に下火になっていく。その後は高度経済成長を支えるための人材育成が急がれ、効率的な一斉教授型の授業が主流となっていく。そうした教育は「受験戦争」を生み、「詰め込み教育」だと批判され、「ゆとり教育」へとシフトしていくが、またも学力低下につながると評価され、常にゆらぎは続いている。

今、文科省は現代が「知識基盤社会」であるとし、「生きる力」をよりいっそう育むことをめざしている。2002 年以降実施の学習指導要領では、ゆとりある中で特色のある教育によって生きる力を育んでいこうという方針であったが、2011 年以降実施の新学習指導要領では、「詰め込み教育」でも「ゆとり教育」で

*26 佐藤学『教育の方法』左右社、2010年

*27 田中克佳編『教育史』川嶋書店、1987年

*28 他者と問答を重ねて、その相手がいかに思い込みや固定観念に縛られているかに気づかせ（「無知の知」）、そこから真理の探究へと向かわせた。対話の相手が自身の内にある思いや信念に気づく手助けとなり、新たな知的関心を産み出していくことからそう呼ばれる。弁証法の一種とも言える。

*29 知識注入型で画一的な公教育の状況に対し、主に19世紀末から20世紀初頭にかけて現れた新教育の思想に立った教育改革運動。児童中心であることや生活主義をとったことなどが特徴。

*30 19世紀末にアメリカ合衆国より起こった教育改革運動。ジョン・デューイが謳う経験主義や児童中心主義が理論的背景にある。

*31 核（core）とするテーマ・単元を中心に置き、その周辺に関連する学習を教科横断的、同心円的に配置する教育課程の形式。

もないことを強調している。私たちは今、新しい教育のあり方を模索している途上にある。

時代が求めるもの

2000年代以降、書店のビジネス書コーナーには「ファシリテーション」「ファシリテーター」の文字を冠する書籍がかなり並ぶようになった。2003年にはファシリテーションの普及を目的とする日本ファシリテーション協会（FAJ）が設立された（2004年1月に特定非営利活動法人）。そうしたビジネス分野でのニーズの高まりと相まって、「ファシリテーション」という言葉はようやく市民権を得つつある。ここまで認知が広がったのは、時代の要請だったとも言えなくはないだろう。

例えば、「学習する組織（Learning Organization）」[*32] という考え方を提唱しているピーター・センゲ（Peter Senge）[*33] は、産業化していく時代にもてはやされた機械論に基づく「機械システム」から、多様な環境変化に適応し、発展成長していく生命体のような「生きたシステム」へと社会は転換していくべきだと唱えている。要するに、カリスマ（リーダー）からの指示を忠実にこなす歯車が求められているのではなく、失敗を繰り返しながらも何が正しいのかを模索し、創造していく人材が今必要とされている。しかもそれは個人だけに求められるものではなく、むしろチームとして有機的につながりあい、可能性を最大化していく組織こそが求められている。そして、その場には、知的相互作用を促す助産師的なファシリテーターの存在が必須となってくる。

日産もファシリテーターの重要性を認知していた一例として挙げられる。以前、業績回復していったのは、CEO（最高経営責任者）であるカルロス・ゴーン氏のリーダーシップゆえと思われている感があるが、実際は社内に1000人以上ものファシリテーターを育成し、組織改革を進めていったという背景がある。カルロス・ゴーン氏のカリスマ性ばかりが脚光を浴びがちだが、彼はトップだけを頼りとする組織の脆弱性に気づいており、社員が自発的に学習し、成長していく会社でなければ今の時代を生き抜いていけないと察知していた。そうしたしなやかな組織体にするためにファシリテーターの機能を重視していたのである。

こうした意識の変化、時代の捉え方の変化は、リーダーシップ像の変化でもある。これまでリーダーというと強いカリスマ性を持ち、決断力に長け、ぐいぐいと引っ張っていくイメージが大方であっただろう。しかし、次代の新しいリーダー像をファシリテーターにこそ求めるべきだという風潮も昨今はある。今の時代に求められているのは、過去の言語で強弁するリーダーではなく、未来が語れるリーダーである。そして、その未来を紡ぐリーダー的役割を担えるのがファシリテーターなのである。

[*32] 「人々がたゆみなく能力を伸ばし、心から望む結果を実現しうる組織、革新的で発展的な思考パターンが育まれる組織、共通の目標に向かって自由にはばたく組織、共同して学ぶ方法をたえず学び続ける組織」のことを言う。

[*33] アメリカの経営学者（1947-）。クリス・アージリスとドナルド・ショーン（154頁コラム9-3参照）が提唱した組織学習の理論を世に広めた。1990年に発表したThe Fifth Discipline（邦題『最強組織の法則』）は世界中のビジネス界に大きなインパクトを与え、組織学習のバイブルのひとつとなった。

ファシリテーターのいる教室／ファシリテーションが機能している社会

カール・ロジャースの系譜を継ぎ、日本で構成的エンカウンターを開発した國分康孝[*34]はファシリテーターについて「散髪をしてもらった客が、散髪屋を開店するような感じである」と言っている。すなわち、エンカウンターグループに参加したメンバーが、次に自身が世話人になってグループを担当するようになるということを例えている。

教室もこうであればいいと願う。もし、教師にファシリテーターとしての資質が備わっていたり、ファシリテーションを踏まえた実践をしたりした場合、その児童生徒たちもおそらくファシリテーター的な思考をするようになり、ファシリテーター的な姿勢でクラスメイトに接したりするであろう。その「ファシリテーター的」というものの詳細は次の第1部に譲るのでじっくり目を通して感じてほしいが、ファシリタティブ[*35]な場であることは、同時に学びが豊かな場へとつながっていっている。ここで言いたいのは、学びの場はファシリテーターをひとり擁立すれば成り立つのではなく、学習者・参加者もファシリテーター的な姿勢であることが求められ、ファシリタティブな場づくりを双方でしていかなければならないということである。また、逆も然りであって、ファシリテーターであるとともに、自分も学ぶ主体であるという学習者としての自覚もなくてはならない。そういった関係性の場にこそ、豊かな学びは成立していく。

つまりこのことは、学びの場における教師と児童生徒、実践者と学習者の関係性の問い直しである。その問い直しの帰結には、今後のあるべき教育の姿がある。しかし、それは決して新しいものではなく、「可能性を信じる」ということと、それを「引き出し、あふれ出させる」という教育の原義から来る本質への回帰でもある。

教育現場における実践者たちがこうして教育のあり方を再考していく先には、変化することを恐れない学習者たちの「学ぶって楽しい！」という声がきっと響いているにちがいない。教育を問い直し、豊かにしていくことは、社会のあり方を問い直し、豊かにしていくことと同義だと主張するのは果たして大げさなのだろうか。

[*34] 日本の心理学者（1930-）。1960年代後半に構成的エンカウンターを開発。

[*35] 「ファシリテーション（facilitation）」の形容詞形として「ファシリテーションにあふれた」「ファシリテーション的な」といった意味合いの日本語として使用される。

第1部

授業を変える
ファシリテーション

第 1 章
参加型授業を始めよう！

ファシリの心得●1

　グローバリゼーションによって世界がますます近くなり、物事は複雑多様に絡み合っている。不確実性の増した現代社会においては、必ずしも一斉教授型の授業が相応しいものとは言えなくなってきているのだ。ただただ"解答"を伝授していくだけの旧態依然とした教師像はもはや時代遅れのものとなっている。

　教育現場に求められているのは、いかに「教え伝える」かよりも、いかに「引き出し、編み合わせる」場を創り出していけるかである。教師と児童生徒との関係性は、今、再考の時期にある。

1. ファシリテーター型の教師
今までのやり方ではなにがいけないの？

「先生って昔は威厳があったよなぁ」なんていう嘆きを聞くけれど、必ずしも教師が尊敬されなくなったわけではないのかも。尊敬されるのに必要なのは威厳ではなく、学習者の可能性をどれだけ引き出してあげられるかが重要なのです。教師の力を学習者が実感したとき、彼らの教師に対する眼差しは変わってくるのです。

1-1 従来型の教師とファシリテーター型の教師

中野民夫にファシリテーターを語らせると「ファシリテーターは教えない。『先生』ではないし、上に立って命令する『指導者』でもない」となる（4頁参照）。アイロニーともとれるこの言い回しは、「では、『先生』とはいかなる存在とされてきたのか？」という疑念を沸き立たせる。そこでイメージされるのは、用意された答えを知識として効率よく伝達していく役割を担う者であり、正しいとされる論をえんえんと語り諭していく者であろう。

当然、実際の教育現場では、日々創意工夫を重ねている教師たちがいて、脈々とその叡智が蓄積されているのだが、それでもやはり「先生」には上記のようなイメージがつきまとうのは、多くは未だ一斉教授型の授業が主流だからではないか。そのスタイルに「先生」は慣れ親しんでおり、効率よく、楽であるものから離れがたくなっているのだろう。

中野の定義はそこへのアンチテーゼとなり、続いて「その代わりにファシリテーターは、支援し、促進する。場をつくり、つなぎ、取り持つ。そそのかし、引き出し、待つ。共に在り、問いかけ、まとめる」と言葉をつないでいく。ここに連なる動詞群はこれまでの教師像に不足していたあり方である。そうした姿勢は非効率性であって、時に煩わしく、どうしても日々の実践の中では面倒くさがられてしまう。

最後、「ファシリテーターは、『支援者』であり、新しい誕生を助ける『助産師』の役割を担うのだ」と彼なりの定義は結ばれる。これは必ずしも教育分野を意識してファシリテーターを定義しているわけではない。だから、ファシリテーターを教師の求めるべきあり方としたわけではないが、それでもこの言葉は示唆的に捉えられるべきである。従来型教師は学習者の成長は量られるものとし、知識をいかにため込んでいけるかを大事にしていたのに対し、ファシリテーターはまるで逆のベクトルで学習者は解を導き出す主体であると考えている。前者は過去の経験をベースにした教えで、わかりやすい「見える部分」を量として評価するが（「見える」というのも奢りにすぎないが）、後者は**「見えなさ」**にこそ焦点を当て、

学習者と共に探索しようとして未来を紡いでいく姿勢がベースになっている。

ここではまず、いかに「正しい内容」を伝えるかに注力する従来型の教師像と、学習者とともに学びあいながら、探求していく場を形成するファシリテーター型の教師とを比較し、その違いを見てみよう。

1-2 求められる教育形態

教育現場の目的は、ある一定程度の質が担保される人材をより多く生み出そうとすることから、多様性を尊重し合い、学ぶ意欲を高めようとすることへと移行しようとしている。不確実性が高まっている現代では、マニュアル通りの対応をこなすだけの人材では通用しなくなってきているからである。だから、決められたシナリオに沿ってだけしか学びの場を構成できない教師は時代の流れに取り残されていると言われても仕方がない。そのような場に置かれた学習者は不幸である。

考慮しなければいけないのは、学習の主体がどこにあるのかということだ。古典的で一方向的なトップダウンの教育（ピラミッド型）が行われている教室に対して、**ボトムアップの教育（ネットワーク型）**が行われる教室ではファシリテーター型の教師が必要とされている。

1-3 学習内容と過程、発言量

このような時代の要請に応じて、参加型学習を取り入れた授業を意識的に行おうとする教師が増えてきている。そうした教師たちは、「学習者に話をしてもらう」「学習者同士で意見交換をする」「自分の意見を押し付けない」などといった姿勢で授業を構成し、進めている。

従来型の教師にとっては、専門的な知識や情報を伝え、決まっている結果に導くことが重要である。そのため、あらかじめ用意された学習内容を重視するあまり、おのずと発言量が多くなってしまう。授業を受け持つ者の発言量が増加するということは、当然、相対的に学習者の発言量が減少するということを意味し、どうしても主体性が薄れていってしまう。

授業を進めるにあたって、ファシリテーターが重視するのは過程である。学習する内容として教えるべきもの、理解してほしいものはあるにせよ、それらは「素材」として学習者が対話していくベースになるものである。想定しているものから**想定外の学びや気づきへ深めていく場をつくる**のがファシリテーターのスタンスである。

1-4 立ち位置、集団への介入

　場を盛り上げていきたいという思いは、従来型の教師にせよ、ファシリテーターにせよ、一緒である。しかし、その立ち位置は大きく異なる。従来型の教師はある意味で司会者であり、文字通り「会を司る者」として、その発言自体が大きな意味を持ち合わせる。場合によっては意見をコントロールし、結論へとつなげていくことに注力していく。

　一方で、ファシリテーターは集団から（場から）意見を引き出し、コントロールすることはしない。さまざまな参加型学習の手法を活用するなどして、学習者なりの結論にたどり着くようガイドするというスタンスである。

　集団への介入という視点でみるならば、自身の力で場を盛り上げるのが従来型の教師であり、**集団の力で場を盛り上げる**のがファシリテーターと言える。

1-5 雰囲気づくり

　学習者がその場へ主体的に参加しようとするのかしないのかは、場が持つ雰囲気に大きく左右される。学習者たちがコミュニケーションを図る際、安心感を与えるような言葉がけがなければ参加意識は芽生えない。「それは正しいですか」「その発言はおかしい」など可能性を閉ざす否定的な言い方は、以降、その場に参加しようとする意識を削いでしまう。

　どのような発言もまずは受け止められ、多様な考えがありえるのだという雰囲気を醸し出すことは、学習者に**場が安全で安心**であると思わせていく。そうした場が保障されることは、さまざまな学びが展開する可能性に満ちあふれていくことでもある。

　そのためには「他の捉え方をした人はいますか」「別の経験をした人はいませんか」というように、発言を促していくことも必要である。まとめることを目的とする従来型の教師にとっては、発言を促し広げていくことは時に厄介に感じられる。そういう姿勢が垣間見えたとき、他に意見をもっていた学習者は口をつぐむことになる。

　発言を反復したり、共感を伝えたりするなど、学習者全員を尊重する姿勢がファシリテーターの基本である。

1-6 リーダーシップ

　先に述べたように、従来型の教師は自身が集団に大きく介入することから、先導役としての力強さを発揮することも少なくない。それに対してファシリテーターは、学習者の声に耳を傾け、つぶやきを拾いながら、集団が持つ潜在的な力

やアイデアを引き出していく。また、学習者全員に気を配りながら相互の関係を活性化させてもいく。前面には出てこず、裏方的な役割に見えるが、集団の力を引き出し最大化していく役割は**新しいリーダーシップ**とも言われている（コラム1-1 参照）。

1-7 参加感

　　　内容を重視するあまり、決まっている結論を押し付けるようなやり方であれば、学習者の関心や意欲を高めることはできない。また、効率的な進行を意識しがちである従来型の教師にとっては、出された意見が全てであり、発言をしない子どもたちへの対応は不十分になる。

　　　ファシリテーターは、たとえ発言していない学習者であっても、その場に貢献

コラム1-1

ファシリテーターはフォロワー

　ファシリテーターは次代を担う新しいリーダー像として注目されていることは序章で述べました。不確実性の増した社会において「答えを与える」役割よりも「答えを（ともに）創り出す」役割のほうが必要とされているからです。つまり、チームや集団の潜在能力を引き出し、編み合わせられることのほうが「よりよい答え」に近づく可能性が高まるというわけです。

　TEDカンファレンス* でデレク・シヴァーズが「社会運動はどうやって起こすか」と題して行ったプレゼンテーションは、まさにそんなファシリテーターの役割を彷彿とさせるものでした。公園で上半身裸になった男性が勇気をもって踊り始めます。滑稽に見える彼をある人物がフォローし、一緒に踊り始めると、みるみるうちに輪が広がり、公園中の人がダンスすることとなります。デレク・シヴァーズ曰く、「最初のフォロワーの存在が 一人のバカをリーダーへ」と変えたのです。そのフォロワーこそ、ファシリテーターであり、ひとりの勇気を大きなうねりと変容させた張本人なのです。

　参加型学習の意義で老子の言葉を紹介しましたが、老子はこんな言葉も残しています。

　　人々に学び
　　人々と一緒に計画し
　　人々が持っているもので始め
　　人々が知っていることの上に築きなさい。
　　リーダーが真に優れていれば
　　終わってみると
　　人々は口々にこう言う。
　　「自分たちの力でやり遂げた」と。

＊**TEDカンファレンス**
カリフォルニア州で毎年開催される大規模な世界的講演会。「広める価値のあるアイデア」をスローガンに多くのスポンサーの協賛によって実現している。講演者は有名・無名を問わず自分のアイデアをプレゼンテーションでき、日本語の字幕付きで見られる動画も多い。

- TEDカンファレンス / D. シヴァーズ「社会運動はどうやって起こすか」（動画）
  http://www.ted.com/talks/lang/ja/derek_sivers_how_to_start_a_movement.html
- 『ハーバード・ビジネス・レビュー』2005年9月号（特集：ファシリテーター型リーダーシップ）

する何かを持っていると考える。可能性がある存在としての前提があることは、その場にいる意義を学習者自身が感じられるということである。直接間接であれ、**参加感**を抱けるということが学び合いの場においては絶対的に必要なことである。ひいては、そうした経験が自己肯定感やエンパワメント*されることにつながっていく。

また問題への主体的な関わりを重視し、学びに対する意欲を継続させることは、将来的に社会を支える主体者を育むことにもなっていく。

*エンパワメント
個人が自分自身の力で問題や課題を解決していくことができる社会的技術や能力を獲得すること。

表　従来型の教師とファシリテーター型の教師との比較

	従来型の教師	ファシリテーター型の教師
求められる教育形態	トップダウンの教育、ピラミッド型	ボトムアップの教育、ネットワーク型
学習内容と過程	知識や情報を与え、内容量をより充実させていく	予定していた内容とそれをきっかけとして気づく想定外の内容とがある
実践者の発言量	予定した学習内容を伝え教えることが重視されるため、発言量が多くなる	学習者同士で学びあう過程において引き出されるものもあるので、発言量は少なくなる
立ち位置	意見をコントロールすることで結論へと結びつける	学習者なりの結論にいたる案内をする
集団への介入	自分の力で場を盛り上げる	集団の力で場を盛り上げる
雰囲気づくり	結論ありきの空気が醸し出されるため、(反対)意見が言い出しづらくなる	全員の意見が尊重されるため、何を言ってもいい、安心安全な場が保証される
リーダーシップ	集団を先導するような力強さ	集団を活かすしなやかさ
参加感	発言できなかった学習者への対応が不十分になりがちで、疎外感を覚える	何かしら場に貢献できる存在として捉えられるため、「いてもいい」という安心感を覚える

教師はあくまで引き出し役で、主役は学習者なんですね。

そう、学習者の可能性を最大限に引き出してあげるのが私たちの役目ね。

ふりかえり

☐ 学習者のことを、解を導き出す主体と捉え、ともに学び合い、探究する場をつくっていく。
☐ ファシリテーターはプロセスを重視し、潜在的に集団がもつ力を活かしながら、学びを深めていく。それが想定外のものであっても、むしろ歓迎する。
☐ 学習者の「参加感」を大切にする。

2. 参加型学習の意義
学び方を変えよう 「学ぶ」ことって楽しくちゃいけないの？

参加型学習の主人公は学習者です。学習者の目線に立ったとき、講義一辺倒のすすめ方は苦痛となるばかりか、学習効率も下がります。グループで議論したり、教えあったり、学習者の参加があることで学びは深まっていきます。

2-1　なぜ参加型学習なのか？

　参加型学習の大前提は「楽しい」ということだ。ただし、「楽しい」というのは単に愉快になるということではなく、人間に内在している「知りたい、学びたい」と欲求が満たされたという根源的な喜びから来る「楽しさ」のことである。それは決して与えられるものではなく、内面からふつふつと沸き立つものであって、学習者自らがつかみとっていくものである。

　老子が言ったという次の言葉をご存知だろうか。空欄にどんな言葉が入るか、思いをめぐらせてほしい。

① もし私がそれを聞いたら、私はそれを（　　　　）だろう。
　 If I hear it, I (　　　　) it.
② もし私がそれを見たら、私はそれを（　　　　）だろう。
　 If I see it, I (　　　　) it.
③ もし私がそれを行ってみたら、私はそれを（　　　　）するだろう。
　 If I do it, I (　　　　) it.
④ もし私がそれを（　　　　）したら、私はそれを活用するだろう。
　 If I (　　　　) it, I use it.

　これを教室（学習場面）に置き換えて考えてみると、①は講義、スピーチの類いで、空欄を埋める言葉は「忘れる（forget）」となる。従来の一斉授業をイメージするといいだろう。②は写真、ポスター、スライド（パワーポイント等）を使った視聴覚教材を使った授業で、「覚える（remember）」が入る。③は例えばロールプレイ、実験・実習などが相当し、まさに参加型学習のことで、ここには「理解する（understand）」が入る。

　学習者が「わかる」という実感を得るには、教え込むだけでは不十分である。こうした一連の流れの中でそうした実感は湧いてくるものなのである。

　ちなみに、④は老子の言葉ではなく、後世に付け加えられたものらしい。他者からではなく、自ら「気づく（find）」ことで得た知識は活かされていくという文

言が付け加わったのは、古今東西、万人が感じ入る箴言だからなのだろう。

2-2　参加型で学習効果は上がるのか？

　時に「参加型学習は楽しいだけで、本当に学習効果があるのか？」と疑わしく思われることがある。かたや「まじめ」に授業を受けることは良しとされ、そうした姿勢にこそ学習効果があるように受け取られがちである。しかし、学習者本人が一番自覚しているように「わかった！」という瞬間は学びを分かち合える時なのである。

　下図はアメリカの研究機関（National Training Laboratories）が平均学習定着率を調査した結果である。

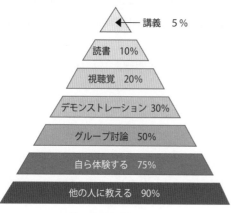

図　学習ピラミッド

　老子の言葉とも重なるが、講義のみでは定着率がわずか5％にすぎず、グループ討論を行ったり、体験型の学習を実践したりするほうがその率はぐっと上がる。そして「気づき」を経て、それを互いに教え合うという活動においては、その定着率は最も高くなる。

　そして、参加型学習においては、得た知識を教え合うということから、さらに一歩踏み込んで、互いの意見を編み合わせていくという活動も行われていく。そこには学習者間で双方に気づかなかった学びに至るという現象も起こっていくのである。

2-3　参加型学習の基本的考え方

＊ジョハリの窓
1955年にサンフランシスコ州立大学の心理学者ジョセフ・ルフトとハリー・インガムが発表した「対人関係における気づきのグラフモデル」。後に2人の名前を組み合わせて「ジョハリの窓」と呼ばれることになった。

　「ジョハリの窓」＊というコミュニケーションにおけるひとつのモデルがある。ここに参加型学習の基本を見出すことができる。

　この図の中の第Ⅰ象限「開放」を大きくしていくということは、第Ⅱ象限「盲点」側と第Ⅲ象限「秘密」側に押し広げていくということであり、それは前者が他者からフィードバックをもらうことであり、後者はより自己開示していくことを意味している。その2つの行為があってはじめて第Ⅳ象限「未知」に食い込んでいく形になり、つまり、その分の変化が「気づき・学び」とされるのである。

　「気づき・学び」を最大化していくというのは、この図が示す通り、**フィードバック（他者からの意見・発言）と自己開示（自身の意見・発言）をできるだけ編み合わせていく**ということであり、それこそがファシリテーションであり、ファシリテーターの大事な役割と言えるのである。

第1章 参加型授業を始めよう！

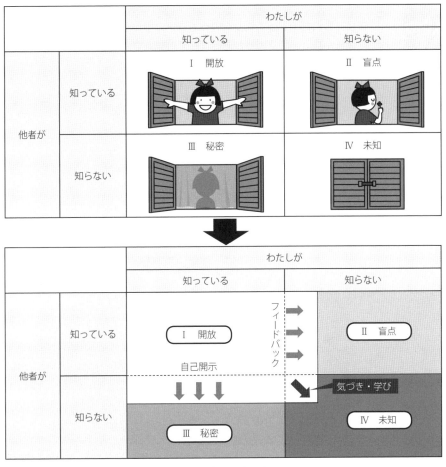

図 ジョハリの窓

ふりかえり
□ 参加型学習の意義は、学習者自身が気づきを得るプロセスにある。
□ 学び合いによって学習の成果は定着する。
□ 気づき・学びの大きさや深さは、自己開示とフィードバックの度合いによって決まる。

やってみよう

- 自分の経験をもとに「これまでの教育」をテーマにブレーンストーミング（37頁コラム2-1参照）し、模造紙や付箋に書き出してみる。また、教育のあるべき姿として「こうあってほしい教育」の要素を挙げ、「これまでの教育」の特徴として挙げられたものと比べてみる。その比較からそのギャップを埋めるにはどうしたらいいか、話し合ってみよう。
- みんなで「人生最高の授業」というものを挙げてみよう。お互いにその経験を紹介しあい、そうした授業にはどんな要素があるか、共通点など具体的に挙げてみよう。

第1部　授業を変えるファシリテーション

「あ、これだ！」って気づくのって自分の中から不意に出てきた気がしてたけど、いろんな人との交わりがあってこその結果なんですね。

そんな場を知らぬ間につくっていくのがファシリテーターってわけね。

コラム1-2

参加型学習は万能薬か？

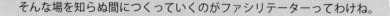

　1968年4月、アメリカ・アイオワ州にあるライスビルという小さな町で「青い目 茶色い目（A Class Divided）」という実験授業が行われました。実践したのはジェーン・エリオットという小学校教師で、全員白人の小学3年生が対象でした。メンフィスでキング牧師が暗殺された直後に実践されたその授業は、子どもたちを青い目と茶色い目のグループに分け、目の色で優劣をつけて「差別する／される」という体験をそれぞれ交互に2日間にわたって行うというものでした。人種差別意識を取り除くことをねらいとしたこの実験授業は、ドキュメンタリー番組として放送され、全米でも日本でも大きな反響を呼びました。

　この番組を参加型学習の一例として観てもらった後、評価してもらうと賛否が分かれます。「リアリティがあって、差別を体感できる」「こんな授業を受けてみたいし、みんなが受けるべき授業だと思う」という意見が出る一方で、「小学生だとトラウマになりそうで、リスクが高い」「差別意識を助長したり、いじめにつながったりするのではないか」といった意見も出てきます。そして最後には「教師（ファシリテーター）の力量が問われるよね」といった感想に必ずいたります。

　しかし、これを教師個人の力量の問題にしてしまうと、「名人・職人だけがなせる特別な授業」となってしまいます。むしろこのことは、授業をどういう手順を踏んで進めていくか、体験後にどんなふりかえりの時間を持つか、つまり授業デザイン（第2章参照）の問題であって、準備の怠りがなければ汎用できるものなのです。参加型学習の効果を過信し、思いつきで実践することほど危険なことはありません。参加型学習は特効薬でも万能薬でもないのです。

　番組は最後、「この授業を実施したかったら、まず教師自身がこの授業を受けて、その意味を理解しなければなりません」とのエリオット先生の戒めで締められています。

- ウイリアム・ピータース『青い目 茶色い目──人種差別と闘った教育の記録』日本放送出版会、1988年
- NHK特集「ワールドTVスペシャル・青い目 茶色い目──教室は目の色で分けられた」（1988年4月29日放送）
　※動画サイトで観ることができます

第2章
学習プログラムをデザインする

ファシリの心得 ● 2

　いざファシリテーションとなると目先のことばかりが気になって、あたふたしてしまう。慌てずにプログラム全体を捉えることがファシリテーションの第一歩である。

　プログラム自体は、学習者が目的を達成するため、有機的なつながりをもったシステムとして構成される。プログラム終了時の学習者をイメージし、そこから時間配分や内容など、全体を俯瞰し、デザインしていく。「木を見て森も見る」視点が大切である。

1. プログラムのグランドデザイン
なにを学びうるのか？ ゴールはなにか？

まずは学習者とどういう時間を共有していくのかデザインしていくことから始めましょう。ただし、計画はあくまで計画。むしろ、想定外の気づきが生まれることは大歓迎！ しなやかで遊びのある構成にしていくことを心がけましょう。

1-1 学習プログラムの基本パターン

ファシリテーターが介在する学びの場は、主に参加型学習の手法がとられ、**ワークショップ**＊と呼ばれることが多い。ワークショップ（workshop）は直訳すれば「作業場、工房」と訳される。まさに、場に集う者が寄り添い、知恵を出し合って、何かをつくり出していくイメージと重なる。

まずは、工房のように新たになにかをつくり出していく場として機能することを前提にプログラムが組まれなければいけない。また、学習者一人ひとりがその大切な構成メンバーであるという意識も共有しておきたい。

学びや気づきを生み出していくイメージの典型として**学習プログラムの基本パターン**と**5つのステージ**を提示する。

＊ワークショップ
もともとは「作業場、仕事場」という意味を持つが、そこで何かが「つくり出される、生み出される」という意味合いから派生して、演劇や芸術分野における創作法、あるいは参加体験型の学習会、セミナーを指すようになった。

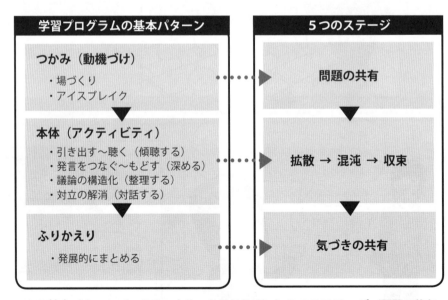

この基本パターン（**つかみ・本体・ふりかえり**）と5つのステージ（**問題の共有・拡散・混沌・収束・気づきの共有**）は、学習プログラム全体（単元）の構成要素であると同時に、一コマの授業・講義や各セッションを展開する際の構成要素ともなっている。さらには、「つかみ」「本体」「ふりかえり」の各パートの展開におい

てもその構成要素が再現される。「つかみ」や「本体」が行われている時間枠の中でも基本パターン（つかみ・本体・ふりかえり）があり、問題の共有・拡散・混沌・収束・気づきの共有がなされているというイメージである（詳細は第2節「つかみ」以降）。

つまり、学習プログラムという宇宙の中に授業・講義という小宇宙があり、さらにその時間の中にもより細かな小宇宙があるというイメージである。だから、各パートは前後のパートと意味をもってつながっている。学びが常に連関していることをしっかりと意識したい。

1-2　5つのステージ

学びあう場では次の5つのステージが展開している。

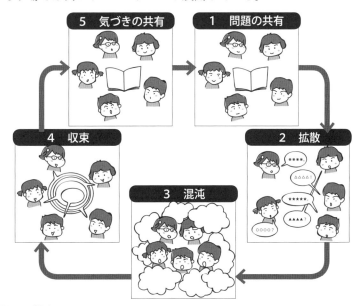

1．問題の共有

前提条件となる情報の共有や問題の共有を行う。また、学習が始まるにあたって学習者同士がそれぞれの状況（その日の調子や参加するモチベーションの高低など）を共有しておくことも大事になる。いろいろな意味において温度差をできるだけ取り除いておく。

2．拡散

できるだけ多くの意見が出される場面。ブレーンストーミングのように「質より量」で、さまざまな視点からいろんな意見を出し合い、気づき・学びの可能性を広げておく。

3．混沌

さまざまな意見が出ることで場が混沌とした状況になる。行き詰まって停滞し

たり、対立が起こったり、居心地が悪い場合もある。しかし、新しい気づきにいたるためには踏んでおくべき（乗り越えるべき）必須のプロセスでもある。

4．収束

さまざまな意見が出て、一見、収集がつかないように思えるが、意見や議論を構造化して「見える化」させていく。その地点での到達点を整理確認し、今の立ち位置が見えてくると、次に進むべき方向性が見えてくる。時に、意見を言いあううちに頭が整理され、自然と意見が収束していくこともある。

5．気づきの共有

プログラム全体を通じて得た気づきや学びを共有する。自身の気づきを全体で共有するとともに、他者の気づきも共有される。その過程で、さらに新たな自身の気づきも得られていく。また、次の課題も見えてきて、それを共有していくことにもなる（その課題は「1．問題の共有」につながり、学びがつながってサイクルしていく）。

1-3　全体のビジョンをイメージする

これらの基本形を踏まえ、学習プログラム全体のビジョンをイメージしていく。プログラム終了時点で学習者たちがどうなっているのかしっかり意識してデザインする。目指す姿から展望し、そこに至っていくイメージでプログラムを構成していきたい。

もちろん、学習プログラムをデザインしてもその通りいくとは限らない。想定外のことが起こるほうがむしろ自然であり、それは活かし、深めていく契機としたい。だからこそ、ぶれないために**立ち戻れるビジョンが必要**とされる。

この場合の「ビジョン」とは、限られた時間の中で、より具体的で絞られたゴールへ向かわせるものではなく、もっと長期的な観点での学びや気づきを想定している。例えば、「戦争はいけないものだということを理解させる」という目的設定をするのではなく、その時点で戦争を肯定する意見もあってよく、むしろそこで肯定／否定の意見が十分に出され、学習者自身が熟慮の上の結果かどうかが大事とされる。要は、学習プログラムのデザインとは、学習者に「結果」を求めるのではなく、どういう学びの「プロセス」を踏ませていけるのかというところに力点があるのである。

1-4　ビジョンから構成する

ビジョンが抱けたら、そこから展望して全体像を描いていく。プログラム全体を構成する諸要素（下記ポイント）をブレーンストーミングし、学びが展開する上で必要と思われるもので埋めていくイメージである。

第 2 章　学習プログラムをデザインする

■**プログラム全体を構成する諸要素**
・この時間での学習者のゴールをどこに設定するか？【**ねらい**】
・どんな時間配分（つかみ／本体／ふりかえり）にするのか？【**全体構成**】
・場のイメージは？【**場づくり**】➡ 空間デザイン　第 3 章 第 1 節
・ワークをどう挟み込むか？【**アクティビティ**】➡ 第 2 章 第 3 節
・どんな投げかけが有効か？【**発問**】➡ 問いかけのスキル　第 4 章
・どんなルールで進めていくか？【**グランドルール**】➡ 第 2 章 第 2 節
・活用できる素材、教材は？
・使用できる機材などが必要か？【**ツール**】
・最終的にどういった「かたち」にするのか？【**ファシリテーション・グラフィック**】➡ 第 5 章
・どう評価するか【**評価**】➡ 第 9 章

ふりかえり
□ 学習プログラムは、学習者の思い、知恵、経験等を総動員し、何かを生み出す"工房"にしていく。
□ 学びは広がりや深まりがあり、常に連なりがある。だから、「つかみ」「本体」「まとめ」の各パートはバラバラに独立しているのではなく、連関性をもったものにする（「つかみ」は「本体」のためにあり、「本体」は「まとめ」のためにある。「まとめ」は次の学びにつながっていくためにある）。
□ 産みの苦しみ、「混沌」のプロセスを怖れず、大切にする。

やってみよう

■ 次ページの「全体構成案」**ワークシート 1** の表を活用して、学習プログラム案をつくってみよう。
　※ 表中の「第 1 回」は、小中高での実践であれば「第 1 時」、大学の講義であれば「第 1 講」、研修であれば「セッション 1」などと置き換えて構想する。

どんなにベテランになっても、準備が大切。準備というのはなにもプリントを作成したり、教材を用意したりしておくことだけじゃないのよ。

まずは、学習者たちがその時間でどんな変化をしてくれるのかビジョンをつくるってことですよね。そんなことをイメージして授業が準備できれば、こっちまでワクワクしてきますね！

第1部　授業を変えるファシリテーション

ワークシート1

全体構成案

1）プログラム名（テーマ）	
2）対象	
3）場（会場名など）	
4）ねらい	
5）プログラム後の到達点（ゴール）	
6）プログラムの全体像	

第1回 （つかみ）	テーマ： ねらい： 内容（ワーク）： 備考（グランドルール等）：
第2回 （本体）	テーマ： ねらい： 内容（ワーク）： 備考（グランドルール等）：
第3回 （本体）	テーマ： ねらい： 内容（ワーク）： 備考（グランドルール等）：
第4回 （本体）	テーマ： ねらい： 内容（ワーク）： 備考（グランドルール等）：
第5回 （本体）	テーマ： ねらい： 内容（ワーク）： 備考（グランドルール等）：
最終回 （ふりかえり）	テーマ： ねらい： 内容（ワーク）： 備考（グランドルール等）：

2. つかみ
「つかみ」を「つかむ」にはどんな内容や流れが必要か？

授業の入りがうまくいかないと、そのままズルズル引きずってしまうもの。「つかみはOK」と言うくらいだから、最初が肝心。どんな素材を使い、どんなやり方をしたら「つかみ」を「つかむ」ことができるか押さえておきましょう。

2-1 「導入」ではなく「つかみ」

　　　　　　　　開始時にどう学習者の心をつかむかで、どれだけ学習プログラムへ積極的に参加してくれるかが決まってくる。学習者がこれから始まるプログラムへ自然にググッと引き込まれていくことが望ましい。ググッと引き込まれるものにするには、楽しいとか、驚くといった、学習者の感情が揺さぶられ、興味が沸き立つ何らかのしかけが必要だ。

　　　　　　　学ぶことをいきなりストレートに始めるやり方もある。けれども、ミステリー小説や冒険小説のように、出だしではクライマックスの伏線となる何かが起こり、読み進んでいくにつれてさまざまな展開が次々とあって、気づくと一気に読み終えていた、なんていう形で学びが進んだらどんなに楽しいだろうか。最初に学習者をグッとつかみ、プログラムが進んでいくうちに、いろいろな気づきがあって学びが深まったというようなプログラム構成にしていきたい。

　　　　　　　学校教育現場では、ここで言う**つかみ**を一般的には導入と呼んでいる。それをあえて「つかみ」と言い換えているのは、その単語の主語（主体）は何かを意識してほしいからである。導き入れるのは教師であり、**つかんでいくのは学習者**である。言葉ひとつでスタンスの違いが見える。言葉の設定が違えば、実践に望む姿勢も自ずと違ってくるのではないだろうか。

2-2 グランドルール

　　　　　　　楽しいゲームには、それを行う場のやり方やルールが決まっている。学習者が主体的に参加できるプログラムでも同様に行う場のやり方やルールがある。それを決めておけば、ゲームを楽しむように学習プログラムも学習者主体で楽しいものにすることができる。この場合の「楽しい」とは、学びの場に対する快適さ、居心地のよさのようなものである。それは、具体的に言えば、しっかりと自分の考えを伝えることができたり、議論がどんどん盛り上がっていったりするような状態として現れてくる。そうした場にしていくために、ファシリテーターが設定する基本的ルールを**グランドルール**と呼ぶ。これを学習する場に参加する人たち

と確認しあい、その時間における約束事としていく。みんなでグランドルールを共有しておけば、場は安心・安全なものとなっていく。

例えば、自分の存在が認められたと感じたときや、自分の意見を受け容れてもらえたときなどは、安心してその場にいることができる。逆に、自由に自分の意見を言うためには、安全な場が必要である。安心で安全な場があれば、自己肯定感*は増し、相乗効果として好奇心も向上していく。そして、学習者はさまざまに興味を持ち、主体的に学ぼうとしていく。

だから、プログラムの中でのグランドルールの設定は重要なのである。通常3〜5個くらいのルールを決めておくといいだろう。あるいは、グランドルール自体をその場にいる学習者とともにつくっていってもいい。

*自己肯定感
セルフエスティームともいう。自分を肯定できなければ、そもそも他人も肯定できないものとされている。

■グランドルールの例
・グループワークで1人1回は発言しよう
・発言は1分以内
・他の人が話している時は、自分と違う意見でも最後まで話をよく聞く
・反対意見を述べる時は、なぜそう思っているのかを必ず理由を添える
・主体的に！積極的に！貪欲に！
・無理はしない
・とにかく楽しむ

学校を想定した場合、全ての授業に共通するような内容（話をするとき、話を聞くとき、書くときなど）については、一つひとつの活動にあらかじめルールをつくっておくと、各授業がスムーズに進行できる。年度開始時に児童生徒たちと考え、提案していくこともいいだろう。「自分たちのルール」と自覚され、参加意欲も増してくる。

2-3　チェックイン

人が何かを始めようとする時、「儀式」が必要な場合がある。一言でいいから今の心境を表現するとか、簡単な質問に意思表示してもらうとか、ちょっとしたことでよい。場に入っていくためのノックやあいさつのようなものと思ってもらえばいいだろう。最初に行うそうしたアクティビティを**チェックイン**（55頁）と呼ぶ。

必ずしなければいけないというものではないが、あえて毎回最初に行うルーチンとすると、決まり事になっているので、何をすればよいかがわかって安心して臨むことができる。また、始まりのトーンが統一され、場が落ち着いていくことにもなる。

> ■チェックインの例
> ・今の気持ちは？（テンションの高低、元気度／疲労度など）
> ・今日ここに来るまでにあったこと
> ・宿題をしてきた感想
> ・テーマに関して知っていること or 知らないこと

2-4 アイスブレイク

　プログラムに入っていくにあたり、心や頭、体の準備が必要である。それらをほぐしていくためのアクティビティを**アイスブレイク**と呼ぶ。アイスブレイクには自己紹介系のものからチームビルディングを図る協力ゲーム系のものまでさまざまな種類がある（詳細は第3章）。

　開始にあたり、学習者たちは固い氷（アイス）のようになっている。その理由として考えられるのは「雰囲気が読めない」「テーマが難解でわからない」「きっとつまらないだろう（やる気がない）」といったところだろう。そうしたカチコチに固まった状態をそのままにしていては、ギクシャクした学習プログラムにしかならない。ましてや主体的に学習者が参加し、学んでいくことなどは到底できない。氷が砕けて融けて、水が流れるようにスルスルと学びがあふれ出てくるよう、つかみで流れをつくろう。

　流れを作る際に留意してほしいことは以下の3点である。

① 身近なもの

　学習者たちが知っているもの、身近にあるもの

　例 学区内にあるものや地域で起こったことを話題にする／同世代が興味を持っているものを素材とする／学習者同士の共通点探し

② 五感にうったえるもの

　写真や映像などのビジュアル素材、身体を動かすもの

　例 関連のある写真の一部を見せて隠した部分を想像してもらう／YouTubeの動画やショートフィルムを活用する／席を立ち会場全体を使ってワークを行う／言葉ではない身体表現での自己紹介

③ インパクトのあるもの

　「目からうろこ！」と感じるような話題やデータ

　例 授業に関連のある新聞の記事の使用、取り扱うテーマの問題が顕著に表されているデータ（先入観を覆すもの）、意外性のある事例・エピソードの紹介

2-5　情報・問題の共有

「つかみ」は単に学習者の気持ちをつかむだけではない。プログラムが無理なく移行していくために次の展開をつかむものでもなければいけない。時々、「つかみ」がただ場の雰囲気を温めるためだけに活用されていることが見受けられるが、できれば次の展開につながるきっかけとして位置づけることを意識したい。

だから、「つかみ」で行うアクティビティを徐々にその日のテーマに近づけていく内容にするとか、まったく興味を持っていなさそうな学習者の意識をひっくり返すような素材を活用するとかの工夫がほしい。

つまり、「つかみ」は終始楽しいだけのものにはせず、**実は学習者への動機づけとして機能**させていかねばならず、プログラムの成否に関わる肝の部分となっている。学習者の場へのモチベーションが湧かないのは、周りの人たちと比べて、自分は（その日のテーマに関して）「知識がない」「関心がない」「気持ちが乗らない」といったギャップがあるからである。その溝を埋めていくのが「つかみ」の大事な役割になっている。学習者たちが学習テーマに臨む上で、できるだけスタートラインを揃えてあげることが「つかみ」で行っていくことなのだ。

また、テーマに関して偏見や先入観、固定観念を抱いている場合もある。そうしたテーマと自分とのギャップもまた取り除いておきたいところである（その役割を「つかみ」だけ担う必要はなく、最終的にプログラム全体を経てそのきっかけがつかめればいいのだが）。それが取り除かれないままだと最後まで斜に構えて取り組むことになり、残念ながら気づきを得る機会を逸することになってしまう。

だから、「本体」に入る前に、必要な情報を提示したり、問題意識を共有していくことが非常に重要なのである。

> ふりかえり
> □ 安心安全な場づくりを心がける。
> □ 学習者間にあるさまざまなギャップ（参加意欲、テーマに関する理解度、知識量など）をできるだけなくしておき、スタートラインを揃える。

つかみをつかむって難しいですよね。ここでつかめなかったらどうしようって不安になります。

笑いをとろうとか、ウケをねらうとか、あまり考えないことね。アイスブレイクをしたからといってすぐに和やかな雰囲気になるとは限らないわ。でも、表情に出なくても意外と安心感を持ってくれたりはするものよ。それよりも、しっかりと動機づけのくさびを打っておかないとね。

3. 本体（アクティビティ）
豊富なバリエーションから選んで試してみよう

「本体」とは文字通りテーマの本質に迫っていく主要な場面。学習に有効な方法（＝アクティビティ）をどう構成していくかで学びの質が変わってくると言ってもいいわね。

3-1　学びのプロセスは「旅」

　学習は旅のようなものだ。旅の中でさまざまな出会いを得て旅行者が成長していくように、学習プログラムにおいても多くの「出会い」（素材、問い、経験、etc）によって学習者の成長は変わってくる。学習プログラムを実践しようと思ったら、旅をイメージしてみたらいい。

　ジョセフ・キャンベルは古今東西のヒーロー・ヒロインの物語を分析した神話学者である。彼の分析によれば『シンデレラ』に似た話は世界に 800 ほどもあり、それらは決まって次のような展開パターンに当てはまるそうだ。

①セパレーション（分離・旅立ち）
②イニシエーション（通過儀礼）
③リターン（帰還）

　考えてみれば、ディズニー映画の多くはそのパターンで構成されているし、「桃太郎」や「西遊記」、「男はつらいよ」だっておおよそその形にならっている。余談だが、ジョージ・ルーカスは学生時代にジョセフ・キャンベルの講義を受けて感化され、上記の基本パターンを活用して『スターウォーズ』を製作し、大成功を収めたと言われている。

　学習プログラムも旅の物語を紡ぐようなもので、その基本パターンに当てはめれば下記のようになる。

①セパレーション：好奇心を抱き、どこかへ出かけ＝ つかみ
②イニシエーション：何かと出会って、学びを得て＝ 本体（アクティビティ）
③リターン：立ち戻って、ふりかえる＝ ふりかえり

　ジョセフ・キャンベルは、イニシエーションの場面には試練があり、メンターとの出会いがあり、別世界との遭遇があるとしている。とにかく、多くの経験が積まれることで、自分が知り得なかった世界の全貌が明らかになっていくプロセスを踏んでいくわけだ。

　つまり、学習プログラムの「本体」の部分は、学びを得ていくための通過儀礼であり、さまざまな困難に立ち向かう場面なのである。ここでは、テーマを深めていき、本質に近づくためのいくつかのアクティビティが用意されており、そこ

第1部 授業を変えるファシリテーション

で学習者同士が喧々諤々して気づきを共有していく。

「本体」の部分では、ストーリーが展開するようにアクティビティをつなげて構成する。ファシリテーターは、そのアクティビティ群をどう構成し、何と出会わせていけるかという大切な役割を担っている。

3-2 アクティビティ（学び方の6分類）

本体では、学習者がどういう風に学びを深めていけるかを想定し、さまざまなアクティビティを組み合わせて構成していく。アクティビティを通して「拡散」「混沌」「収束」というステージを経験する。

アクティビティには大きく6つあり、それらをねらいに応じて組み合わせて活用していく。

表　アクティビティ（学び方）の6分類

A	基礎知識を共有する学びの時	◆クイズ：必要な用語、データをクイズ形式で知識として得ていく。 ◆カードワーク：トランプや百人一首などの形式を活用して、ゲーム的に基礎的な知識をおさえる。
B	読み解きを行う学びの時	◆フォトランゲージ*：写真や絵などを用い、そこに潜んでいる情報を多角的に読み取る。 ◆紙面比べ・見出し比べ：新聞記事などを使って、各紙の主張を比較し、の違いを読み取る。
C	共感・想像をはかる学びの時	◆ロールプレイ：役柄を割り振り、それになりきって演じる。その体験から感じることや気づきを促す。 ◆イメージマップ：ひとつのテーマから、そこに関連するキーワードをいくつも挙げてつなげていく。それぞれのつながりから関係性や全体像を把握していく。「ウェビング」とも呼び、似たものとして「マインドマップ」がある。発想法のひとつでもある。
D	意見・共有をしていく学びの時	◆ディスカッション：テーマについて意見や情報を交わし、深める。 ◆ブレーンストーミング：頭の中で嵐が起こって、いろいろなものが氾濫していくように、さまざまな意見やアイデアを発散させていくもの。
E	発信・表現をする学びの時	◆ポスターづくり：テーマに則してポスターを作成し、議論の内容やその過程を整理し、表現する。 ◆記事作成：議論した結果を主張としてまとめ、記事にする。実際にホームページやSNSにアップしたり、投稿したり、具体的なアクションに落とし込んでもよい。
F	問題解決をしたい学びの時	◆ランキング：出し合った意見や情報でどれがこの場面で有効かのランクづけを行う。できる限り、多数決ではなく、議論を重ねて合意形成を図っていく。 ◆シミュレーション：どんな方法であれば解決できるのか、想像し想定してみる。解決した状況をシュミレーションすることで、今からどうすれば解決に向けて行動できるのかが、イメージされやすくなる。 ◆プランニング：問題解決をするために、何をどんな手順で実施していくか、計画を立てる。

＊フォトランゲージ
フォト（photo 写真）とランゲージ（language 言葉）を組み合わせた造語。

※これらのアクティビティは一例にすぎず、他にもたくさんのアクティビティ集が発行されているので、参照して活用するとよい。

第2章 学習プログラムをデザインする

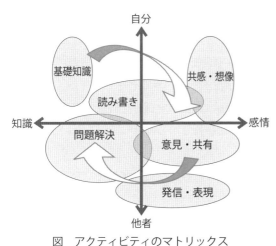

図 アクティビティのマトリックス

　これら6分類を自身の内に向かう「自分志向」のものなのか、外（社会）に向けた「他者志向」のものなのか、あるいは論理的な思考を必要とする「知識ベース」なのか、心情面に働きかける「感情ベース」なのか、マトリックスに落とし込むと左の図のようになる。

　6つに分類されたアクティビティはマトリックスを網羅するように分布する。学習プログラムでは、これらアクティビティをバランスよく配置し、**多様なアプローチで学習者に揺さぶりをかけていきたい**（図中の矢印のイメージ）。

3-3 学びのスタイル

　人によって学び方には違いがある。あるいは人それぞれに得意な学び方があるものだ。その人に合った学びのスタイルで、より心地よく、より効率的に学ぶことができる。

＊グラハム・パイク、デイヴィッド・セルビー『地球市民を育む学習』明石書店、1997年
吉田新一郎『効果10倍の〈教える〉技術 授業から企業研修まで』PHP研究所、2006年

　例えば、コルブはわかりやすい学び方を大きく4つに分類して提示している＊。

コルブのモデル ― わかりやすい学び方の4分類	
① 見たり（観察したり）、聞いたり、読んだりして学ぶタイプ	② じっくり考えることによって学ぶタイプ
③ 動いたり、実際に試してみたりすることによって学ぶタイプ	④ フィーリングや感情、直感などを大切にする形で学ぶタイプ

　これを自分に置き換えてみた場合、どれかしっくりとくるタイプがあるのではないだろうか。逆にあまり好まない（できれば避けたい苦手な）タイプもあるだろう。

　この分類を受けて、次のようにコメントしている人たちがいる。

　「教育機会の平等とは、思考スタイルを異にする子どもたちが、同じように機会を与えられることである。」（Anthony Gregorc）

　「生徒の誰もが平等な機会を与えられ、積極的な自己イメージを築くためには、自分にあったスタイルで学習し、"誰もがいつでも輝くことのできるチャンスを25％与えられている"必要がある。」（Bernice McCarthy）

これらのコメントは何を意味するのだろうか。ここで言う「教育機会の平等」とは、みんなが学校に通えるようにすることだけではなく、学校に通えても同じ教育方法のみで授業が行われた場合、教室内での教育機会が保証されておらず、学ぶチャンスを逸している児童生徒が存在するということを意味する。例えば、もしあなたが講義一辺倒の授業を行った場合、他の学び方を得意とする児童生徒は、学びづらくなっているか、学ぶ意欲を維持しづらくなっているということである。

学びのスタイルという観点からもやはりこれら4つのタイプをできるだけ網羅する方向でアクティビティを組み立てていきたい。

上記4つのタイプを「座学系」「熟考系」「体感系」「感覚系」とした場合、それぞれでは次のアクティビティが想定される。

■座学系
・講義中心
・スライドや動画の視聴
・テーマとなる文章や事例等からの読み取り、感想文の作成

■熟考系
・個人ワーク中心
・論文作成
・合宿研修等での時間をかけるワーク

■体感系
・体験中心（参加型）、現場中心
・ロールプレイング、シミュレーション、実験などのワーク
・フィールドワークの実施、スタディツアーへの参加
・当事者へのインタビュー

■感覚系
・感性重視
・あえて論理性を度外視し、自由に発想をさせる（ハチャメチャさ歓迎！）
・アーティスティックな表現
・スピリチュアルなワーク

旅から学ぶことって多いですよね。

そうね、生徒たちには「授業を始めるよ！」と言うよりも「旅に出るわよ♪」と言うのがいいかもね。あとは、いかに今日の体験を学びとしてふりかえるかを考えてみましょう。

第 2 章　学習プログラムをデザインする

ふりかえり
- □ 学習プログラムは「旅」。その過程でどんな出会いを演出し、どんな物語を紡げるかをイメージする。
- □ 多様なアクティビティ、多様な学びのスタイルで学習者に揺さぶりをかける。

やってみよう

- ■「コルブの学び方の４分類」を提示し、学習者全員に自分がどのスタイルを普段好んでいるかアンケートをとってみよう（多少のばらつきはあっても、おそらく４つそれぞれに手が挙がるはず）。
- ■ どれでもいいので気に入ったアクティビティ集を参照し、そこから実践できそうな（あるいは実践してみたい）アクティビティを試しにひとつ実践してみよう。実践してみてわかることが必ずあるので、失敗覚悟でトライし、場数を踏むことが大切（ちなみに「失敗は成功のもと」の言葉どおり、本当の意味での「失敗」はない）。そこから自分の「十八番」を増やしていこう。

コラム 2-1

ブレーンストーミング

　アメリカの広告代理店の副社長であったアレックス・オスボーンは、これまで行っていた会議がアイデアの芽を生むのではなく、摘むものになってはいまいかと感じていました。そこで自社の会議を参加者全員が頭脳（Brain）に嵐（Storm）を引き起こすがごとく、創造力を働かせられるような場にしたいと考えました。

　オスボーンは「プライ・バシャラ＝自分自身の外側で考えよ」という古代ヒンズー教の思想からヒントを得て、支配されがちな普段の発想パターンにできるだけとらわれないことを心がけ、自由な発想を保証するための４つのルールを掲げました。
① 批判厳禁……判断は排除すること
② 自由奔放……"乱暴さ"が歓迎される
③ 質より量……量が必要である
④ 結合改善……結合と改良が大切である

　これがアイデア発想法のひとつとして定着したブレーンストーミングの原則となりました。

　ファシリテーターは、この原則に則って、決して否定されない自由で肯定的な雰囲気をつくっていくことを前提とします。安心安全な場が保証されることで、躊躇していたアイデアたちは日の目を見、さらにそれらが連鎖して相互に刺激しあい、また別のアイデアが引き出されていくことになります。

　もし、学習者がステレオタイプなものの見方をし、限られた視点しか持ち合わせていないのであれば、ブレーンストーミングの意義はより増します。例えば、「中東」と聞いて「テロリスト」と真っ先にイメージが浮かび、そこで思考が停止してしまう学習者にとって、ブレーンストーミングは、多様な見方があることに気づかされ、自分の意識を変えるきっかけともなるのです。あるいは、自身の情報不足に気づくことで「もっと知りたい、知らなければいけない」という学習の動機づけにもつながっていくのです。

● A. F. オスボーン『創造力を生かす―アイディアを得る 38 の方法』創元社、2008 年
● A. バーカー『ブレーンストーミング― 最高のアイデアを捻出するための発想法』トランスワールドジャパン、2003 年
● 開発教育協会『開発教育実践ハンドブック 参加型学習で世界を感じる』2003 年

4. ふりかえり
終わりよければすべてよし…でも、どうやって？

> 授業はやりっぱなし、言いっぱなしで終わってしまうことが多いものですが、できれば教師の言葉で締めくくるのではなく、生徒たちの声でまとめたいところ。授業をふりかえる主体は誰か？と考えてみてください。

4-1　なぜ「ふりかえり（省察）」をするのか？

　ワークショップ型の授業において「ふりかえり」の時間は必須であり、非常に重要な意味を持っている。しかし、通常の授業においてはあまり重要視されていない印象を受ける。それは、教師主導で進める授業の方が効率的で面倒でないからかもしれない。あるいは、年間計画で組まれた内容をこなさなければいけないことからくる時間の制約（日々の授業へのしわ寄せ）でやむを得ない選択かもしれない。いずれにせよ、「ふりかえり」をせずに授業を終えることは結果的に学びを浅薄なものにし、学びのチャンスをみすみす逃していることになる。

　実は前節の「本体（アクティビティ）」よりも、むしろ「ふりかえり」のほうが重要であると言ってもよい。それほど、ここには十分な時間を割くべきであるし、省略してはいけないところである。「ふりかえり」をないがしろにするということはまさに「画竜点睛を欠く」ことになる。

　ここまで「ふりかえり」を重視する理由として、学びの観点から次の4つのことが言える。

①学びの整理

　「ふりかえり」はじっくりと自分に落とし込む作業の時間である。その前提として、今ここで「何を感じたのか」「何に気づいたのか」「何がわからないままなのか」などを自分の内面で整理する時間が確保されなければならない。つまり「経験の解釈」がここでは行われる。自身がもともと持っていた知識や経験と今日体験して気づき得たものとがどう関連しているのか、その関係性をつなげて意味づけする作業である。

②学びの定着

　学習者は「つかみ」「本体」でさまざまなアクティビティを体験し、それなりの充足感を覚え、「よく学んだ」という気に陥る。しかし、楽しさだけが感覚として残り、やりっぱなしでは学びが定着していない恐れがある。定着させるには、始まりから終わりまでの時間を十分に咀嚼し、言葉や文章などにしてアウトプットする段階を要する。これは脳の発達の仕組みと似ている。脳は刺激を受けるとニューロン（神経細胞）がシナプスでつながり合い、ネットワークを形成し、回

路を強化していく。これが学習や記憶と言われるものである。前の「学びの整理」の作業はまさにこの原理と同様であり、それを経て学びは定着を図るのである。

③学びの増幅

学習のプロセスにおいて自分が何に気づいたかをふりかえる作業は一人で行い、そこで完結してしまいがちである。それをクラス全体なり、グループ内なりで他の誰かと共有するという作業が加われば、さらに新たな気づきを得るチャンスが増える。学びの場における気づきは全体が同じひとつのものに収束していくというよりは、むしろ、一人ひとり微妙に違うバラバラなものになるからである。それら多様な気づきをファシリテーターが編み合わせていく作業は、場全体の気づきがウェブ状に連なり、相互作用を及ぼし合っているイメージである。気づきに気づくという意味においてはメタ認知がなされている状態でもある。

④学びの進展

*構成主義
学習者の能動的態度によって、自身で意味を見出し、学びを"構成"していくような教育。

最近は構成主義*的な学習観が重視されつつあり、「教員が何を教えるか」から「学習者が何を学びとるか」への視点の転換がなされている。つまり、学習者が自ら学習過程を導くことの重要性が説かれている。「ふりかえり」が契機となり、批判的思考を伴いながら自身が変容し、次の課題を発見して、学びが次へと展開していくことになる（本来、「総合的な学習の時間」のカリキュラムは、この考えに基づき、児童生徒の学びの展開に応じて、臨機応変に組み立てられていくものだった）。

4-2 ツァイガルニク効果

「ふりかえり」の意義はツァイガルニク効果にあるのではないかという人もいる。

ツァイガルニク効果とは、「未完の課題についての記憶は、完了した課題についての記憶より想起されやすい」という現象のことをいう。これは、旧ソビエト連邦の心理学者ブルーマ・ツァイガルニクが、「達成された課題よりも、達成されなかった課題や中断している課題の方が記憶に残りやすい」というドイツのクルト・レヴィンの考えに基づいて実験を行い、実証した。

その実験とは、簡単な課題の実施と「今やった課題が何であったか？」という質問を行うものであった。グループを2つに分け、一方には最後まで課題を完了させ（クイズ・計算など）、一方は完了しそうになるとストップを掛けて次の課題に移らせた。そして、全てが終わった段階で「今やった課題の中にはどんなものがあったのか？」について質問した結果、最後までやらせてもらえなかったグループの方が倍程度の数の課題を答えることができたというものだ。

これは、卑近な例を挙げれば、よくテレビや雑誌で「続きはWEBで」とか「この先はCM後に！」とか、相手の気を引いたままにしておく手法がそれにあたる。

ツァイガルニク効果を教育分野で語る場合は、そうした姑息な方法としての意味合いではなく、思考停止に陥らせないという学習意欲の側面で捉えたい。つまり、一斉教授型の授業、あるいは暗記型の教育手法は、「伝えた／聞いた」「教えた／覚えた」という関係性において「完了形」になっている。授業が「一話完結」の形式では、あまり頭に残っておらず、かつ学ぶ意欲にもつながっていないということになってしまう。不確実性の高い現代社会では絶対的に正しい答えだと言い切れるものがない中、答えは与えるものではなく、追い続け、近づいていくものになっている。そこでは、「今、自分が何に気づいて、何がわかっていないのか？」をふりかえる必要性が非常に高まっているのである。このモヤモヤ感は決してネガティブなものではなく、学びを自分で次につなげていく、とてもポジティブなものなのである。

ふりかえり

- □ ふりかえりをすることには「学びの整理」「学びの定着」「学びの増幅」「学びの進展」といった4つの意義がある。
- □ 学ぶ意欲（モチベーション）を維持し、思考を連続させていくためにふりかえりを機能させる。

コラム 2-2
「ねぇねぇ聞いて」はふりかえり!?

2011年に行われたTIMSS（国際数学・理科教育動向調査）では、親の関心に関してもアンケートがとられました。

「学校で習っていることを親が尋ねるか？」との質問に「毎日／ほぼ毎日」と回答したのは12％（国際平均50％）で、「1回もない／ほとんどない」との回答は26％（国際平均10％）でした。日本の親たちがあまり子どもたちの学校の様子に関心を示していない現状がわかります（朝日新聞2013年12月より）。

もっと興味深い（深刻？）のは、その12％と26％の親たちのそれぞれの言動が子どもの成績と相関しているということでした。実は親の関心が低いと成績も低くなってしまうのです。

「毎日」と「1回もない」と回答した子どもの平均点の差は、最も開いている中2数学で37点差、最小の小4理科でも11点もの差があったそうです。これは、「学校の勉強について親と話す」「宿題をしているか確かめる」といった質問でも同じ傾向が出たようです。

この場合の親が学校で何があったか尋ねて「関心を示す」というのは、まさに「ふりかえりをする」という行為と同義ではないでしょうか。ワークショップで必ず最後に「ふりかえり」を行うというのは、「あなた（参加者）がこの時間で学んだこと、気づいたことに私（ファシリテーター）は関心がありますよ。ぜひ、聞かせてください」という姿勢の表れで、その行為が学びの深まりと記憶の定着を生んでいるのではないかと思います。

第２章　学習プログラムをデザインする

やってみよう　ファシリテーション進行表

■ 第２章のまとめとして次ページの　ワークシート２　「ファシリテーション進行表」を埋めてみよう。「つかみ」「本体」「ふりかえり」の構成要素を書き出し、学習プログラムの全体像を描いてみよう。

「型」がわかったら、あとは場数を踏んで経験を積んでいくことね。
今年度、期待しているわよ。

自分のスタイルを見つけるためには基本が大切なんですね。
まずはアクティビティを順番に試してみます！

右：ウガンダの学校
下：アフガニスタンの学校。

第1部　授業を変えるファシリテーション

ワークシート2

ファシリテーション進行表

テーマ		
ねらい		
グランドルール ●　　●　　●		
時間	流れ・内容	発問等その他留意点
つかみ (　　)分		
本体 (　　)分		
ふりかえり (　　)分		

第 3 章

「場」をつくる

ファシリの心得 ● 3

　ファシリテーターは「引き出し役」と言われますが、学習者にそもそも場へ参加してもらわなければ始まりません。参加を促すためには、場に入っていく上で障壁となっている敷居をできるだけ下げておく必要があります。

　そのためには、参加しやすい空間やサイズに配慮し、学習者の頭と心と体をほぐしていかなければなりません。そして、安心安全が保証されていなければ創造的な場にはなっていきません。場のあり方、つくり方次第で、学習者の潜在的な可能性は引き出されもし、埋もれてもしまうのです。

1. 空間デザイン
参加しやすいカタチとは？

整然と机が並んでいるのが教室の風景と思い込みがちですが、学び方が多様であれば、学ぶ形もいろいろあっていいはずです。「面倒だから」といって手間を省くのではなく、ねらいに応じて形を変化させていくことで学習者の参加度は高まっていきます。場の型次第で、ファシリテーターと学習者の関係性が規定されてしまうので要注意！

1-1　「場づくり」とは？

　子どもは、絶対的な愛情を感じている親がそばにいて、しっかりと見守られているという状況において初めて、好奇心を外へ向け、新しい可能性に挑戦しようとする。だから、ひとりでも砂場で遊んだり、公園を走り回ったりできる。そうした彼らの「冒険」は、危険を感じたらすぐに拠り所としての親の元へ戻ることができ、喜んで迎え入れられることで成立している。そうした安心感、信頼関係を感じられる子どもにとっての親の存在は**セキュアベース***（ Secure Base：安全基地）と呼ばれる。

***セキュアベース**
アメリカの心理学者メアリー・エインスワースが1982年に提唱した概念。

　学習の場もこれと同様である。場が安心で安全でなければ、あえて思い切って意見しようなどとはせず、学習者は口をつぐみ、参加を拒む。そこに学びや気づきが生まれてくる可能性はほぼない。だから、その可能性を最大化していくには、ファシリテーターが**安心安全の保証されている場づくり**をしていかなければならない。

　場づくりには３つの側面がある。ひとつは、物理的な意味においての「場」であり、机椅子の配置など、どういった空間にしていくかということ（**空間デザイン**）。２つ目には、心理的な意味においての「場」で、どうやって場に入りやすくし、安心と安全を感じてもらえるかということ（**アイスブレイク**）。３つ目は、どの程度の規模で実践し、グループワークをしてもらうかということ（**グループサイズ**）。こうした側面からアプローチし、学びの可能性を広げる場づくりをまずは行わなくてはならない。

　また、場は、「意義・必然性」「人（私たち）」「テーマ」といった要素が構成されて初めて存在する意味を持つ。場という空間には、（意図せずとも）"今ここで"という「意義・必然性」のもと、児童生徒や教師のように場に集う「人（私たち）」がいて、互いに関係性を築きあいながら、「テーマ」に向けて、互いの知恵や知識やアイデアを持ち寄り、広げ、何かを新しく創り上げていく。このようなプロセスを進めていくために、授業・ワークショップの進行案やコンテンツ・素材

があり、ファシリテーションがある。そうした場を構成する要素は、少なくともファシリテーターの内では明らかにしておくべきで、どう構成していくか十分に吟味している必要がある。

授業やワークショップの効果・価値を高める上で、「場」の果たす役割は大きい。「意義・必然性」「人（私たち）」「テーマ」によって、教室のレイアウトを変えたり、音楽を流したりして空間の持つ意味を変えてみる。あるいは、ワークを挟んで、学習者が安心して話せる場やワクワクする場をつくっていく。

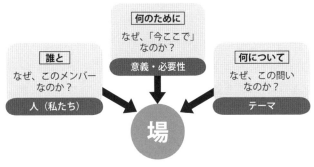

学習者の学びは時間とともに変化、展開していくのであるから、場も当然、固定せず、動きのあるものにしていかなければならない。

1-2　場の形と効果（空間デザイン）

空間が人に与える影響の大きさを私たちは日々実感している。例えば、重厚な応接室に入るとかしこまって緊張した気持ちになり、カフェに入ると落ち着き、リラックスする。つまり、単純にどういった空間になっているかという物理的な側面が、人の心理をかなり左右している。

そうであるならば、机や椅子の並べ方ひとつで、学習者が学習プログラムにどう臨もうとするのか、その姿勢はある程度決まってくる。もし、常に場の形が固定され、空間デザインに工夫がなければ、学習者の臨む姿勢には変化が見られず、良くも悪くも一定のままである。それは、学習プログラムの流れによってその形がしっくりとくる場合とそうでない場合が運まかせに訪れるということであり、参加の度合いにムラが生じるということである。学習者が常に参加しやすい状態にするためには、場の形は「テーマ・目的・問い」にあわせて適宜変化させていかなければならない。

ファシリテーションとは、場に参加していく上で障壁となるあらゆるものをできる限り排除していくということでもある。そのためには、場をどうセッティングすればどんな効果があり、どんな不都合がでるのかを想定しておく必要がある。

ここでは、空間デザインの典型としていくつかの場のつくり方を紹介し、それぞれの型にどういったメリット／デメリットがあるか確認していく。参考として、学習者目線の感じ方*も想定して載せておく。

＊**学習者目線の感じ方**
以下で挙げたものは、これまで筆者が空間デザインのシミュレーションをした際に、参加者が感じた実際のコメントをもとにしている。

空間デザイン具体例

(1) スクール型

たいがいの教室は、前方に教師が話すための教壇、教卓と黒板があり、児童生徒は整然と配置された机と椅子に座って話を聞く態勢になっている。多くの学校ではこうしたスタイルで実践がなされているので、このような形は**スクール型**と呼ばれる。

スクール型は教師の話を集中して聞くためには適しており、効率的に知識を伝えていく一斉教授型の授業では効果的な空間デザインである。この型では、学習者間での意見交換や議論が行われることは少なく、基本的に教師とある学習者との1対1でのやりとりが想定されている。よって、個人での作業を行う場合にも向いている。これを大規模にすれば、映画館やコンサートホール（学校でいえば体育館）などがイメージされる**劇場型**となる。

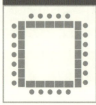

■学習者目線
・ひとりで集中できる
・「話を聞きます！」という感じ。講義を受ける感じ（自分は受け身）。
・となりの人と喋っちゃいけない感じ。
・前の人はファシリテーターの顔しか見えない。後ろのほうの人は前の人の表情がわからず、後頭部しか見えない。
・後ろのほうだとサボれそう。早弁できそう（でも実は前からはよく見えている！）。
・先生からの視線を強く感じる。

(2) 会議型

スペース全体に机を四角に配置し、その周りに座る形を**会議型**という。実際、自分の職場で行われている会議を思い起こしてみるとこの型にはまっていたり、これまで体験してきた会議の多くがこうしたスタイルのイメージではないだろうか。ただし、最近は会議のあり方も変化してきており、企画会議のようなブレーンストーミングを重視する場合は会議型であることは少なくなっている（後述の型をふまえて、その理由を考えてみてほしい）。

会議型の派生形として、一辺の机椅子を取り除いた**コの字型**がある。学校教育現場では、この型で授業実践が行われることも時折あり、空いたスペースに教師や司会役の児童生徒が立つなどして、学級会等が執り行われることがある。

また、佐藤学氏が提唱してきた「学びの共同体」*という授業実践でも教室の形をコの字型にすることがある。この場合、全体が見えつつ、ペアワークがしやすいというメリットがある。

*学びの共同体
子どもの学びの権利、教師の専門家としての成長、親や市民が協力し合う学校の実現をし、民主主義社会を準備することを目的とした21世紀型の学校のヴィジョン、哲学、活動システム。

第3章 「場」をつくる

■学習者目線
- 上座、下座が決まっていて、前（と思われる）席の人は偉そうに見える。
- となりの人とは近く、話をすることもできるが、対面の人とは距離感があり、一体感がない。
- 対面にいる人は反対意見を持っているようで、対立関係にある印象。議論が白熱しそう。
- プレゼンを聞く、あるいは報告を受ける心構えになる。
- 机で守られている感じがする。下半身が隠れるので安心する。
- メモをとりやすい。

(3) サークル型

空間にいる人全員が大きな円（サークル）をつくる。基本は、椅子に座って円になるパターンだが、床にじかに座って円になるパターン、全員が立って円を作るパターンもある。円の中心には、場を象徴するアイコンを置くことがある。ちなみに、会議型の机を取り払えば、すぐにサークル型にすることができる。

サークル型は、全員の顔を一望することができる。また、顔を見ながら一人ひとりの言葉に耳を傾けることができる。そのため、場の一体感を図ったり、全員で気づきや感想を共有したりする際に効果的である。だから、プログラムの最初（チェックイン／オープニング）や最後（チェックアウト／クロージング）に適した形といえる。

また、この型は互いの関係性がフラットであることを象徴しており、立場に上下関係があることを前提としない国際会議はサークル型にして行われることがある。そうした会議を「円卓会議（ラウンドテーブル）」と呼ぶゆえんである。

■学習者目線
- 丸く座るとみんなが平等な感じがする。
- 全員の顔が見える。
- 向かいに座っている人の顔は見えるが遠く感じる。一方で、意外と隣りの人の表情はわかりづらい。
- 机がないとあからさまになっている感じがして、落ち着かず、緊張する。
- 真ん中のスペースで何かができそう。

(4) 半円型（扇型）

ファシリテーターを要として（スクリーンや黒板、舞台などを背景にしている場合が多い）、椅子を二重、三重にして扇状に並べて座るのが**半円型（扇形）**である。グループ発表などプレゼンテーションをする場合には発表者が要の位置に来て話す。発表や講話を聞くときに効果的な形である。

スクール型と比較すると、机を使用せず、必ずしも整然と並べず、ざっくばらんに配置させるため、同じ授業や講義をするとしてもフランクな印象を与え、か

47

しこまった雰囲気を低減することができる。

■学習者目線
・演奏会やオーケストラのよう。ファシリテーターは指揮者とかぶる（指示されたり、注意されたりしそう）。
・「話を聴く」という受け身な点においてはスクール型と一緒。ただ、自由さがあり、威圧感は少ない。
・近くの人とすぐにグループを組んで、話ができる（その後の展開次第で融通が利く形）。
・アメリカの大学みたい。

（5）分散型（バズ型）

　全体を少人数のグループ（たいていは 3、4 人程度）に分けて、スペースにばらけさせるので**分散型**と呼ぶ。各グループで誰かしらが同時多発的に話している状態なので、たくさんの学習者が短い時間で効率よく思いや考えを発することができる（例えば 10 のグループに分ければ、常に 10 人が話している状態が保たれている）。はたからこの様子を見れば、あちこちで声が聞こえ、騒がしい様子なので、**バズ型**（buzz：ブンブンといったハチなどの羽音のこと）とも呼ばれる。

■学習者目線
・小グループなので意見しやすい。良くも悪くも「話さなくては！」という気になる。
・さっきまで言おうかどうしようか迷っていたことが言える。
・他のグループでどんなことが話されたかが気になる（全体での共有の時間もほしい）。
・周りが騒がしく、グループ内の声が聞き取りづらくなるおそれがある。

（6）アイランド型

　小グループに分かれて対話をしたり、作業やワークをしたりするときに効果的な形が**アイランド型**である。参加型の学習スタイルにとっては一番融通が利くため、ワークショップを行う際にもっともよくとられる形である。実際に指示を出す時はカタカナ語の「アイランド」ではなく、「島」という呼び方を使うのが一般的で、「5 人グループで 6 つの島を作ってください」などと言ったりする。

■学習者目線
・みんなで何かを作り上げる感じ。
・なにか作業をさせられそう。
・理科室や家庭科室、図工室みたい。
・グループ内では集中できるが、周りにはほとんど視線が向かない。
・模造紙が十分に広げられる。マーカーや付箋紙が置いておける。
・グループワークも個人ワークも両方とも可能。

(7) その他

　上記で紹介した型を場面に応じて臨機応変に使い分け、もっとも学習効果が高いと思われる型を選択していこう。思い切って場面転換し、型を組み合わせて流れを構成していくことが重要だ。あるいは、あえて椅子は使わず、（直に座れるところであれば）みんなで床に座ってみるのも雰囲気を変えることになる。少し目線が落ちるだけで非日常的空間になることが実感できる。

　ただ、あまり頻繁に場の形を変えると、学習者は落ち着かず、むしろやる気を削ぐことにもなってしまう。

　いずれにせよ、学びの場とするところは、椅子や机が固定式ではなく、壁面に模造紙などを貼ることが可能であればベストである。ホワイトボードや黒板があり、パソコンやDVDからの投影が可能であればさらによい。欲を言えば、全体に十分に音が届き、しかも反響が極力小さくてクリアに声が聞こえる環境であってほしい。

　また、場は必ずしも室内である必要はない。天気がよければ外に出て、青空のもとで実践してみるのもよい。かなりの気分転換になり、あまり発言しない学習者が発言したり、ふだんあまり口にしないようなことを思わず発したりする副次的な効果も出てくる。

ふりかえり
- □ 空間は「テーマ・目的・問い」に応じて、臨機応変にデザインしていく。
- □ 型ひとつで関係性がいとも簡単に変わってくるので配慮が必要。

やってみよう

- 実際に机や椅子を動かして、さまざまな型をつくってみて、感じたことを共有してみよう。20名以上の人数でシミュレーションすると違いがダイナミックに体感でき、多様なフィードバックが得られてよい。
- 前述の型に限らず、身の回りで実際にどんな「学びの場」があるか、探してみよう。日本に限らず、世界の教室を覗いてみるのもいい。最近では、企業が仕事の効率アップや社員同士のコミュニケーション増加を図って、職場の形をさまざまに試している。あるいは、コミュニティの人たちが、いかに集い、楽しめるか、工夫した場づくりが津々浦々で行われている。HPなどで検索して、参照し、自分の現場に取り入れてみよう。

場の形を変えるだけで、雰囲気がまったく違ってくるんですね。そうとも知らず、いつもスクール型で通してました。

場に対する印象は学習者それぞれに違うから、ずっとスクール型にされては息苦しく感じた生徒もいたかもね。そんな生徒をイキイキさせるためにも空間デザインは重要よ。

第1部　授業を変えるファシリテーション

左　ドイツのメトロポリタンスクール
右　アメリカの小学校

コラム 3-1

寺子屋は変幻自在

　下の絵は教科書かなにかで一度は目にしたことがあるでしょう。江戸時代の寺子屋の模様を描いたものですが、当時の様子を「授業観察」するつもりで改めてじっくり見てみてください。

　さて、先生らしき人はどうも全体を眺めているだけで何もしていないようにも見えます。黙々と問題かなにかを解こうとしている子もいれば、グループになって教えてもらおうとしている子もいます。そもそもみんなあちこち好き勝手な方向を見ていますし、飽きちゃったのか、天を仰いだり、とっくみあいのケンカ？を始めた子たちもいます。年齢構成もバラバラに見えるこの「教室」は自由さにあふれています。当時の「学校」であった寺子屋という学びの場は、型にはまらないものであったようです。

　何もしていないように見える先生らしき人（手習師匠と呼ばれていた）は、どうやら子どもたちの発達段階、到達度を観察しているらしいのです。一斉教授型のスタイルはあまりとらず、子ども一人ひとりをよく観察して、個別カリキュラムを組んでいたというわけなのです。子どもたちは考え抜いてもわからないと思えば、手習師匠のところへ行き、教えを請う。そして席に戻っては、それを子どもたち同士で学び合おうと車座になります。

　意外にも江戸時代の教育スタイルのほうがかなりリベラルだったことが見えてきます。

渡辺崋山画「一掃百態　寺子屋図」
文政元年（田原市博物館蔵）

2. アイスブレイク

"アイス（緊張）"を壊して、壁をとりはらおう！

新学期でクラス替えがあった時や初対面同士の参加者を対象にした研修では、まずなによりも場全体に漂う緊張感をなくす必要があります。緊張感は、互いに情報を送受信しあうはずの関係性をシャットダウンする壁なのです。その壁をとりはらうためには、頭も心も体もほぐしていかなければなりません。それは本体に入る前のとても大事な準備体操なのです。
単なる自己紹介やグループ分けも創意工夫次第で、学習者同士の距離をぐっと縮めることができるのです。

2-1 アイスブレイクとは？

アイス（ice）とブレイク（break）を組み合わせた造語である**アイスブレイク**（「アイスブレイキング」と呼ぶこともある）は、氷のように緊張した雰囲気を壊す（溶かす）ために行うアクティビティのことを指す。「氷が溶けて春のような暖かな気持ちになること」と表現する人もいる。とにかく、場の重い雰囲気が和み、軽くなっていくのがアイスブレイクの効用である。

アイスブレイクは、それをテーマに1冊の本ができてしまうほど種類が多く、そのねらいや方法はさまざまである。学習者の構成や関係性、場の雰囲気、プログラムのどの段階で行うかによって、使い分けたり、組み合わせたりする必要がある。ほとんどが初対面同士なのであれば、**自己紹介系**のアイスブレイクをまずすべきであるし、動きが足りないようであれば**ほぐし系**のアイスブレイクをすべきである。その後、グループワークが多いようであれば**協力ゲーム系**のワークをしてチームビルディングを図るのもいい。

2-2 自己紹介系のアイスブレイク

どんな人がこの場に集まっているのか把握することで、個々の緊張感を解く。相手の素性がわからないと人はなかなか自分を開放しようとはしない。まずは互いを知ることが大事である。

自己紹介する際、どんな項目について話をしてもらうかにも配慮したい。項目の立て方次第で、その人の見え方までもが変わってくる。また、開始時に行うことがほとんどだと思うので、できる限りポジティブな表現の問いを用意したい。テーマが難しかったり、暗かったりすると雰囲気がどんよりしてしまうし、あまりに突っ込んだ質問だとプライバシーに関わり、関係性の構築に支障が生じる。

例 「4コマ自己紹介」「漢字一文字自己紹介」「うそつき自己紹介」「他己紹介」など。

■4コマ自己紹介

1人に1枚用紙を渡し、4等分に折ってもらい（十字にマーカーで線を引いてもいい）、それぞれのマスに指定したことを書いてもらう。例としては、左上に「名前（よければ呼んでもらいたいニックネームも）」、右上に「今していること（所属など）」、左下に「参加動機」や「今の気分」など。最後の右下の部分はオチとして「マイブーム」「コンビニで思わず買っちゃうもの」など、肩肘張らずクスッと笑えるような項目を設定すると場が和むきっかけになってよい。

また、その変形で縦に4等分するパターンもある。書き終わったら折り畳み、1項目ずつ開示して自己紹介し、言い終わったら△にすると席札にも早変わり！ 常に相手から名前が見えるので呼びやすくなるし、会議の議長かパネリストにでもなった気分にもなれる!?

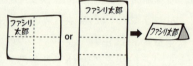

■漢字一文字自己紹介

毎年、年末恒例でその年の世相を表す「今年の漢字」を書く清水寺のお坊さん気分で、「自分の性格の特徴は？」「今の気分は？」などのテーマで適当な漢字一文字を紙に書いてもらう。それをもとにして自己紹介をすると、端的に表現できる上に、互いに印象を強く残すことができる。全部貼り出し（あるいはくっつけて）、一覧にすると学習者全体の傾向が見えてきておもしろい。

■ウソつき自己紹介

自分に関することや自分にまつわるエピソードなどをいくつか（3〜4個程度が望ましい）紙に書き出してもらうが、そこに必ず1つウソを入れ込み、あたかも本当のようになりきって自己紹介をする。意外にそのウソの部分に自分の願望や夢だったことが挙がり、むしろその人らしさが浮かび上がることも。全員が自己紹介を終えたあとで、どれがウソだったか当てっこをするとたいへん盛り上がる。

■他己紹介

隣りの人とペアになり、互いに1〜2分ほど自己紹介し合う。雑談のようなお喋り風でもいいし、それが難しければテーマを決めて順番に話してもよい。それをもとに相手の紹介をみんな（あるいは別グループ）に対して行う。相手のことをいい加減には聴けない状況になるので、真剣に耳を傾けるし、ちゃんと伝えなければいけない責任も生じてくる。いかにコミュニケーションをとるのがいいかという練習も兼ねている。

2-3 ほぐし系のアイスブレイク

場の雰囲気を和らげ、和ませるため、頭と心と体をほぐしていく。「ほぐし」には3種類あり、その日のテーマへの導入を兼ねていたり、学習者間で情報量に差があれば、それを埋めたりする「頭のほぐし」、体や表情が硬ければ「体のほぐし」、関係性がまだ十分でなければ「心のほぐし」のアイスブレイクをしていくといい。

第 3 章 「場」をつくる

例 a. 頭のほぐし：「クイズ」「ネームトス」「流れ星」（写真や絵の活用）
　　b. 体のほぐし：「ストレッチ／肩揉み」「ミラー・ゲーム」「フルーツ・バスケット」
　　c. 心のほぐし：「部屋の四隅」「共通点探し」「チェック・イン」

■クイズ
　テーマに関するクイズをいくつか出す。ワークシートを用意してもいいし（その場合、期待感を膨らませるため、開始前にやってもらっておくのも手！）、アンケート風に挙手してもらってもいい（テンポよくやると体の動きを伴うので勢いがつく）。学習者の先入観をくつがえすような問題や、アッと驚く想定外の答えを提示するものだと動機づけにもなる。短い動画や写真などビジュアルも活用できるとより効果的。

■ネームトス
　名前を覚えることが目的のアクティビティなので、簡単な自己紹介は終えておくのが前提（あえてそれもせず、名札を見ながら行うというのもなくはないが）。全員で輪になり、誰か他のメンバーをめがけて当たっても痛くないゴムボールや布製のフリスビーなどを投げる。その際、その人の名前を呼ぶことを忘れない（アイコンタクトもしつつ）。それを受け取ったら、また同じように名前を呼んで他の誰かに投げて、つなげていく。言い終えた人は座るようにしておくと、トスする候補がわかりやすいので、事前にそう指示しておく。
　名前を呼ぶだけでは物足りなければ、一言感想を言ってもらったり、相手の印象を修飾語として付けてトスしてもらうとよい（例：「お茶目だけど、意外に発言は奥が深い○○さん」）。あるいは、投げる物を増やして行うと複雑になり、ゲーム性が出てきて楽しんで取り組める。

■流れ星
　ファシリテーターが適当に簡単なストーリー（例えば「夜空を見上げていたら流れ星が横切りました。そこは森の湖畔で小さな家が一軒ありました。湖には白鳥が 3 羽いて…」）を読み上げ、それを各自、用紙にイメージして描いてもらう。描き終えたら、グループ内でそれぞれ見合わせる（絵は下手でもかまわない！）。
　ただ表現の違いを楽しむだけではなく、その後にグループワークをする際、「情報伝達にはミスコミュニケーションがつきもの」ということを踏まえておくためにやるのもよい。

■ストレッチ／肩揉み
　緊張で体が強ばっていたり、硬くなったりしているので、まずはそれをほぐす。きわめて単純だが、1 アクションを入れるだけで、いい気分転換になるもの（立ち上がって見える景色が変わるだけでも違うもの！）。運動経験がある人を指名し、部活などでやっていたストレッチを体操のお兄さん・お姉さん風に前でやってもらうと雰囲気も明るくなる（何より本人が楽しそう）。
　眠気が襲ってきた時にエナジャイザー（58 頁参照）として行うのも効果てきめん！

■ミラー・ゲーム
　ペアになって向き合う。先攻／後攻を決め、どちらか一方が好き勝手に体を動かし、もう一方はそれを鏡のごとく真似して動く。コミカルな動きだと自然と笑みがこぼれる。哲学者アランの名言「幸福だから笑うのではない、笑うから幸福なのだ」にならい、まずは笑ってしまえば、その後のワークも楽しくできる!?

■フルーツ・バスケット

全員で椅子に座って円になる（ただし、人数マイナス1個の椅子の設定）。オニ（椅子に座れなかった人）は、円の中央で「朝ご飯を食べてこなかった人？」「赤い服を着ている人？」などと発し、それに該当する人は立ち上がり、別の席に移動する（「真横の席への移動は禁止」というルールを設けると、より活発な活動になる）。また、座れなかった人が別の条件を提示し、繰り返していく。

※耳が聞こえない、素早く動けないなど障がいのある学習者がいるかどうか事前に把握しておき、配慮するようにしておきたい。

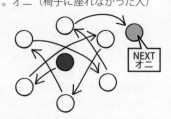

コラム 3-2

まずはファシリが自己開示！

先陣を切って自己紹介するのは誰でしょう？そう、それは当然ファシリテーター自身。ファシリテーターがどこの馬の骨とも知れない輩では、学習者は打ち解けようとはしませんし、不安があるままでは場に上がろうとすらしません。まずは、自己開示の範を示すことからです。

ただし、ありきたりの自己紹介、いきあたりばったりの自己紹介では、学習者の心をわしづかみにすることは難しいでしょう。そのために鉄板の持ちネタを織り込んだ自己紹介のパターンがあるといいです。

また、それ以上に大事なのは「登場の仕方」「第一声の発し方」です。人は言葉よりもむしろ見た目などのノンバーバルな（言葉によらない）ものから多くの情報を得ようとします。そして、悲しいかな、学習者はその印象で「合う／合わない」のおおよそを決めてしまいます。「今日、この人と一緒に学んでいきたい！」と思わせるか、「どうも気が乗らないなぁ…」と思わせるかの分岐点が最初の自己紹介にあるのです。ここでファシリテーターに対して「信頼感を抱く」という「契約」が成立しなければなりません。

しかし、信頼感を抱いてもらえる条件も対象によって違ってくるので厄介です。誠実そうで爽やかな印象を前面に出したほうがいい場もあれば、少し緩めのカジュアルな感じが受け入れられやすい場もあります。その見極めは、事前に参加する学習者の内訳などできる限りの情報を得て、判断しておく必要があります。

ただ、傾向としてパーフェクトな人間よりもややへりくだったぐらいの印象があるほうがファシリテーターとしていいイメージを持たれるようです。そつのない感じのする人は、何か変なことを言えば、即座に指導が入るように思え、少し緩さがある感じの人であれば寛容さを感じ、遊びの部分が感じられるからでしょうか。

あるファシリテーターはいつも決まってラガーシャツを着ていくことにしているそうです。下手にネクタイを締めていけば、相手に緊張感を持たせるからです。また、第一声が関西弁だったりすると、それだけで一気に緊張が解けるなんていうこともあり、東北出身の筆者は「ずるい！」と感じたりもします。

いずれにせよ、最初が肝心で、ファシリテーターの存在そのものがアイスブレイクの要因となりますので、細心のご注意を！

第3章 「場」をつくる

■部屋の四隅
　四択の問いを発して、会場の四隅に分かれてもらう。例えば、「ファシリテーションという言葉を知っていますか？」と投げかけ、それぞれ四隅を「①よく知っている」「②まあまあ知っている」「③聞いたことがあるような…」「④初めて聞いた」の四択に指定し、移動してもらう。学習者全体の傾向が視覚化されるので、ファシリテーターだけでなく学習者間でも最初にその情報を共有できる。

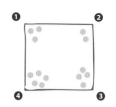

■共通点探し
　会場全体にフリーで動けるスペースを作り、あちこち動き回ってペアを見つけたら、雑談をする。その過程で互いの共通点を見つけるよう努め、見つかったらワークシートに書き込んでおく。また別の相手を探し、雑談をして、別の共通点を見つけていく。
　終了時間が来たら、今話した人たち全員からサインをもらってくるというおまけのアクティビティを行うと、名前と顔を一致させる復習ともなるのでオススメ。
　人は共通点が見つかるとかなり親密度が上がるという心理学的な研究結果もあるほど、重要な要素である。

■チェック・イン
　ホテルで宿泊する際にはまずチェック・インするように、学びの場へ入っていく際にも同じようにチェック・インが必要。ここで言うチェック・インというのは、「今の気分」や「最近起こったこと」などたわいのないことでよいので、最初に全員が順番になにか一言発するというもの。みんなの前で実際に一言口にするとホッと緊張感が融ける。それがプログラム本体で発言する前段の儀式のようなものであり、準備体操的な慣れでもある。

2-4　協力ゲーム系のアイスブレイク

　ゲーム的要素を含んで、ルールに従って競い合う。やってみた後にふりかえりをし、その際の気づきをその後の学習の動機づけとしたり、グランドルールとして設定していったりすることもできる。
　例「ヒューマン・チェーン（人間知恵の輪）」「ペーパー・タワー」「1、2、3！」

■ヒューマン・チェーン（人間知恵の輪）
　学習者全員で真ん中に固まり、グジャグジャに誰かと適当に右手と左手をつないでいく（難易度を下げる場合、すでに手をつないで円になっている状態から真ん中に集まり、紐を複雑に結ぶように動いて絡まっていく）。その絡まった状態から知恵の輪を解くように、グループメンバーで声を掛け合いながらほどいていく。複雑であればあるほど、輪がほどけて1つの円になった時は壮快で達成感がある。グループ対抗にして、タイムを競うといっそう盛り上がる。

■ペーパー・タワー
　用紙（A4かB5程度）を1グループに30枚配り、それを活用して（折ってもちぎってもOK）もっとも高い塔を立てたグループが勝者！というゲーム。作戦タイムは5分、作製タイムも5分。作戦タイム時は1枚の紙以外触ってはいけないのがルール。どんなに高く立ててもタイムアップ前に崩れた場合は無効。
※配布する紙の枚数、作戦タイム／作製タイムは、ねらいや学習者の質によって臨機応変に。ただし、1グループの人数はできれば均等に。

■1、2、3！
　1から10までの数をみんなでカウントするゲーム。ただし、誰が何番を言うかの相談はなしに始め、思い思いに番号を言っていく。誰かと声が重なったらアウト。それぞれに声が重ならず、10まで言い切れたら成功。簡単にできそうに思えるが、10まで到達するのは意外と至難の業。互いに頃合いを見計らい、空気を読むのがチームワークのコツ!?

2-5　アイスブレイクの目的・効果

　緊張を解きほぐす目的で行われるアイスブレイクは基本的に楽しい。しかし、単に楽しいだけで終わっては意味がない。あくまで「楽しさ」は、次のアイスブレイクの効果を引き出すための前提条件にすぎない。
　1. 学習者が安心して発言できる肯定的な雰囲気をつくる。
　2. 他者の意見や価値観を受け入れられる雰囲気をつくる。
　3. 共に学び合う者として協力的な雰囲気をつくる。
　4. 学習の動機づけを行い、学習への期待・意欲を高める。
　アイスブレイクを行う場合、これらをねらいとして十分に意識し、やった結果、効果としてこれらが実感できるようであればいい。
　単に気分転換を図るアイスブレイクもあっていいが、プログラムの中に位置づけられている以上、全体構成の中でどういう意義を持ち、次への展開のつながりとしてどう機能するかを考えた上で、アイスブレイクを実施すべきである。

2-6　アイスブレイクする際の留意点

　アイスブレイクはプログラム序盤に行われることが多く、場の関係性をある程度規定してしまうので、ここでつまずいてしまうとその後が大変である。アイスブレイクの効用を最大限に引き出し、リスクを極力回避するため、次のことには配慮したい。ただし、あくまで一般的な捉え方なので、個人によって感じ方が違うことも頭の片隅に入れておきたい。ファシリテーションに定石はあっても絶対ではなく、常に例外を想定して、場の状況を読んで臨機応変な姿勢を保ちたい。

- ■グループサイズ…〔大きい／多い〕から〔小さい／少ない〕へ
  - （例）参加者全体 ➡ 3〜5名のグループ ➡ ペア
    - ※注意！ 中には少人数のほうが入りやすい、話しやすいという人もいる。
- ■難易度…〔低い／簡単〕から〔高い／難しい〕へ
  - （例）答えやすい問い（反射的に答えられるもの）、主義主張が問われない質問、プライバシーに踏み込まないものをベースに。難解な問い（時間を要するもの、熟考するもの）、是非を問うもの、内面に問いかけるものはプログラム本体か終盤に。
- ■親密性…〔低い〕から〔高い〕へ
  - （例）身体的な接触のないワーク ➡ 身体的な接触のあるワーク

表　アイスブレイクで配慮すべき観点の各特徴

グループサイズは？	大	全体に一体感が生まれる。場や学習者の雰囲気、テンションがつかめる。
	小	一人ひとりがじっくり話すことができ、相手をよく見ることができる。
難易度は？	難	「考えさせる」「興味をもたせる」ことに効果的。テーマやねらいに惹き付けていくことができる。
	易	答えるテンポ、リズムを重視。「答えやすさ」は「参加しやすさ」
親密性は？	高	学習者間により強い親近感が生まれるが、身体の接触が多いと異性同士や年代が離れている学習者同士とでは抵抗感を抱く人もいる。
	低	どういう学習者で構成されているかへの配慮をあまりしなくてもOK。

　時々、アイスブレイクが「アイスメイク」のごとく逆効果になっていることがある。その原因のほとんどは、上記の留意点にまるで配慮されていないことにある。学びの入口となるアイスブレイクは、いかにくぐりやすい扉になっているかが重要である。実施する前はそのつど、どういった学習者で構成されるのか、その特性を事前に把握したうえで、最善の入口がどういったものであるべきかが十分に吟味されていなくてはいけない。

2-7　ファシリテーターもアイスブレイク

　実は、もっとも注意しなければいけないのは、ファシリテーター自身がアイスブレイクされていないという事態である。もちろん、アイスブレイクは学習者を和ませるのが第一義だが、場全体の空気を暖めていくという意味においては、ファシリテーター自身の状態も含まれてくる。ファシリテーター自身が緊張していると、学習者は不安になり、せっかくの手法も台無しである。学習者はファシリテーターの様子を伺い、知らず知らずにその雰囲気に染まっていくからである。

　ファシリテーターは、アイスブレイクをして和み始めている学習者の様子を見ながら、あるいはそのアイスブレイクの時間を自身の緊張を解きほぐす時間とし

ながら、自分自身のアイスブレイクをするとよい。逆に、快活そうな学習者の力を借りて、そうした人に発言してもらうなどして、場を明るくしてもらってもよい。また、自分の話を真剣に聞いてくれる人の顔を中心に見ながら話していると、意外と自信がわき、落ち着いてくるものである。アイスブレイクはファシリテーターのためのものでもあるから、場の力を最大限に活かすことに遠慮はいらない。

2-8 アイスブレイクにもメリハリを

　一方で、アイスブレイクをさせ過ぎてもよくない。時間をかけすぎたり、のめり込んでもよくない。楽しくなってきたからといってアイスブレイクばかりで盛り上がってしまっては本末転倒である。本体に移行するための前座であるアイスブレイクの度が過ぎてはプログラム全体に締まりがなくなってしまう。

　それから、アイスブレイクではないが、効果的に使いたいのが**エナジャイザー**である。エナジャイザーとはenergize（エネルギーを与える、活発にする）の名詞形で、つまり間延びした雰囲気やモチベーションが下がってきた状態の時に気分を一新させたいときに行う短時間のアクティビティのことである。例えば、昼食後の睡魔が襲ってくる時間にストレッチなどの動きのあるアクティビティを挟むと、眠気が飛び、その後のワークに活気が戻ったり、効率が上がったりして効果的である。

　アイスブレイクで場の雰囲気をうまくつくっていきさえすれば、あとは学習者が勝手に学びを展開していくと言っても過言ではない。小説家が冒頭にどんな象徴的な一文で書き始めるかで頭を悩ませるのと同様、ファシリテーターもどんなアイスブレイクを持ってくるか、十分考え抜いてほしい。最初の一文で小説全体の印象が決定づけられたり、読み進めたいと思わせたりするのと同じで、どのようなアイスブレイクをどんなテンションで実施するかで、学習者にねらいを意識づけさせ、学習への動機づけができるかが決まってくる。ここでうまく軌道に乗せていきたい。

ふりかえり
- ☐ 安心安全な場づくりを心がける。
- ☐ 学習者間にあるさまざまなギャップ（参加意欲、テーマに関する理解度、知識量など）をできるだけなくしておき、スタートラインを揃える。
- ☐ ファシリテーター自身のアイスブレイクもしっかりする。

第3章 「場」をつくる

やってみよう

- アイスブレイク集をみて、自分が興味を持ったもの、やれそうだと思ったものを、失敗してもかまわない場（気が置けないグループなど）で試してみよう。その後、参加者からフィードバックをもらい、徐々に自分のものとしていこう（十八番のアイスブレイクがいくつかあると心強い）。
- 授業案やワークショッププログラムを仲間と一緒に考え、それに即したオリジナルのアイスブレイクを知恵を出し合ってつくってみよう。

アイスブレイクがあるとないとでは、その後の意見の出方が質・量ともに違ってきますよね。

なによりも心の壁が取り払われてなければ参加する気にはならないわよね。

コラム 3-3

アイスブレイク以前の大問題

学校現場の先生からよく聞くのが「アイスブレイクをしたくとも生徒がそもそもそこに参加しようとしない」というアイスブレイク以前の大問題です。まずは場に参加してもらわないことには始まらないのですから、どうにかしたいものです。

こういう場合は、ファシリテーションと言えども、ある種の強制が必要になります。例えば、チャイムが鳴るや否やワークを始め、わけもわからないうちにワークに巻き込むのも手でしょう。あるいは、そうした無関心な生徒たちは動くことすら面倒なのだから参加しようとしないわけで、"YES" という意思表示にアクションをとらせるのではなく、逆にアクションしないことが "YES" の意思表示とすればいいのです。つまり、「〜について知っている人？」と挙手させるのではなく、「〜について知らない人？」と聞き、手を挙げていない生徒に「じゃ、○○さんは知ってるってことだけど、どんなことなら知ってる？」と問いかけてみる、とか。

これを読んで「姑息な手段」と思った人も多いでしょう。ただ、土俵に乗りさえすれば、徐々にやる気が見えたり、興味関心をもったり、変容する好機となりうるわけですから、多少姑息であっても参加させることのほうが重要です。大事なのは、それをネチネチ嫌らしくやるのではなく、姑息だと思われないぐらい楽しげに明るく爽やかにやり切ってしまうことです。

ただ、一部の先生からは「アイスブレイクのようなものは乗ってくるが、プログラム本体に入った途端に居眠りし始める…」と嘆くケースも聞きます。こうなるとにっちもさっちもいかず、教師の悩みは尽きません。

それでも、1回きりの講座やセミナーと違い、学校には継続した付き合いがあり、じっくりと時間をかけて学習者と関係性を築いていけるメリットがあります。ファシリテーションの土台となる部分は、学習者とどういう関係性を構築していくかというところです。まさに学校教育にはファシリテーションの本質的なものの潜在性が十分にあるということになるのです。

3. グループサイズ

"ちょうどよい"ってどれくらい？　使い分けると効果的！

グループワークをする時、例えば「うちのクラスは班が4人ずつの構成だから」といつもその人数でやっていませんか？　ワークをする際、そのグループサイズ次第で学習者の参加意識はだいぶ変わってくるものです。効果的に行うには、サイズ（人数）をそのつど気にかけて使い分けていきましょう。

3-1　グループにする意味

***グループダイナミクス**
アリストテレスの言葉に「全体とは部分の総和以上の何かである」というものがあり、これはまさにグループダイナミクスのことを言い表している。

*マイケル・ドイル、デイヴィッド・ストラウス『会議がうまくいく法─ファシリテーター、問題解決、プレゼンテーションのコツ』日本経済新聞社、2003年

　グループワークを行うのは、そこにグループダイナミクス*が働くからである。俗にNASAゲームとも呼ばれる「月で遭難したら」というランキングのワークで実験を行った社会心理学者のジェイ・ホールは「グループが協力して導き出す結論は、各人が考える方法の平均値を上回る。もっとも優れた個別のアイデアと比べても、はるかに優れた結果になることが多い」*と述べている。宇宙船が月で遭難したと仮定して、生き残るためには残った15のアイテムが重要度でどうランキングされるか考えてもらったとき、総じて個人ワークよりもグループワークのほうが良い結果が出たからである。つまり、シナジー効果（相乗効果）が期待できるのである。

　また、単独よりも行動変容につながりやすい。グループでは個人で考えるのと異なり、メンバー間でいろいろな意見が行き来する。その過程で、自分の意見が刺激され、ブラッシュアップされて、それぞれに「答え」が形成されていく。時には、誰かの意見に寄り添うことになったり、あるいは逆に自身の意見をより強固なものにしていったりすることもあるだろう。いずれにしても、そこには多様な意見に触れることによる変化が生じる。講義などのように一方的に情報やアドバイスを得たときよりも、グループ間でのやり取りを通じて決定したときの方がメンバーの行動変容を導く可能性が高くなるのは、その変化が影響している。

　また、グループで考えることが良しとされるのは、自分たちで「答えにたどり着いた！」という感覚からくる「自分事」意識の形成にある。例えば、修学旅行の行先を決めるとき、単に「日本の歴史に触れられて勉強になるから京都・奈良へ行きましょう」との情報を与えられるだけでは、行きたい気持ちにはあまりならない。しかし、みんながどこへ行きたいかを事前に相談し、メンバーから「仏像が観たい」「説法を聞きたい」「新幹線に乗りたい」「日本を見に来る外国人と触れ合いたい」などそれぞれの希望に対し、「じゃあ、どこならそれができる？」と話し合いをした結果、「京都・奈良なら、みんなの希望がかなうんじゃない？」

となれば、メンバー間では京都・奈良が「連れて行かれる場所」から「自分で行きたい場所」になる。これは、グループゆえに生まれる力学によるものである。

3-2 ちょうどよいサイズとは？

グループワークをするには何人が最適と言えるだろうか。

グループになる場合、お互いに顔と名前が一致し、参加感*が削がれない程度に関わり合えるサイズが望ましい。そうなると通常4～6人ぐらいがもっとも効果が現れると考えられるが、もちろん、ねらいによってサイズを変えていく必要がある。7人以上となると、（意図せず）参加できない、あるいは（意図して）参加しない学習者が出てきて、本人が参加感を抱くことができない状況になる可能性が極めて高いので避けたい。

*参加感
本書でいう「参加感」とは、集団・グループにおける存在価値を学習者本人が感じていることを指す（17頁参照）。

厄介なのは、人数が多ければ多いほど、豊かな知識や経験を集約することができるが、反面、成果をまとめたり、全体を舵取りしたりすることは困難になるということである。そのバランスをどこでとるかが重要になってくる。

また、20％の人間が80％の成果を生み出すという「パレートの法則」*にもあるように、やみくもに人数を増やしても結局は一部の人だけが発言し、他は傍観して終わりという状況を生みかねない。だからと言って人数を絞っていくと、一人ひとりの参加度は高くなるものの、グループワークで期待しているダイナミズム（大きな相互作用）が起こりづらく、煮詰まってしまう恐れもある。

*パレートの法則
全体の数値の大部分は、全体を構成するうちの一部（2割）の要素（人）が生み出しているという経験則のこと。「2対8の法則」として知られる。

そうした人数の多寡によるメリット／デメリットをファシリテーターは頭の中に入れ、うまく活用していくとよい。

3-3 グループサイズの使い分け

テーマや行うワークが決まったら、次にそれをやるのにふさわしいグループサイズを決めていきたい。何人でワークに取り組めば、ねらいを効果的に、かつ最大限に満たすことができるのか、考えていく。

次ページにグループサイズの違いによる効果をまとめておこう。

グループサイズは、積極的に変えると授業が単調にならないが、空間デザイン同様、しばしば変更を加えると学習者は振り回されている感じがして、むしろ効果を下げることにもつながってしまう。

また、ペア（2人）でワークをした後、それを組み合わせて4人グループにしたり、あるいは逆に6人グループを3つ（あるいは2つ）に小分けしてペアワークをしたり、組み合わせやすさで連動させると無駄な動きがなくてスムーズにワークが展開できる。

第 1 部　授業を変えるファシリテーション

グループサイズの使い分けによる効果

1人

目的●じっくりと自分の意見をまとめる。

場面●他人に影響されずに自分の意見をまとめたり、じっくりと自分に向き合って深く内省したりするときに適している。とりわけ文字に落とし込んで表現してほしい場合は1人になる時間を設けるといい。

効用●じっくりと落ち着いて考えることができる。盛り上がったワークの後のクールダウンが期待できる。

2人

目的●じっくりと自分の意見を聴いてもらう、相手の意見を聴く。

場面●親密な雰囲気で互いに自己開示するのに適している。

効用●ペアとなった相手の話に誘発されて新たな考えが浮かび、相互作用が起こることが期待できる。また、2人だとさぼりづらく、参加せざるをえない状況をつくることができる一方で、逃げ場がなくなることには配慮が必要。

3人

目的●新しい意見を取り入れ、自分の意見の位置づけを確認する。

場面●互いに新しい視点のアイデアを取り入れ、気兼ねなく意見する場合に適している。

効用●2人よりも相互作用が大きい。多様な意見をまとめていくというグループらしい効果が現れ始める。この規模だと妥協や取引が起こりにくく、とがったアイデアが丸くならずに済む。

5人前後

目的●多様な意見・考え方のあることを認識するとともに、新たなアイデアの発見に繋げる。

場面●和やかな雰囲気で気兼ねなく、多様な意見・考え方があることを確認したり、新しいアイデアを発掘したりするのに適している。
全員が親密に参加できるぎりぎりのサイズ。多様性とまとめやすさのバランスがちょうどいい。これを超えると手抜きする人や本音ではなく建前的な意見を出す人が現れてくる。

効用●多様な意見が抽出され、グループゆえの効果が現れる。構成メンバーによっては、発言できない人も出る可能性があるので注意が必要。

参加者全員

目的●多様な意見・考えを共有し、自分の位置づけを再確認する。

場面●全体の雰囲気をつかんでおきたい開始時、あるいは、ふりかえりや分かちあいを通して、チームの一体感を育みたい終了時や区切りの場面に適している。ただ、全員参加の場面は、集団の圧力が強くなり、自己開示はしにくくなるため、全体の雰囲気に合わせたり、参加の度合いにばらつきが生じたりする点には注意が必要。

効用●自分が感じたこと、考えたことを全体と比べて自分の位置づけを再確認でき、客観的に評価できる。同時に学習者全体の学びの総体を把握できる。

3-4　逆効果なグループワーク

　　ここまでグループになることの効用を述べてきたが、場合によってはグループであることの利点を活かせず、プラスに作用しないケースもある。
　　この節の冒頭で言葉を引用したジェイ・ホールは、次のようなガイドラインにそってグループが結論を出す場合には、非常に質の高い結果になると言っている。

> ■グループワークに有効なガイドライン
> 1. 自分の考えを通すために、他人を言い負かそうとしないこと。
> 2. 議論が行き詰まったときに、誰かの意見を採用し、誰かの意見を捨てなくてはいけないと決めてかからないこと。
> 3. 衝突を避けて調和を保つ目的で、自分の意見を変えてはいけない。
> 4. 仲間の衝突を避けようとして、多数決、平均をとる、コインを投げて裏表で決める、交渉する、などのテクニックを使わないこと。
> 5. 意見の違いは自然のことで、必ずあると考えよう。

　このガイドラインは、つまり、逆のことをすればグループであることのメリットを削ぐことになると言っているものでもある。声の大きさで説得にかかること、安易に多数決に頼ること、キラリと光る少数意見の可能性を消すこと、過度な平等意識、多様性に対する不寛容は、グループワークでのシナジーを生むものではなく、アナジー（負のシナジー効果）に陥る要因となる。

　せっかくグループにしたのだから、面倒くさがらず丁寧に声を拾い、多様性を活かすファシリテーションを心がけたい。

> 「自分とは違う意見の中でも共感できる（あるいは「なるほど！」と思った）ところはなかったですか？」
> 「今のグループワークで話せなかった人はいませんか？　どんなことを感じていましたか？」
> 「ワークの途中で意見を変えた人はどうして変えてしまいましたか？」

　たとえ、改めて聞いてみて特段変わったことがなかったとしても、「声」をつぶさないという確認の作業は行いたい。そのちょっとした言動があることで、参加者の参加感、納得感は満たされる。

ふりかえり
- ☐ グループサイズはねらい、場面に応じて使い分ける。
- ☐ グループダイナミクスを発揮させられるよう配慮する一方で、集団による圧力がかからないような気配りも必要。

やってみよう

■ 最初、ペアでブレインストーミングを行った後、ペアを組み合わせて4人グループになってから再度ブレインストーミングをしてみる。自分のペアで出ていなかった意見に触れられたり、刺激されて別のアイデアが生まれたり、グループダイナミクスを実感してみよう。

第 4 章

問いかけのスキル

ファシリの心得 ● 4

　ファシリテーターにとって「問い」は生命線であって、細心の注意を払いたい。「問い」ひとつで場が活性化したり、学びが深まったりするのだから、醍醐味だとも言える。

　つまり、学びの場はファシリテーターが率先して誘導する独壇場であってはならないし、ましてや知識をひけらかす場でもない。学習者の知識、経験、アイデアを引き出し、編み合わせていく場でなくてはいけない。それこそが「問い」のなせるワザである。

　ファシリテーターは「問い」こそ命！

1. 問いかけの基本
質問の仕方は「押したり、引いたり」「閉じたり、開いたり」

どう切り出していいか迷ったときには、質問にパターンがあることを思い出してみましょう。場面に応じた問いかけができれば、学習者はなんとかしてそれに答えようとしてくれるものです。問いかけは方程式のようでもあり、想定外の答えが飛び出す玉手箱のようでもあるのです。

1-1　問いかけには「押したり、引いたり」がある

ファシリテーターの問いかけの姿勢には、テンポや雰囲気を重視し、場を温めていくような**プッシュ（push）型**と、沈黙をも恐れず待ちの姿勢で引き出す**プル（pull）型**とがある。

(1) プッシュ型のクエスチョン

プッシュ型のクエスチョンとは、場の学習者の背中を「押して」、意見を引き出す（押し出す）ようなファシリテーターの姿勢に基づくものである。そのためにファシリテーターはテンポよく質問を投げかけ、反射的に学習者から意見を引き出していく。ファシリテーターはいわばオーケストラの指揮者のような存在であり、学習者は「のせられて」意見（＝演奏者の音色）が引き出されていくような感覚である。それは常に場が動いている状態と言ってもいいかもしれない。

問い方としては、誰にでも答えやすい質問を多くの人に短くポンポンと聞いていくか、特定の人に質問をつなげて促していく（「それで？」「他には？」「端的に言うと？」など）イメージである。

プッシュ型のクエスチョンは、テーマに関する要素を出し合ったり（ブレーンストーミング）、他者の意見に触発されて喉元まで出かかっているものを引き出したりする手伝い（「下手な鉄砲も数打ちゃ当たる」方式）ともなる。いい意味で考える暇を与えないので、本音が出やすく、第一印象を拾っていくのによい。一種のアイデア発想法とも言え、創発＊を生む場づくりの面からも効果的だ。

だんだんと学習者の調子が出てくるので、まだ場が馴染んでいない序盤や新しいテーマを設定するときに意識して使うとよい。また、多くの発言を促すので、発言者が偏ってしまっているときや、話題・雰囲気を変えたいときにも有効である。

一方、ファシリテーター主導のペースになりがちなので、「押しすぎ」「畳みかけすぎ」には注意する必要がある。圧倒された雰囲気は、その後、学習者を萎縮させることになりかねない。

＊創発
生物学などで使われる"emergence"（発現）が語源で、自律的な要素が相互作用し、単純な総和以上のより高度で複雑なシステムや秩序が生まれること。ここでは個々のアイデアや能力が絡み合い、創造的な成果が生まれることで、ファシリテーションにおいては大切にしたいことでもある。

●全員に向かって問いを重ねる例

●特定の相手に問いを重ねる例

(2) プル型のクエスチョン

　プッシュ型は、問いの勢いによって発言を促進する「動的」な姿勢であったが、プル型は参加者の思いや考えをじっくりと引き出す、ファシリテーターの「静的」な姿勢による問いかけである。

　問いの内容を深くすることで、その問いに対して参加者が思考を巡らせ、場に**沈黙**が生まれる。その沈黙により、ファシリテーターも参加者も冷静に考えることができる。思考を経た意見が発せられるので、自由で深い意見が引き出されやすい。

　プル型は、沈黙に耐えかねて、誰かが口火を切ってくれるという副次的な効果もある。それに呼応して、他の参加者からの意見を誘発することもありうるだろう。

　ただし、ファシリテーター自らが（緊張ゆえに）沈黙に耐えかね、意図に反してプッシュ型の問いを畳みかける場合があるので、そこは注意したい。我慢して、場の力を信じることである。

1-2 問いかけには「閉じたり、開いたり」もある

(1) クローズド・クエスチョン

クローズド・クエスチョンとは、「イエス（はい）」か「ノー（いいえ）」で答えられる質問のことである。ファシリテーションにおいて活かしたいクローズド・クエスチョンの特長は下記の点である。

- 回答しやすい
- チャンク（塊）を崩す
- ステップの確認

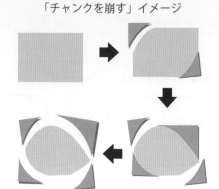

「チャンクを崩す」イメージ

往々にしてプログラムの序盤は雰囲気が硬い。アイスブレイクで場をほぐしても、いざ発言となるとなかなか言葉にならない学習者も多い。こういうときに有効なのがクローズド・クエスチョンである。**質問されたほうは「イエス」か「ノー」のどちらかを選択すればよい**ので答えやすい（「AかBか？」のような択一で答えられる質問も同様）。だから、トーク番組の司会者やインタビュアーは、序盤にクローズド・クエスチョンを多用し、場を温めるようなことをしている。ただし、いくらクローズド・クエスチョンでも質問の内容が答えづらいもの（例えば、プライバシーに抵触すること、宗教や信条に関するものなど）になっていては本末転倒である。

それから、イメージが大きく広がりすぎていたり、曖昧だったりする際、それをクリアにしていくプロセスでも活用できる。そのイメージを**大きな塊（チャンク chunk）**と想定し、質問によって崩していく感じである。例えば、次のように質問を重ねていく。

> **例**　「環境問題に関心がありますか？」
> 「はい、前々からとても関心をもっています」
> 「では、地球温暖化などについても調べたいと思っていますか？」
> 「いいえ、自分にとってもっと身近で具体的な問題に興味があります」
> 「ゴミ問題とかですか？」
> 「はい、そうです。自治体のゴミ分別の違いを見てみたいと思っています」

このように質問を重ねると「環境問題に関心があって」「とくに身近で具体的な」「ゴミの分別の違い」について調べたいということが見えてくる。

また、この質問方法は、**議論を次のステップに移そうとするときや収束させよ**

うとするときにも有効である。学習者の意思確認や達成度・理解度の確認ができるので、ファシリテーターとしても状況が把握しやすい。

> 例　「このテーマについて知っていますか？」
> 　　「この本は面白かったですか？」
> 　　「グループの皆が発言できましたか？」
> 　　「十分に話し合いができましたか？」

ただし、繰り返しすぎると発想が限定されたり、ファシリテーターが望む結論に誘導しがちになったりするので注意が必要である。

また、「Yes or No?」と尋問のように迫るような雰囲気になることもあるので、相手に圧迫感を与えないよう気をつけたい。

(2) オープン・クエスチョン

学習者の意見を引き出し、対話を重ねていくのに「イエス or ノー」で答えられる質問だけで行うのは限界がある。クローズド・クエスチョンは、学習者の考えを深く促していくことにはあまり適していないのである。

学習者のアイデアや意見、感想などを引き出したいときには、「なぜ？」「なに？」「どのように？」といった5W1H (What? When? Where? Who(m)? Why? How?) で問う**オープン・クエスチョン**を活用したい。**テーマを掘り下げたいとき、学習者の内省を促したいときに有効**である。

議論が展開していく中で、学習者の思いや意見が発散はされても、その意味が十分に検討されていなかったり、曖昧なままであったりする。そこでオープン・クエスチョンを活用して、引き出されたものが何であるのか、それらがどういう関係性にあるのか整理していく。

> 例　「このテーマについて、どうやって知りましたか？」
> 　　「この本のどんなところが面白かったですか？」
> 　　「グループの皆からどうやって意見を聞きましたか？」
> 　　「話し合いはどこまで行われましたか？」

第1部　授業を変えるファシリテーション

■オープン・クエスチョンを活用する際のコツと留意点

コツ　理由や原因をたずねたいとき、「なぜ？ どうして？（Why）」を安易に多用しがちだが、「何が？（What）」をうまく使うと質問されたほうは何を求められているかがクリアで、具体的に回答しやすくなる。
　　　例：「なぜAグループは目標を達成できなかったのでしょうか？」（Why）
　　　　　「Aグループが目標を達成できなかったのは何が原因でしょうか？」（What）

留意点　「なぜ？」は言い方によっては攻撃的に受け取られることがある。例えば、「なんで○○をやらなかったんですか？」といった類いの質問は、理由をたずねる以前に、「やるべきだったでしょ！」という相手の落ち度を指摘したいという思いが先立っている。
　　　例：「なぜ課題をやらなかったのですか？」
そういうネガティブな思いや価値観が内包されてしまっている質問の仕方は、学習者の反発を生んだり、殻に閉じこもらせたりするだけなので、注意が必要である。

ふりかえり
□ 質問の仕方で、場の雰囲気や参加者の意見は変わる！
□ 代表的な質問方法には、「プッシュ」「プル」「オープン」「クローズド」がある。
□ 場を盛り上げ、参加者の思いを引き出すために質問を使い分けよう。

やってみよう

■ 試しにみんなで10秒間の沈黙をつくり、その重さを疑似体験してみよう。「自分がファシリテーターだったら？」「学習者の視点に立つとどうか？」など、観点を変えてふりかえるとよい。

■ 有名人や歴史上の人物、あるいはこれまで習ってきた先生でファシリテーター的な人を挙げてみよう。挙げた人がプッシュ型だったかプル型だったか分類してみたり、どんな問いをよく発したりしていたか、分析してみよう。

■ トーク番組を録画し、司会者・進行役の人がどんな場面で、どんな問いかけをしているか、比較分析してみよう。

訊かれるほうの立場なんてまるで気にせず、ただただ質問しちゃってました。

ちょっとしたことだけど、気にかけたら場の雰囲気も引き出され方もかなり違ってくるものよ。

2. 促す・引き出す
答えを引き出し、行動を促そう　問いで場を盛り上げる！

> ファシリテーターの発する言葉は、ほとんどが「訊く」ことで構成されます。つまり、質問を重ねながら、学習者の思考をめぐらせ、思いや考えを引き出していきます。そして、そこで促し、引き出されたもので学習プログラムは構成されていくのです。問いかけ方が「プログラムをつくる」とも言えますね。

2-1　何を促し、引き出すのか？

　講義型の授業は、先生がひとりで説明して、まとめて終わることが多々ある。それは、極端な話、児童生徒がいてもいなくても計画通りに進めることができる。しかし、ワークショップ型授業ではそうはいかない。ワークショップ型授業は、学習者が発した言葉で構成されていくからだ。逆に言えば、その言葉を引き出す問いかけ（発問）が授業を構成する基盤となっている。

　だから、基本的にファシリテーターは命令しないし、強要もしない。説明は最小限にし、勝手にまとめて結論を述べることもない。ファシリテーターは問いかけて、学習者の反応を促すことで授業（ワーク）を動かしている。

　ここで言う「問いかけ」とは、**質問**と**提案**になる。

問いかけ	問いかけ方	問いかけへの反応
質　問	5W1H、疑問形　「〜ですか？」	考える+答える
提　案	「〜しませんか？」「〜してみましょう」	判断する+行動する

　質問は、「考える」「答える」ことを促し、「○○について、どう思いますか」「どちらがより○○ですか」など、5W1Hや選択肢を用意した形式である。提案は、「判断する」「行動する」ことを促し、「違う方法を考えてみませんか（みましょう）」「書き出してみませんか（みましょう）」など、参加者に判断をまかせる言い方になる。

　学習者が質問に答えたり、実際に何かを試みたりすることで、ワークショップ型授業は成立する。結局、ファシリテーターは、学習者に対して授業への参加を促しているのである。そして、学習者自身が授業に参加する度合いが高くなれば、ファシリテーターの発言量は減り、一方で学習の定着率が上がることになる（第1章第2節参照）。

	講義型		ワークショップ型
活動への参加度	小	⇔	大
教師の発言量	大	⇔	小
学習定着率	小	⇔	大

2-2 訊き上手は引き出し上手

前述の通り、ファシリテーターは発言のほとんどが**問い**である。多少の説明と指示はしなければならないが、必要最小限でいい。不安が先立つとどうしても言葉を重ねがちになるが、問いかけさえ的確であれば、学習者はブレーンストーミングをするようにどんどんと内にあるものを吐き出すものである。「たくさんしゃべらなければ伝わらないのでは？」「指示が端的すぎると動いてくれないのでは？」という思いは、おおかた杞憂に終わる。

例えば、「フォトランゲージ*」というアクティビティがある。下記の写真を見せ、その写真について次のような問いかけをしてみよう。

Q どこで撮った写真だろうか
Q 写っているのは、誰だろうか
Q いつ頃の写真だろうか
Q 何をしているところだろうか
Q どうして、そんなことをしているのだろうか
Q どうやって撮られた写真だろうか

実際に一度やってみるとよくわかるが、単純な質問でも写真からたくさんの情報を引き出すことができる。説明するよりも時間はかかるが、想定していた以上のことが見えてくるものである。

*フォトランゲージ
photoとlanguageの合成語で、参加型学習の手法のひとつ。写真や絵から読み取れる情報を学習者同士で挙げて共有することで、素材が持つ背景、ストーリーを読み解いていくアクティビティ。

「訊く」ことが、学習者の反応を促し、「答え」を引き出している。説明されて「答え」を聞くのではなく、それを学習者自身の言葉で発し、あるいはそれ以上のものが、ファシリテーターの問いかけによって引き出されるという状況が大事なのである。

*写真の説明は76頁参照。

2-3 問いには必ず「答え」が返ってくる

　問いかけたら、いつも答えが返ってきてほしいところだが、その「答え」が必ずしも言葉による的確な返答であるとは限らない。情報としての「答え」が必要だから問いかけているのだが、結果としてさまざまな反応が起こる。それは学習者が示すある種の「答え」なのである。

問いかけで 引き出されるもの	学習者の反応（表現）	学習者の反応からできること・わかること
学習者の持っている情報	言葉、文章、記述など	学習者間での情報共有や相互の理解など
学習者の行動	発言、作業、表情の変化など	学習者の相互理解、緊張感の緩和、言動のパターンなど
学習者の熟考	沈黙、「難しい…」など	深い思考と判断、理解と考察など

　ファシリテーターはこうして**出てきた反応の意味合いを読み取り、場に戻して次へとつなげて展開**していきたい。誰かの答えが場の緊張感を和らげ、話し合いが進んだり、答えることが難しい問題に対して学習者が「難しい」という一言を漏らすほうがむしろ意味を持ったりすることもある。

　学習者は、必ず問いに答えている。ファシリテーターは、問いかけるときに、どんな目的で問いかけるのかを意図しておきたい。そして、その**さまざまな答えの意味を汲み取っていかなければならない**のである。

2-4 問いかけ方で場が変わる

　ファシリテーターの問いかけに対して参加者が答えるという関係性が十分にできていたとしても、**問いかけ方次第でその印象はだいぶ違う**ものになってくる。ひとつひとつの問いかけをどうするかで、ワークの方向（活動）が大きく違ってくることを意識しておきたい。

　例えば、下記のように問いの言葉が違ってくると、学習者が受け取る印象はだいぶ変わってくる。

> 平和な世界とは、どんな世界だろう　⇔　戦争がない世界とは、どんな世界だろう

　「平和」という人それぞれに定義が違う曖昧な言葉を使う場合と、より具体的に「戦争がない」状況をイメージさせて問う場合とでは、求めるもの（ねらい）が違うことも反応が違うことも把握して使い分けたい。

　言葉ひとつの選択でも問いのニュアンスはだいぶ変わってくる。だから、問い

かけのタイミング、例示の仕方、場の雰囲気、ファシリテーターの話し方、そしてどういった学習者で構成されているかによって、反応に違いが出てくるのは当然である。ひとつの問いから授業は動くが、参加者がどう反応するかは問いかけで決まるのだから、問いを安易に発することは避けたい。

2-5　問いの条件

ワークショップ型授業が思ったように進まないとき、どんなことが起こっているだろうか。問いの意図が十分伝わっていない、問いが難しすぎる、あるいは簡単すぎるということはないだろうか。問いかけがうまくいかなければ、もちろん学習者も答えをうまく返すことはできない。

> ■学習者が答えられる問いの条件
> ・問いの内容に予備知識がある。想像できる。参考になる資料や情報がある。グループ内の誰かが知っている。
> ・問いの意図（求められていること）が理解できる。
> ・問いの言葉づかいがわかりやすい。
> ・問いが聞き取れる。
> ・問いの内容がプライベートな（答えたくない）情報に深く関わらない。

ファシリテーターは問いかけを行う際、「学習者が答えるための条件や環境は整っているだろうか」「質問の内容やレベルは、学習者に合っているだろうか」「答えるための活動の時間は十分にとっただろうか」との確認を怠ってはいけない。問いの条件が満たされておらず、ワークに取りかかれていない、ワークが展開していっていないと感じたときは、**問いかけ自体を変える勇気**をもちたい。

ファシリテーターは、参加者に問いかけると同時に、**状況判断のために常に自分にも問いかける必要**がある。

2-6　参加度を上げる工夫（働きかけ）

同じ問いかけをしても、学習者間では理解度に濃淡が出る。グループワークの効果を高くするためには、学習者の参加度が高い方がいいから、**参加者への働きかけが必要**となることもある。

第4章　問いかけのスキル

■働きかけが必要なとき
・話し合い（活動）の場面で沈黙している。
・メンバー間の話がかみ合っていない。
・一人だけで話（活動）をしている。
・まとまらない。
・誰か一人の意見が通ってしまっている。
・明確に参加していないメンバーがいる。

　こんな状況があるとき、ファシリテーターは躊躇せずに働きかけをしていく。放置すると、そのグループのモチベーションを下げるだけでなく、ワーク全体が機能しなくなるかもしれない。

　働きかけは、「状況の確認」「丁寧な説明」「方向性の示唆」など、場に応じて行う。ただし、働きかけは最小限にし、学習者の活動を促す程度にする。もちろん、グランドルールが守られていることが前提である。

状況の確認
「今、どんな状況ですか」
「これまでにどんな話が出たのか教えてください」

丁寧な説明
「○○について、もう少し詳しく説明します」

方向性の示唆
「先に進めましょう」「他の方法はないでしょうか」
「全体を整理してみましょう」

　うまく対処できれば、ワークへの参加度を上げることができ、ワークの質を上げることができる。

ふりかえり

□ 問いかけで促されるのは「答え」だけではなく、「行動」もある。問いかけで引き出されるのは「言葉」だけではなく、言葉にならない「反応」もある。
□ ファシリテーターが発する言葉のほとんどは問いである。その問いとそこから引き出された学習者の言葉で授業は構成されていく。
□ 問いかけが場や学習者にとって適切なものになっているか、常にファシリテーター自身も問いかけておかなければならない。
□ 学習者の自主性、自発性を重んじるとはいえ、時にファシリテーターが働きかけを行うことも必要である。

第1部　授業を変えるファシリテーション

やってみよう

■ 問いかけで反応がどう違ってくるのか検証しよう！

[ねらい] 問いかけの違いが学習者の反応にどう変化をもたらすのか体験し、ふりかえる。
[人　数] 3～8人程度
[準　備]
- 体験ワーク用の素材：1枚の写真、またはショートフィルムなど短めの動画（素材を選ぶ基準は「多様な見方のできるもの」「議論が分かれそうなもの」「メッセージ性が強すぎないもの」がベター）
- 記録用の黒板（ホワイトボード）または模造紙
- 適当枚数の用紙（観察者の記録用、問いのアイデアを書き留める用など）

[すすめ方]
1. 役割分担をする。（ファシリテーター役1名／学習者役複数人／人数が多ければワークを客観的に見る観察者も1～2名）
2. ファシリテーター役は問いをいくつか考える。できれば、それらの問いをどういった順番で投げかけていくのかを構成し、おおよその流れをイメージする。〔5～10分〕
   ※学習者役は、この時間がもったいないので、「もし自分がファシリテーターだったら」という想定で問いを自分でも考えてみる。あとで自分とどう違う問いの構成を立てたか、検証するためのものとする。
3. 素材を提示し、ワーク（問いかけ演習）を実践する。〔10～15分〕
   ※写真はトリミングしたり、動画は途中で止めたりするなど、素材の活用にファシリテーター役が一工夫加えてもよい。
4. 問いかけ演習を終え、ふりかえり（評価）を行う。〔10分〕

> **ふりかえりのポイント**
> - ファシリテーター役が問いを発することで、ワークが活性化していったか？
> - （良くも悪くも）想定したのとは違う回答が返ってきたのは、どんな問いだったか？
> - 学習者にとって「引き出され感」があったかどうか？
> - ファシリテーターの問いかけは適切だったか？（言葉づかいは良かったか／発するタイミングは適切だったか〔議論を中断させなかったか〕／何を問われているかがきちんと伝わっていたか、など）

たくさん説明しなくても質問するだけでこんなに動いてくれるんですね。ちゃんと自分たちで考えて意見しようとしてくれるなんてビックリ！

ファシリテーターってすごいと思うでしょ。でも本当にすごいのは「問いかけ」という言葉の魔力のほうだと思わない？

＊72頁の写真はスリランカでのレンガづくりの様子。

3. 深める
考えていなかったことを考える　気づかなかったことに気づく

ファシリテーションのおもしろいところは、自分だけでは考えが及ばなかったようなことに気づいたり、だんだんと頭の中が整理されていき意外な発想に至ったりすることです。それは気づかないだけで、もともとは自分の内にあった潜在的なもの。そこまで追究していくことが「深める」ということです。

3-1　「深い」実践ってどんな実践？

どうしたら**「深い」実践**になるのだろう。本来、ファシリテーターが目指しているのは、学習者一人ひとりの「気づきの築き」である。

どんなに評判の良い映画であっても、感動しないこともある。それでも鑑賞後の友人との映画批評は意外と楽しく、ためになったりするものである。自分と友人との映画の見方に共通点があってお互いに盛り上がったり、相違点では「なるほどそういう見方もあるのだな」と感心したりする。友人との共通点や相違点に気づき、思いつかなかった新しい視点に気づき、充実した時間だったと思うのである。

ファシリテーターは、気づきを生み出すために問いかけている。もしも、学習者が多くの気づきを得ることができたら、問いが響き、深い実践ができたと言えるのではないだろうか。

3-2　ワークを深くする問い

ワークを「深くする」というとき、**深い問い**と**深める問い**を区別しておく必要がある。「深い問い」とは、それ自体に深い意味があるものであって、「深める問い」（問いの構造化）とは、ひとつひとつの問いは深いと思わせるものでなくても、問いを重ね、組み合わせることで学習者の思考を深めていくことができるものである。授業の全体構成を考えるとき、「テーマ設定」や「全体の流れ（ストーリー）」を工夫して、「ふりかえり」をしっかりやれば、学びを深めることは十分できるのだが、ワークが問いを中心に構成されていることから、「問い」はよく考えるべき重要な要素であると言える。

だからこそファシリテーターは、学習者との良好な関係性を築き、場づくりを工夫し、よく観察し、最良の問いかけを探すことを忘れてはいけない。**答えは常に学習者が持っている**からだ。

ファシリテーターが留意すべきことは、**学習者の気づきは学習者自身のものであって、ファシリテーターが無理強いするものではない**ということである。ワー

クの中で、ファシリテーターだけがんばっても学びは深まらない。ワークを深くするというのは、**学習者同士が思いや考えを深めて気づきを得ていくというプロセス**であり、むしろファシリテーター自身がそこから気づかされるものでもある。

3-3 「深い問い」と「深める問い」

「深い問い」とは何だろうか。当然答えはないのだが、ファシリテーターとしては、考えてみるのも悪くない。世の中には、深いと思える問いが結構存在する。そんなものを集めておいてもいいし、自分で作ってみるのもいいかもしれない。

(1)「深い問い」をつくる

人が生きる上で社会の理不尽さや人々の対立に立ち会うことがある。そんなとき、矛盾や葛藤、ギャップ、価値観のちがいを感じ、自分に対し、根源的な問いを投げかけることはないだろうか。**「深い問い」とは、自分自身の内面に問い、とことん省察* していくものである**。それは、シンプルだけれど深い「問い」であり、人とは何かを考える「問い」であり、人生を見つめる「問い」であったりする。

例えば、問いかけるテーマが万人に共通しているものであれば、漠然としたものであっても、自分の経験や価値観に基づいて答えることができる。だからこそ、多様な意見が出やすく、他人の話でも共感を持って聞くことができる。違う価値観に触れることで気づきにつながっていくことになる。

*省察
自身の行為を省みて、その善悪や是非などを含めた意味を深く問い直してみること。9章コラム9-3参照。

> ・生きているとは、どんなことだろう？
> ・学校で勉強するのはどうしてか？
> ・どんなときに、人は優しさを感じるのだろうか？

さらに、それは複雑で、混沌としていて、ジレンマを伴う、答えがでない問いかもしれない。あるいは、自分の能力を超えた究極の選択を迫る問いかもしれない。

この場合、いくつかの選択肢から選ぶことになるので、賛否が半々になるなど、具体的に結果が出ることが多い。その分、どこにその分かれ目があるのか、どんな価値観で判断するのかという部分で、深い議論になる。他の人との考え方のちがいを知ることが、気づきにつながる。

> ハインツの妻は、重病で苦しんでいる。数日で死ぬかもしれない。薬屋には薬があるが、高価で買えない。ハインツは、知人、友人を頼ってお金を集めたが、十分な額を集められなかった。そこで、薬屋に交渉したが、安くしてもらえず、買うことができなかった。結局、ハインツは、思い余って、薬屋から薬を盗んでしまう。ハインツの行為は許されるだろうか。
> 出典：心理学者ローレンツ・コールバーグ考案「ハインツのジレンマ」

第4章　問いかけのスキル

> 　大きな災害があったときの緊急支援では、いち早く現場の情報収集をして、速やかに支援を始めることが優先される。実際に現場に行くと、けが人や避難者など今すぐ救援すべき人たちがたくさんいる。この人たちを無視して、情報収集だけするべきだろうか。
> 　　　　　　　　　　　　　出典：阪神淡路大震災をテーマにした防災教材『クロスロード』

> 　途上国では、医療事情が良くない。限られた薬を有効に使うために、医者は、常に判断を迫られる。目の前の重傷で助かりそうにない患者の延命に薬を使うべきか、命を助けられる患者が来たときのために薬を取っておくべきか。
> 　　　　　　　　　　　　　　　　　　　　　出典：桑山紀彦演出「地球のステージ」

　上記のような事例に答えはないが、学習者同士で議論することで、自身の思考や価値観が整理されていき、「自分」というものを改めて捉え直すことにもなる。
　いくつか自分にとっての深い問いを見つけることができたら、言葉や条件などを入れ替えてみよう。

- 生きているとは、どんなことだろう？ ➡「生きているけど、生きていない人」とは、どんな人か？
- 学校で勉強するのはどうしてか？ ➡ 学校ではどんなことを学ぶのか？
- どんなときに人は優しさを感じるのだろう？ ➡ どんなとき、人は意地悪になるだろう？

- ロダンの考える人は、何を考えているのだろう？ ➡ モナリザは、どうしてほほ笑んでいるのだろう？
- 肌色って何色？ ➡ 青って何の色？
- 原子力発電所は必要？ ➡ 宇宙開発は必要？
- 幸せってどんな音がするだろう？ ➡ 幸せって、どんなかたちをしているのだろう？
- どうして人を殺してはいけないのだろう？ ➡ どうしてものを盗んではいけないのだろう？

　ワークを展開していく中で、議論が行き詰まったり、意見が出し尽くされたと思い込んでいたりする場面、あるいは予定調和な結論に陥りそうな場面で、あえて「深い問い」をなげかけ、「そもそも論」に戻るというのもありである。時にそうした議論を介して遠回りをすることで、整理されていくこともある。
　こんなふうに「深い問い」から、普段考えないようなことを思考するのは興味がそそられる。また、意外性のある問いが深みを持たせることにもなる。（➡第4節「ずらす（リフレーミング）」参照）

(2) 深める問い —— 問いを組み合わせる（構造化）

　ファシリテーターはただ単に思いついた問いを発しているわけではない。問いはワーク全体の流れを作る要素である。そして、**問いを組み合わせていくこと（構造化）** で、ワークの効用を最大化していくことができる。

例えば、ワークの流れを意識して順番を考えると、ひとつひとつの問いが意味づけされていく。これが「深める問い」である。

> ① 肌色って何色？
> ② 外国に行ったら、肌色は、何色だろう？
> ③ 同じように日本では当たり前で、外国ではそうではないことには、どんなことがあるだろうか？

> ① 明日の今ごろ、あなたは何をしているだろうか？
> ② 紛争地域の人たちに同じ質問をしたら、どんな返事が返ってくるだろうか？
> ③ もし、自分が同じ立場であったら、どんな毎日を過ごしているだろうか？想像してみよう。

こうして問いを構造化していくと、最初の問いに大きな意味があったことがわかる。実際にはもっとたくさんの問いが発せられることになり、全体の流れの中で、それぞれが学習のねらい（テーマ）に迫るためのものとして構成していかなくてはならない。それが有機的なつながりをもって初めて深い実践となる。

ただし、落とし込みたいと思う方向があり、優等生的な結論に導こうと作為的に問いを設定することは避けたい。あくまでも学習者各々が個性を発揮して、価値観をぶつけあえるような問いの構造化を図っていく。そこに、教科の本質や学ぶことの楽しさ、常識の危うさなど、知識以外の価値が盛り込まれて初めて実践に深みが出る。

3-4 問いかける深さと広さ（自由度）

問いかけるときに使う言葉を選ぶと答えの幅が変わってくる。例えば、「今日」と言うのか、「近い未来」なのか、「いつか（遠い未来）」なのかで、思考する範疇や視点はかなり違ってくる。

最初は、5W1Hの形でシンプルに問いをつくり、次に問いの中に対象の規模を示すような条件を入れてみる。そうすると回答の自由度が変わってくる。

問いかけ	回答の自由度
世界中の人々を幸せにするには、どうしたらよいか？	主語がないので、誰がやってもよい。＝回答の自由度が高い
世界中の人々を幸せにするには、私たちはどうしたらよいか？	主語が「私たち」なので、私たちにできることで答える必要がある。

後者の方が、より具体的、現実的な答えが返ってくるはずだ。しかし、あまり条件をつけすぎると窮屈になって、答えがでてこないことがある。だから、段階を経て、最初に緩い条件で考えたあとで絞り込んでいくというやり方もある。

3-5 ワークショップ型学習はもともと深い

　ワークショップ型学習の学習効果（定着率）が高いことは、第1章で述べた通りであるが、ワークショップ型学習はもともと深い学びも期待できる。

(1) 人間性の涵養

　教育活動の本来の目的は知識を詰め込むことではなく、人間形成にあるはずである。

　知識の獲得はあくまで人間形成の基礎の部分で、人格そのものではない。それに比して、**ワークショップ型学習は、話だけを聞いている講義型学習にはない、人間形成に対する効果もある。**

> ■人間形成に対する3つの効果
> ・自尊感情（セルフエスティーム）の獲得
> ・コミュニケーション能力の育成
> ・協調関係の形成

　だからこそ、その特徴を活かした問いかけをしたい。

> 「今日の活動の中で、深いなあと思ったのは誰のどんな話でしたか？」
> 「場が盛り上がったのはどんなことがあったからですか？」
> 「今日の活動が楽しくできたのは、どうしてでしょう？」

　学校でワークショップ型の授業をするとクラスの雰囲気が変わるとよく言われるのは、「自分を大切にできること」「円滑なコミュニケーション」「よい人間関係の構築」が達成しやすいからではないだろうか。そうした**関係性の醸成にファシリテーションは貢献**している。

(2) 行動の変容

　もともと開発教育（国際理解教育）や環境教育で行われているワークショップでは、**「知り、考え、行動する」人材の育成**を目的としている。つまり、世界の現状を知り、問題の解決方法を考え、それに向けて行動する人材の育成である。

　いくら知識を蓄えても、話を鵜呑みにするだけでは知識は活きてこない。他の人がどう考えるかを知り、自分なりに情報を整理し、よく考えることが大事である。さらに、問題解決のために行動を起こすことで、自分が変わり、他者が変わり、社会が変わっていく。グローバルイシューをはじめ、社会が抱える問題は誰もが関わりを避けられない。解決のためには、一人ひとりが意識し、行動することが必要である。

　これを実際の学校教育の現場で置き換えて考えてみると、「興味・関心・態度」

第1部　授業を変えるファシリテーション

という観点がどの教科にもあり、児童生徒の行動の変容が目的のひとつとして構成されている。言いかえれば、興味関心を持ち、学習に取り組む児童生徒の育成といったところが教育の根幹となる部分である。

それでは、児童生徒の行動の変容を期待するには、どんな問いかけをすればよいのだろうか。

・今日の話の内容で、自分が興味を持ったことは何だろうか。どんな問題点に気がついただろうか。
・自分がこの立場にいたら、どんな行動を取るだろうか。
・問題解決のために、自分にできることは何だろうか。
・目標を達成するための行動計画を立ててみよう。行動計画を発表してみよう。

「どこかの誰か」の話で終わらないように、必ず、**自分（日常）に引き戻してみること**が、価値観を揺さぶることであり、行動の変容を促すきっかけになる。

ふりかえり
- ☐ 深い実践とは、気づきを与える実践である。
- ☐ 複雑で「深い問い」と、シンプルな問いを組み合わせることでワークを「深める問い」がある。
- ☐ 工夫次第で深い問いを作ることができる。
- ☐ 知識以外の価値をテーマに入れると、授業に深みがでてくる。

自分で深い話をするより、参加者が深く考えたり、参加者同士で深い話ができたりするようになることのほうが大事ですよね。

何を「深い」と感じるのかは人それぞれに違うから、一人ひとりを尊重するファシリテーションを心がけましょう。

4. ずらす（リフレーミング）
議論に新しい視点を入れる　持っている枠をずらしてみよう！

みんなが同じような思考方法で問題を検討しているため、議論が深まらないということがあります。そんなときは学習者の思考の枠組みを意識的にずらしてみるとよいのです。ずらしてみると、学習者の視野には別のものが見えてくるはずです。

4-1　「ずらす」とは？

「対象を認識するために用いる枠組み」のことをフレームという。私たちは普段、フレームを用いて入ってくる情報をあらかじめ絞り込み、認識を行っている。同義の用語にフィルターがある。

フレームはメガネのようなものであると考えればよい。例えば、多くの男性は化粧品にあまり興味を持っていないため、街中で化粧品店を見ても、女性ほど認識することがない。これは、男性と女性で異なるフレームを持っているために起こる現象である。なお、触れる情報自体にもフレームがかけられていることに注意する必要がある（例：新聞社によるニュースの選択、新聞を読まないという選択）。

図　リフレーミング

フレームの形成には、その人の思考パターン、価値観、心の状態、過去の経験から来る思い込み、性差、社会規範などが関係してくる。フレームを通した認知方法は、情報を効率的に処理するという意味で優れているが、引き換えに、「見ていても認識できない」「見ていても偏った認識をしてしまう」という問題が生じる。

ファシリテーションによる効果のひとつには、「異なるフレームを有する学習者が、交流することによってさまざまな気づきを得られる」ということがある。しかし、「皆が同じようなフレームを用いているために議論が深まらない」「皆が異なるフレームを用いているために議論が噛み合わない」ということも起こりうる。

このような場合に有効なのが**リフレーミング（ずらし）**である。リフレーミングとは、「現在のフレームとは異なるフレームを思考に当てはめること」である*。ファシリテーターは、学習者に**リフレーミングを促すことにより、より深い議論、気づきを実現**することができる。

＊リフレーミングの例として、アインシュタインの次の言葉がある。「問題を生じさせたのと同じ意識のもとでは問題の解決はありえない。私たちが学ばねばならないのは世界の新たな見方である。」

4-2 リフレーミングの方法

リフレーミングにはいくつかのパターンがある。そのパターンを頭に入れておけば、自分自身もふだんからずらしてモノの本質を見抜こうというモードになり、実践中もとっさにリフレーミングされた問いを投げかけることができる。

(1) 事実の認識過程を確認する

「それが事実なのか、それとも伝聞にすぎないのか」「先入観に基づく認識となっていないか」「事実と認識の間に論理の飛躍がないか」など、事実の認識過程を確認し、参加者にフレームの存在を気づかせる。

テーマ：コンビニにおける食品廃棄をどう考えるべきか？
● 議論の状況 　「コンビニは食品廃棄が多い」という前提で議論が進んでいる。 ● リフレーミングの例 　「どのような事実に基づき多いと認識したのか？」 　「何と比較して多いと認識したのか？」 ● ポイント 　実際の統計、スーパーとの比較、海外との比較、家庭における廃棄率との比較などを通して、より客観的に認識すべきであり、はじめから「問題である」とのフレームで見るべきではない。

(2) 立場を変える

問題はどの立場に立って考えるかで認識が異なってくるため、学習者に立場を変えてみるように促す。例えば、男性から女性へ、市民から政府へ、消費者から生産者へ、生徒から教員へ、などである。

テーマ：自転車は歩道を走行すべきか？　車道を通行すべきか？
● 議論の状況 　「車道は危険なので、歩道を走行すべき」との意見が多く出ている。 ● リフレーミングの例 　「歩行者の立場から見たらどうであろうか？」 　「歩行者には幼児や高齢者もいるのではないか？」 ● ポイント 　「歩行者の立場に立てば、自転車が歩道を走行するようになっては危険が増す」 　「歩道における自転車の走行速度を規制すべき」等の意見が出てくる。

(3) 時間軸を変える

どの時間軸で捉えているのかにより、認識や解決策が異なってくる。例えば、解決策には短期で解決をめざす短期解（対症療法的な解）、長期で解決をめざす長期解（根本的な解）がある。ファシリテーターは、学習者が短期と長期のどちらの時間軸で解決策を考えているのかを確認し、必要に応じ、その変更を促すとよい。

第4章　問いかけのスキル

> **テーマ：１週間後の徒競走で順位を上げるためにはどうしたらよいか？**
>
> ●議論の状況
> 　「たくさん走るべき」「本番と同じ形で練習をする」との意見が出ている。
> ●リフレーミングの例
> 　「効果が出るまでにはどれくらいの時間がかかるか？」
> 　「筋肉疲労は短期間で回復するのか？」
> ●ポイント
> 　走りすぎない、フォームを整えるという短期解もある。

(4) 検討対象範囲を変える

　問題をどの範囲でとらえるかによって、認識や解決策が異なってくる。小さな範囲で考えれば合理的な解決策であっても、大きな範囲で考えると合理的とは言えない場合がある。前者は部分最適であり、後者は全体最適である。ファシリテーターは、参加者がどのように検討対象範囲を設定しているのかを確認し、必要に応じ、その変更を促すとよい。

> **テーマ：ある感染症の予防接種を義務づけるべきか？**
>
> ●議論の状況
> 　「予防接種には副作用があるので、接種は個人の選択に任せるべき」との意見が多く出ている。
> ●リフレーミングの例
> 　「社会全体にとってそれでよいのか？」
> 　「生まれつき免疫力の弱い人への配慮はどうあるべきか？」
> ●ポイント
> 　個人という範囲で考えると、病気予防、副作用等を比較して接種を判断すればよい。社会全体で考えると、「接種率をある程度上げないと感染症の流行を防げない」という問題を考える必要がある。個人にとって合理的な行動であっても、社会全体にとって、必ずしも合理的な行動であるとは言えない。

(5) 意味づけを変える

　問題をポジティブに考えるか、ネガティブに考えるかによって、認識や解決策が異なってくる。人はネガティブな意味づけを行いやすいので、ファシリテーターは、問題をポジティブに意味づけるように促すとよい。

> **テーマ：クラスの平均点が学年全体に比べて低いことにどう対処したらよいか？**
>
> ●議論の状況
> 　「もっと勉強すべき」との意見が多く出ている。
> ●リフレーミングの例
> 　「４月の時点と比べてみるとどうか？」
> 　「勉強した成果がテストの点数に反映されるのには、一定の時間がかかるのではないか？」
> ●ポイント
> 　以前に比べれば成績は改善している。

(6)「べきである」を疑う

　私たちは、しばしば過去の経験や社会規範などから、「○○はこうあるべきである」というフレームを持っているが、その妥当性については注意が必要である。ファシリテーターは、「べきである」という発言等について注意を払い、参加者にそれを疑うことを促すとよい。

　また、「問題をそのままの状態にしておく」という選択肢も排除しないようにしたい。

テーマ：ケータイを学校に持っていくことは禁止すべきか？

- 議論の状況
　「勉強には必要ないので禁止すべき」との意見が多く出ている。
- リフレーミングの例
　「通学途中で体調が悪くなり親に連絡する必要が生じる場合もあるのでは？」
　「学校帰りに塾に行く生徒にとっては家族との連絡手段として必要なのでは？」
　「持ちこむことが望ましくないとしても禁止までする必要はないのでは？」
　「一律に禁止する必要はないのでは？」
- ポイント
　必ずしもケータイの持ち込みを一律に禁止することが適当であるとは言えない。

---

(7) 上位の目標を考える

　問題解決等について議論をしている場合に、しばしば複数の意見が対立し、それらは両立しないように見える場合がある。このような場合には、それぞれが実現しようとしていることの上位の目標を考えるとよい。

テーマ：ネットは子どもにとって危険なので利用を制限すべきか？

- 議論の状況
　「危険なので制限すべき」「調べ学習などで有効であり、積極的に利用すべき」という意見が対立している。
- リフレーミングの例
　「危険と利用制限の二者択一なのか？」
　「どの年齢まで制限しておくべきか？」
- ポイント
　上位の目標は「子どもの健全な成長」にあるため、「危険への対応能力を上げるために一定の条件下で利用させる」等の考え方もあり得る。

---

(8) 評価軸を増やす

　評価軸を増やすことで、構造が見えてくることがある。ファシリテーターは、学習者が評価軸を絞りすぎていないかに注意して、議論を整理していくとよい。

> **テーマ：電車にベビーカーを折りたたまないで乗車することは問題か？**
>
> ●議論の状況
>   「迷惑」という評価軸での議論が進み、「混雑している時間帯を避けるべき」との意見が出ている。
> ●リフレーミングの例
>   「乳幼児の安全という評価軸で検討したらどうなるか？」
>   「他の乗客の安全という評価軸で検討したらどうなるか？」
>   「移動の権利の保障という評価軸で検討したらどうなるか？」
> ●ポイント
>   「人々の安全を確保する」「社会の一員として子育て世帯を応援する」など、めざす社会の方向を複数の観点から明確化した検討が可能となる。

4-3 リフレーミングに関して注意すべきこと

　リフレーミングの問いを投げかけた場合、参加者によっては「自分の考え方が否定された」と受け止めてしまう場合がある。ファシリテーターは、議論を強く引っ張りすぎないようにするとよい。「ずらし」は、あくまで学習者には見えていなかった部分、あるいは見ようとしてこなかった部分に光を当て、違った側面から考えてみることを促すねらいで行うものである。

　また、リフレーミングの問いは、常識をくつがえそうとするあまり、抽象的な問いになるおそれがある。**リアリティのある問いを現実の問題に対して投げかける**よう心がけたい。

　リフレーミングを行うことは、学習者にさまざまな視点を与える。ファシリテーターはそれらを共有できるように、黒板等に整理していくとよい。これにより、問題全体の構造が明らかになり、学習者の頭の中も整理されることになる。

ふりかえり

☐ リフレーミングとは、枠（フレーム）をかけ直すことであり、ものの見方に新しい視点を取り込むことである。
☐ 学習者全員が同じ思考で議論していたり、安易に同じ結論を出そうとしたりしている場合、ずらす技（リフレーミング）を活用し、あえてちがう視点を提示し、揺さぶってみる。
☐ リフレーミングにはパターンがある。

やってみよう　リフレーミングの問い

■ 自分の現場で実践する場合を具体的に想定し、どんなリフレーミングの問いを投げかけると効果的か、次ページの ワークシート3 に書き出して検討してみよう。
　表には、総合的な学習の時間などの授業をイメージし、「コンビニにおける食品廃棄の問題」（まだ食べられる食品がコンビニで廃棄されている問題）に関するリフレーミングの問いの例を示したので参考にしよう。

「リフレーミングの問い」作成ワークシート（例）

発問の考え方	発問のヒント	「コンビニにおける食品廃棄の問題」に関するリフレーミングの問い（例）
(1) 事実の認識過程を確認する	事実関係、因果関係は？	「どのような事実に基づき、多いと認識したのか？」 「何と比較して多いと認識したのか？」
(2) 立場を変える	消費者から企業へ	（売切れ商品について）「コンビニ店長の立場ならどう考えるか？」 「客の立場ならどう考えるか？」
(3) 時間軸を変える	短期から長期へ	「短期的な解決策は？」（例：値下げ） 「長期的な解決策は？」（例：廃棄食品のリサイクル）
(4) 検討対象範囲を変える	より大きい範囲へ	「食品の賞味期限・消費期限の表示方法に問題はないのか？」 「社会全体の食品廃棄の中でコンビニの食品廃棄が占める割合はどの程度なのか？」
(5) 意味づけを変える	それは本当に問題？	「コンビニで買った食品の家庭での廃棄率は、スーパーで買った食品と比較して小さい可能性があるのではないか？」
(6) 「べきである」を疑う	本当にそうすべき？	「食品廃棄率ゼロをめざすべきなのか？」 「現実的な食品廃棄率の目標はどの程度であるべきか？」
(7) 上位の目標を考える	上位の目標は何？	「廃棄食品のリサイクル（例：家畜飼料化）を考えるべきではないか？」 「賞味期限が長い食品（例：レトルト食品）を増やすべきではないか？」
(8) 評価軸を増やす	他の評価軸は？	「廃棄量／仕入れ量で評価？」「廃棄した商品の金額で評価？」 「リサイクル率で評価？」「努力度合（廃棄率を下げるために要した費用）で評価？」

視点をずらされると「目から鱗」的な気づきがありますよね。

そのためにはファシリテーターは少し「あまのじゃく」なくらいがいいのかもね。

第4章 問いかけのスキル

ワークシート3

リフレーミングの問い

学習プログラムのテーマ：＿＿＿＿＿＿＿＿＿＿＿＿＿＿＿＿＿＿＿＿＿＿＿＿＿＿＿＿＿＿＿

発問の考え方	問題に関するリフレーミングの問い
(1) 事実の認識過程を確認する	
(2) 立場を変える	
(3) 時間軸を変える	
(4) 検討対象範囲を変える	
(5) 意味づけを変える	
(6) 「べきである」を疑う	
(7) 上位の目標を考える	
(8) 評価軸を増やす	

第5章

「見える化」する

ファシリの心得● 5

　黒板はどんな使われ方をされているだろうか。授業の展開はすでに確定し、黒板に書かれていく内容もその順番も（そして配置までも！）決まってしまってはいないだろうか。学習者全員と視覚的に共有したいことは、想定された（＝覚えるべき）要点だけではなく、むしろ「今ここで」起こっている学習者の興味深い反応や話し合いの流れではないだろうか。

　学習者たちが本当に「見える化」してほしいのは、自分たちが今日「何を学ぶのか」（想定内のもの）ではなく「何を学び得たのか」（想定外も含むもの）ということのほうだ。その学びの全体像を構造化して示し、共有するための技術がファシリテーション・グラフィックである。

1. 学びや話し合いを「見える化」する
脱・板書計画！ 「書く」から「描く」へ

ファシリテーターは、話し合っている内容を視覚化し、共有化する手段としてファシリテーション・グラフィック（以下、ＦＧ）のスキルを活用しましょう。ファシリテーションとＦＧは車輪の両輪のようなものであり、どちらもファシリテーターにとって必要不可欠なものなのです。

1-1　ファシリテーション・グラフィック（ＦＧ）とは？

　ファシリテーション・グラフィック（Facilitation Graphics：ＦＧ）とは「ファシリテーション（facilitation）」と「グラフィック（graphic）」が組み合わさった合成語である。

　教育現場におけるファシリテーションは「支援を通して主体的な気づきによる相互の学び合いを引き出し、深めること」であり、そうした支援は主に言葉かけ（問いなど）によって行われ、聴覚に依拠する部分が多い。自ずと学習者はそうしたやり取りをそのまま頭の中で整理しようとするため、それが抜け・漏れや勘違いの誘因となっている。伝言ゲームがまさにそうで、その面白さは聴覚のみに頼る不確かさからくる失敗にある。

　そこで言葉（情報）と学習者をつなぐものとしてグラフィックを介在させるのである。グラフィックとは「写真や絵を用いて視覚に訴えるさま。また、写真や図版を主体にした印刷物」のことで、問いかけの言葉や発せられた意見が黒板や模造紙上に羅列されるだけではなく、意見同士の関係性を図式化するなどして示したものである。聴覚情報だけではおぼつかないので、視覚情報も加えて相互作用させようというのがＦＧであり、ファシリテーションをより促すものとしてグラフィックが活用されるのである。

　つまり、**ファシリテーション・グラフィックとは話し合いの内容を言葉や図形を使ってビジュアル化し、学びのプロセスを描く技術**のことであり、その成果物である。それは、今まさに起こっている話し合いやワークでの自分たちの立ち位置を確認できるものであり、これから向かうべき方向性をぼんやりとでも示してくれるものである。

　また、そうして図式化して整理されることによって、あるいはイラストやカラフルな色づかいによって、脳が刺激され、インスピレーションが湧くということにもＦＧは一役買っている。

ＦＧの第一歩①　とりあえずでも描いてみる

1-2 板書とＦＧの違い

　板書とＦＧの大きな差はどこにあるのだろうか。大きく違うところは、その主体である。例えば、学校の授業における板書は、「板書計画」という言葉があるように、どこに何を書くのかということはあらかじめ教師によって計画されており、授業の進行に沿って教師主体で行われていく。一方、ＦＧは（ある程度の構想はあるものの）、その場で学習者から出てきた発言や感情を臨機応変に書き記していく学習者目線のものである。決して決められたゴールに向かって誘導することや、ただ授業案にそって進行するためだけには行われない。黒板上に描かれたものから刺激を得て、さらに創造性をふくらませてアイデアを重ねていくという**「気づきの循環」を生んでいくもの**にならなくてはいけない。それは、学習者の学びが想定されうるものとして授業が組み立てられているのか、学習者の学びは想定を超える可能性を孕んでいるものとしているのか、実践に対する根本的な姿勢のちがいでもある。**ＦＧは、アイデアや気づき・深まりの源泉**となるものなのだ。

表　板書とＦＧのちがい

	板　書	Ｆ　Ｇ
主体／目線	教　師	学習者
担い手	教　師	教師または学習者
計画・構想	事前に十分行う （原則変更なし）	ある程度の構想は立てるが、 原則現場主義
作　業	教師自身のペースでできるので、 落ち着いて書ける。	現場の状況にあわせるので、 せわしなくなることもある。
書いたもの からの刺激	少ない （学びが想定されている）	多い （意外な展開になることが想定されている）
イメージ	静　的	動　的

 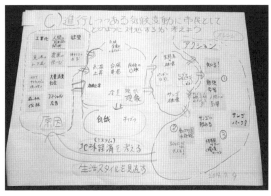

板書（左）とＦＧ（右）の典型

また、書き手は教師とは限らない。ファシリテーションが介在する実践はワークショップ型であることが多く、グループワークがよく行われる。そうであれば書き手はメンバーの誰かが担うことになり、机の上に模造紙を広げ、そこへ自分たちで出し合ったものを思い思いに描いていくことになる。ＦＧのスキルは学習者も身につけるべきであり、習得していくものである。

ＦＧはその場の生きた様子を表現していくのだから、情報を字面で追っていくことは困難で、時に図式化したり、構造化したりしていくことが必然的に重要になってくる。だから、**「書く」意識ではなく、「描く」ような意識**でなければならない。

1-3　見える化で参加につなげる

グループで話し合って何かを決める場合、もしくは学び合う場合、各々でノートに書き留めることで（あるいはそれすらなく口頭のみで）情報を共有しているつもりになっているが、それぞれが「暗黙の了解」をしているにすぎない。これではいずれお互いの理解に齟齬が生じて、一向に整理されない状況に直面せざるをえなくなり、目標としているゴールに到達することはできない。

グループ内コミュニケーション上の障害

1. 各個人の考えや意見があっても発言しない。

   > 先陣を切るのはちょっと…まずは様子見。バカだと思われるぐらいなら黙ってたほうがマシ！

2. たとえ発言しても論点がずれていたり、内容が曖昧、または自分の意見に固執したりするなどの理由から、話し合いが噛み合わないことがある。

   > いつまでたっても堂々巡りで前に進まない。時間の無駄！やる気がどんどん削がれちゃうよ。

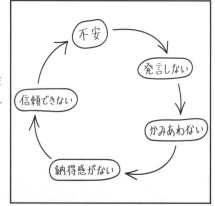

ＦＧの第一歩②　言葉をつなげてみよう

3. まとまらずに話し合った内容がぼやけたまま結論に至る。そのため、グループ内の納得感がない。

   > 結局、何が決まったの？これがみんなの総意？合意？

4. 納得感がないから信憑性も薄らぎ、不安になってしまう。

   > 今回、なんでこのメンバーで集まったワケ？意味あった？

個人のメモ・ノートにおける記録の障害

1. そもそもグループ内でのコミュニケーションの最中に個人でメモやノートをとらないことが多い。

2. 個人的にメモやノートをとったとしても各個人の考えていること、意識していることが相違しており、その内容がバラバラになってしまう。

3. 内容がバラバラな状況にあるのに、それが互いに見える形で共有される場になってない。

自分の記憶力、信用し過ぎ！

都合のいいことだけメモをとる⁉

それぞれ勝手に解釈して、それっきり…

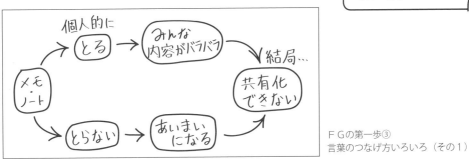

ＦＧの第一歩③
言葉のつなげ方いろいろ（その１）

　その原因として、グループ内コミュニケーション上の障害と個人のメモやノートにおける記録の障害という２つの障害がある。

　これらの障害を克服し、参加を促すため、「見える化」と「共有化」をするのである。

$$見える化 \quad × \quad 共有化 \quad = \quad 参加$$

　グループ内での**コミュニケーション上の障害を回避するためにＦＧは存在**する。ファシリテーターのデザインするプロセス（スタートからゴールまでの道筋）において、支援し、引き出されるものは目に見えづらい。なぜなら、それらの多くは言葉という定着しづらい一過性のものを使用し、かつ明確に言い表せない各個人の心の中の考えや感情などを引き出すといったものであるからだ。そのため、ＦＧを通して「見える化」という作業が必要不可欠となる。

　さらに、ファシリテーターが支援するのはグループ全体であるため、この「見える化」を通してグループ内の記憶・記録を「共有化」することも重要である。

見える化し共有すると…

1. グループ内の共通の記憶・記録を定着させ、活発な相互作用を引き出す。

2. 話し合いの本筋に集中する。

3. 視覚化されたプロセスを共有化し、参加を促進する。

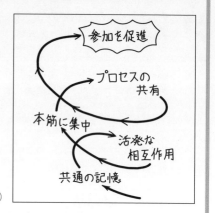

ＦＧの第一歩④　言葉のつなげ方いろいろ（その２）

　自身の内面にあった思いや考えが引き出され（見える化）、グループメンバーの中に落とし込まれていけば（共有化）、グループ内での自分の存在価値を強くし、それが参加を促す第一歩となる。

　見える化し、グループ内で話し合いのプロセスが共有化できてくると、学習者自身の参加感が増すため、場全体としても参加への促進効果が相乗的に高まっていく。良いスパイラル効果が**全員の参加を促進する大きな原動力**となっている。

コラム 5-1

パーキングロット

　話し合いのような大勢のコミュニケーションにおいて、本筋に沿っていない発言が出てくる場合がある。その発言は、その時点において的を射ておらず、あまり重要な意味を持たない場合がある。しかし、必ずしも不必要な発言ではなく、のちに重要となるものなのかもしれない。それはその時点で判断すべきではなく、保留としておくべきである。決して、聞き流してしまうのではなく、皆が見える場所に描いて残しておくことが大事なのである。そうすることによって、その発言はその場に留まり続け、共有され続ける。そして、なによりその発言者をないがしろにしなかったという姿勢を示すということが、ファシリテーターと学習者の関係性において重要なのだ。

　このように意見を保留しておくことを本筋の流れから離して「一時休止」させておくことを駐車場に例え「パーキングロット」と呼んでいる。ちなみに、マーカーであれば目立たない黄色で書いておくと学習者が気にならないのでよい。

第5章 「見える化」する

> □ FGは、自分たちが今、どこにいて、どこへ向かおうとしているのか考えるきっかけを与えてくれるもので、アイデアや気づき・深まりの源泉となるものである。
> □「支援を通して主体的な気づきによる相互の学び合いを引き出し、深める」ツールとしてFGがあり、それはファシリテーションとの両輪をなしている。
> □ 板書は教師主体のものであり、FGは学習者目線のものである。
> □〈見える化 × 共有化 = 参加〉である。

やってみよう

■ ふだん使用しているノートが罫線付きのものであれば、次は無地のものを購入してみよう。そして、FGを意識したノートテイキングを実践してみよう。

板書計画も大事なんでしょうけど、学習者目線に立ったFGも心がけてみようと思います。

賛成！その方が学習者の構造的な理解にもつながるってもんよ。

コラム 5-2

一斉型授業にホワイトボードを！

　一斉型授業の場合、ホワイトボードを従来の黒板における板書と同じ扱いとすれば、記録・共有するという機能に関しては、それほど大きな相違点はない。しかし、ミニホワイトボードを学習者一人ひとりに与えて活用する場合、全員の声なき発言を拾うことが可能となる。

　例えば、板書した問題の答えを黒板に書くよう求めた場合、答えを書く自信が少しでもある者が挙手した上で、先生に当てられ解答する。手を挙げていない学習者は、答えを知っていて挙手しないのか、答えを知らないから挙手しないのかはテストをするまでわからない。もし、学習者全員がミニホワイトボードに答えを書くように促されたら、答えがわかるのか、わからないのか、間違った解き方をしていないかが一目瞭然となるのである。

　黒板に板書されるのは、概ね正しい答えのみである。しかし、ミニホワイトボードを使用するならば、たとえ間違った答えでも書くことができるし、小グループを作ってその中で答え合わせをし、問題を解くプロセスを学習者同士で共有することも可能となるのである。

　このように学習者一人ひとりがミニホワイトボードをFGツールとして活用するならば、それぞれの主体的な学習を促進することができる。

2. 学びや話し合いを構造化する
ＦＧはみんなの地図である 「見える化」するスキルとコツ

「学びや話し合いを構造化する」なんて書くととても難しそうだけど、その場で起こっていることをちょっとしたコツを使って描きあらわしていくだけのことです。みんなが向かう方向を指し示して、共通理解を図れる地図のようなものがあれば、その先の学びを想像して、ワクワクとしてくるにちがいありません。

2-1　ＦＧ実践の3つのポイント

　ＦＧをしていくにあたり、3点踏まえておきたいことがある。ビジョン、スキル、ツールの3つである。

　ビジョンとは、「どのようなＦＧにするのか」という問いに対する根本的な姿勢のことで、その意義のことである。そして、どんなレイアウトで描くか、どんなフレームワークが使えるか、どんなタイムテーブルで描き進めるかなどの構想も含めた全体像のイメージ（づくり）である。

　スキルとは、職人技のように特定の人だけができるものではなく、誰でもがある一定以上のレベルで学びのプロセスを整理し、描けるためのちょっとしたコツの集まりのこと。それらスキルをうまく組み合わせ、使い分けていけば、ファシリテーションを進める手助けとなるものである。

　ツールは、ＦＧをより円滑に行っていくことに寄与する道具たちである。同じ機能を持つものでもできるだけストレスのない機能性のある道具を選択することは作業効率や集中力の持続にも影響してくる。「弘法筆を択ばず」ならぬ、「弘法筆にこだわる！」でいきたい。

ＦＧの第一歩⑤　図形を使ってみる

2-2　ビジョン

　誰が見ても容易に理解できるＦＧを作成することによって、全員の参加を促し、目的に対して納得感のある結果が生み出されるものである。そのためには議論のプロセスがわかるように、できるだけシンプルにデザインしたい。故スティーブ・ジョブズ＊が「デザインとはどう見えるかではなく、どう機能するかである」と言ったように、それを描くことによってＦＧがどのように機能するかをまず想定しておくべきだ。

　そこで、スペースをどう使っていくかという**レイアウト**と、学習者の思考の流れにそった**フレームワーク**を選ぶためのビジョンが必要となってくる。

＊**スティーブ・ジョブズ**
アップル社の共同設立者のひとり。2011年に56歳で死去。彼が携わった製品はシンプルなデザイン性で定評があった。

第5章 「見える化」する

(1) レイアウト

学びの場がどう展開するか想像する上で、最初にしたいのはレイアウトの構想である（もちろんその通りにならないだろうことも想定して）。それには、パターンとして大まかに次の3つをおさえておきたい。

パターン①　左上描き出し型　　例：議事録型、プロセス図、Tチャート

最も基本的なのは、議事録のように行頭記号（■や・など）を使って、発言の要旨を箇条書きで書いていくもの。議論の流れにそって、そのまま記録していけるので、馴染みがあって誰もが使いやすい型であろう。

ただ、単調になりやすいので、色分けをするとか、矢印や枠でグループ化するなど関係性をはっきりさせていくといい。

パターン②　真ん中描き出し型　　例：マインドマップ、ウェビング

スペースの真ん中に中心テーマを書き、そこからイメージされるものを四方八方に広げて書き加えていく。自由奔放にアイデアを出していくときに適しており、出した項目同士の関係性は線でつないで表現していく。意見や論点が変わったときには、書き込むスペースを転々と変えていき、全体を埋めていく。

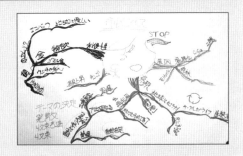

パターン③　ランダム型　　例：相互関係図、マトリクス

ブレーンストーミングなどでランダムに出してもらった意見・アイデアを整理していくので、貼ったり剥がしたりできる付箋紙を活用することが多い。個々に出した意見・アイデアを付箋紙に書きとめ、それを貼り出すなどして、相互の関係性を見ながら整理していく。

ただし、単に分類するのに終始せず、そこから議論をさらに深めていく洞察がほしい。

(2) フレームワーク

実際に議論やグループワークが始まると、その現場のスピードに合わせてFGを作成していくのは大変であることに気づかされる。そのため、それら議論やワークの内容・ねらいにあわせてはめ込める**フレームワークの典型**をいくつか覚えておくとよい。

第1部　授業を変えるファシリテーション

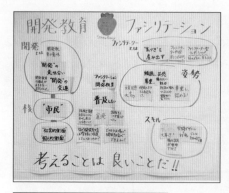

① サークル型（相互関係図）

多様に出された意見を何かしらの基準でカテゴライズしていき（似たもの同士で分ける）、そこに共通する要素を小見出しとしてつける。カテゴリー間での関係性が見出せれば、線でつないだり、重ねたりして表現する。ベン図もそのひとつ。

ブレーンストーミングしたものを整理する場合の最も典型的なやり方である。

② フロー型（プロセス図）

時系列で整理したいときや作業工程を表すときに適している。抜け漏れが出ないように、丁寧に議論し尽くすことが重要。

③ ツリー型（階層図）

組織図や家系図はこれにあたる。コンピューター内のデータをフォルダごとに整理していくのは、原理としてツリー型でまとめていることと同じである。つまり、ツリー型は抜け漏れが出にくいMECE*なフレームワークである。大項目から中項目、小項目（あるいは上位概念から下位概念へ）と同じ次元ごとに要素を整理していく。

＊**MECE（ミッシー）**
"Mutually Exclusive Collectively Exhaustive"の略で「それぞれが重複することなく、集合全体として洩れがない」という意味。必要な情報や知識を最大限もらさず集め、できるだけ多面的な角度から検討を加えることをMECE思考という。

④ マトリックス型

書き込むスペースを4象限に分け、2つの評価軸（「ポジティブ／ネガティブ」「長期的／短期的」「国内／国外」など）で出された意見・アイデアを適切なところへ落とし込んでいく。適切な軸が提示されないと分類に苦慮するばかりか、最終的なアウトプットが的外れで支離滅裂なものになりかねないので、出だしが肝心である。

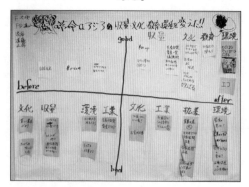

また、象限ごとに出された意見・アイデアの多寡が一目瞭然なので、相対的に少ないところを「ここに関して意見をもっと持っている人はいませんか？」と促すための判断材料ともなる。

2-3 スキル

　ＦＧには、先天的な才能や特別なスキルが必要なわけではない。絵が上手でなければならないとか、表現上手であることも必須でない。ただ、最低限の使いこなすべきスキルがあり、その**最低限のスキルさえあればＦＧは十分に機能する**。ＦＧを行っていくために使いこなすスキルとして、「要約」「デザイン（構成）」そして「関係づけ」がある。

・**要約**とは、発言した人の意図を理解し、的確に表現する力である。
・**デザイン(構成)**とは、発言の内容や流れを描き、共有しやすく表現する力である。
・**関係づけ**とは、要素（出された意見・アイデア）同士の関係性や全体における要素の位置づけ、意味を見出す力である。

(1) 要約
①ステップ1――まずは全部描いてみる

　人間の理解力には、良くも悪くもさまざまな思い込みや先入観が付きものである。この思い込みや先入観があるため、いきなり要約しようとしてＦＧを進めると、学習者の思惑とは違う方向に「つまりこういうことだね」と決めつけて描いてしまう危険性がある。その場合、学習者が「なんかちょっと違うけれど……」「だいたい合っているから……」と違和感を覚えているにも関わらず話を進めてしまうと、ファシリテーターの思い違いのまま誘導してしまうことになる。ファシリテーターの勝手な思い込みで、落とし所がイメージされたゴールに誤誘導された学習者は、結局、納得感の薄い地点に到達させられてしまう。ひとつの要約ミスは小さいミスかもしれないが、ちょっとした引っかかりを引きずり、全体に影響していくことになる。

　その誤誘導をなくすためにも最初のステップとしては、あえて要約せずに「まずは全部描いてみる」とよい。全部描くことによって、発言者により安心感を与え、発言を促し、納得感があるコミュニケーションを生み出すきっかけとなるのである。全部描くためには、第4章に記載している質問方法であるオープン・クエスチョンを活用しながら発言を引き出すことが必要となってくる。そして、言葉尻にも注意して「こんなことまで描くのか」というほど描いてみる。

②ステップ2――確認してみる

　しかし、全部描いてみようと挑戦してみても、学習者が理路整然と話すことはまれである。その場合、やはりファシリテーターが要約する作業が必要となる。
　この場合、先ほど述べたようにファシリテーターによる思い込みや先入観をできるだけＦＧに反映させないように「それは、つまり○○ということですか？」などと確認しながら描くのがよいだろう。学習者の納得する表情を見ながら確認

し、時には承認を得ながら、学習者の意図にそったものを描くことが大事である。

③ステップ3──ロジカルにみる

　要約は言うなれば最小限のワードで発言した者の意図が伝わることである。単語ひとつでも発言した者の真意が表現されてあればいい。

　そのためには、場でどのような議論がなされてきて今に至っているかとか、学習者がそうした発言に至った背景は何かとか、前後左右の文脈から言いたかったことの要点を探るといい。

　それから、「つまり」「要するに」といった接続詞の使用はひとつのヒントとなる。そうした接続詞が出てきた場合は、「これから大事なことが発言される」と身構えればいい。

　ただし、人は理路整然と冷静に話すことよりもロジックはあまり意識せず、思うがままに話すことが多々ある。そうした場合は、声のトーンや抑揚、テンポ、表情の変化からどこに力点が置かれていたかを読み取ることのほうが意外に真意をつかんでいることもある。

(2) デザイン（構成）と関係づけ

　発言の内容をＦＧとして記載し、共有化することは、参加を促進するための第一歩となる。ただし、そこに描かれたものが単に発言の羅列となっているのであれば、状況の把握に到達するまでにはもう一歩進んだステップが必要となる。そのステップとは、**発言や考えを整理するためのデザイン（構成）と関係づけ**である。

　ＦＧをわかりやすくデザインし、関係づけていくために必要なものは、大きく分けて、①図形を使ってみる、②つなげてみる、③分けてみるの３つがある（次頁参照）。

　これらに加えて、レイアウトの基本記号（下記参照）も活用していきたい。それらを使い分けることによって情報を強調することや整理することができ、ＦＧをパッと見ただけでも理解できる手助けとなる。

■基本の記号
- 行頭記号　〈□　○　△　☆〉
- アンダーライン　一重下線　二重下線　波線の下線
- 強調記号　〈？　！　★〉
- 網掛け、影付け
- 枠囲み、境界線
- 吹き出し
- 矢印、線　〈→（因果、時間経過）　➡（より強い関連）　⇔（対立、対比）〉

吹き出しもアリ！

第5章 「見える化」する

①図形を使ってみる

　簡単な「○」「□」「△」などの図形を使用し、組み合わせることでコミュニケーションのプロセスが容易に理解できるようになる。

ＦＧ構成力の例1

　□や○を線で結ぶことによって、情報を因数分解し、階層図として整理したり、矢印で結ぶことによって因果関係や相互関係を表したりすることができる。

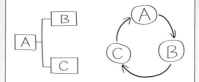

②つなげてみる

　図形や文字を「→」などの矢印や「－」の線で結ぶと因果関係を表現できたり、ものごとの順序を示したりすることができる。

ＦＧ構成力の例2

　ホームベース型の図形をつなげることにより、手順やプロセスの順番をあらわすことができる。

③分けてみる

　図形や文字を「＋」や「｜」で分けてみると、皆の意見や情報を比べてみることができる。

ＦＧ構成力の例3

　「□」を「｜」や「＋」で分けることによって、比較することが可能になる。「｜」を使うことによって、2つに分けることができ（Ｔチャート）、「＋」では4つに分けることができる（マトリックス）。

　ここにコメントや意見を該当箇所に書き記し、比べることによって、優先順位を決めたり、情報を整理したりするこができる。

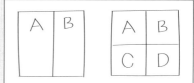

2-4　ツール（道具）の使い分け

　　　　　ファシリテーターは「チョーク＆トーク」で授業を行う教師とは根本的に違うので、黒板のみならず、ホワイトボードや模造紙なども活用していく。設置場所やサイズを変更することにより、黒板のみではできなかったことができるようになる。

　　　　　例えば、学習者を5～6人程度の小グループに分け、そこで話し合いをさせるときに模造紙や中サイズのホワイトボードを使用することもあるし、個々人に意見を言ってもらうときに付箋やミニホワイトボードを使用することもある。

　　　　　そうした活用は、グループサイズの変更を可能とするし、わざわざ黒板の前に

出てきて、全員の前で書くといったストレスも軽減されるため、普段発言を躊躇しがちな学習者の主体的な参加を期待することができる。

黒板以外にホワイトボードや模造紙を使うことのメリットは、ＦＧを行う場所やサイズの自由度を高めることであり、その自由度はイコール学習者の自由度でもある。使用するツールに多様性があり、それを駆使できることは、学習者が場に参加することの敷居を下げ、学びあいがしやすい場になっているということでもある。

つまり、教室前方に配置された大きな黒板で行われる板書にはない可能性をＦＧは持っているのである。

・黒板

全ての学校に必ず備え付けられているのが黒板である。黒板をＦＧのツールとして利用することはできるが、移動させることができないなどの不便さがある。

・ホワイトボード

サイズが豊富にあり、移動できるものもあるため、教室内の物理的空間による制約を受けない。グループサイズに合ったものを選ぶことができる。

・模造紙

5～6人のグループでＦＧを作成する際に、ホワイトボードの代用として活用できる。模造紙をつなぎ合わせてホワイトボード大にして使うこともできる。

・付箋

個人ワークでブレーンストーミングしたものを書きとめておくときに使う。ファシリテーターが学習者の発言した内容を要約し、「見える化」するために黒板や模造紙、ホワイトボードに貼るといった使い方もできる。模造紙に直接意見を書く場合と比べて、書き間違えたら別の付箋に書き直せばよいし、位置の変更なども簡単にできる。

・ミニホワイトボード

付箋よりも大きいので、文字を大きく描くことができる。学習者全員が主体的な意思表示を促すために活用すると効果的。

・用紙

ミニホワイトボードの代わりに使用する。つなぎ合わせて模造紙の代用品として使用することもできる。用紙のサイズは、目的に合わせて臨機応変に活用する。

・マーカー

水性タイプの裏写りしないマーカーがベスト。太字と細字があるとさらに使い勝手がよいが、太字だけでも角度を変えれば細くも太くも書ける。付箋や用紙、

第5章 「見える化」する

模造紙などに記入する際に使う。

2-5 まずは場数を踏もう！

知り合いのファシリテーターがある研修で「場数とはバカの複数形です」と言って、ホワイトボードに〈 場数 ＝ バカ s 〉と書き出したことがある。つまり、彼は、「バカだと思われようが恥ずかしがらずにホワイトボードの横に立ち、ＦＧの経験をどんどん積んでいきましょう、そうでないと上達はありえませんよ」というメッセージを伝えたくて、言い得て妙な公式を記したのだった。

書記係を決める時の常套句は「あなた、字がうまいから」であるが、ＦＧにおいてそれは関係ない。字がうまいことは最優先事項ではなく、伝わるかどうかが重要なのだ。時に書き出すスピードを要すときなどは、最低限読めればいいのであり、漢字が思い出せなければひらがなやカタカナで書いてしまってもいい。そう思えば、字がうまい人やイラストの上手なある特定の人だけが担うものではなく、ＦＧは誰もができるスキルであり、誰もが取り組まなくてはいけないものなのである。

まずは、チョークを持って、黒板の前に立とう！

私、書記やります！

ふりかえり
- □ 要約はファシリテーターの思い込みや先入観で行わない。
- □ ＦＧの構成は、○や□、＋や－をうまく組み合わせて図解しよう。
- □ 道具の使い分けをメリット／デメリットを考慮して行い、学習者の参加度を上げるため、さまざまなツールを駆使しよう。

やってみよう

■ 討論番組やトークショーなどのテレビ番組を録画し、コメンテーターの発言を逐一要約してみよう。できれば何人かでやってみて、互いに見比べてみるとよい。最も的確に要約できた人のものの何が良かったのかもあわせて分析するとよい。

■ 会議や打ち合わせがあったら、「私、書記（ＦＧ）やります！」と言って、真っ先にホワイトボードの脇に立って場数を踏もう！

第1部　授業を変えるファシリテーション

自分は字が汚いので書記係には絶対にならなかったし、ＦＧってイラストがうまくなくてはいけない気がして、ハードルが高いなぁって思い込んでました。

ちょっとしたコツをつかめば意外とできるものでしょ。千里の道も一歩から。まずはどんどんやってみることね。

コラム 5-3

色の効果を気にしたことある？

　黒板や模造紙に何かを書く場合、どこにどんな色を使用しているだろうか。もしかすると、自分の好みの色だけを多用している（あるいは一色だけとか！）のではないだろうか。

　ふだんは色によって判断をするなど、なにかしら影響を受けているはずだが、書き手になった際、その効果はあまり気にされていない。しかし、その違いは意外と大きい。そうであるならばＦＧにおいてもそのメリット／デメリットは把握して留意したい。

◎色の使い分け

　使われる頻度の高い８色セットのマーカーは次の色が入っていることが多い。

黒…もっとも使いたくなる色だが、平板すぎて注意をひきつけないので、黒に頼りすぎることは控えよう。ただし、青や緑を文字色のベースにしている場合、逆に目立ってくるので、強調したいポイントを表現する際には効果的に使える。

赤…とてもインパクトの強い色なので使いすぎることは避け、重要なポイントや強い主張・気持ちを表現する際に絞って使用するとよい。アンダーラインとして用いるのも適している。

紫…ひときわ映えて目立つ色。タイトルやテーマを書くときに使用。また、意見をカテゴライズした後の小見出しにも使える。

青…意見などの文字を書くときにベースとなる色。たくさん書いても目がチラチラすることがないので、視覚的に落ち着いているのが特徴。

緑…青と同様、意見の記録など文字用として使う。ただし、赤色と判別しづらい人もいるので、隣りあわせで使用しないなど配慮して使うこと。

茶…茶色も文字用の色として使う。同じ色が続いた場合に単調にならないよう、時々、バリエーションを加えると見やすくなる。

＊青、緑、茶をうまく使い分けたくなるが、あまり細かく色分けするとむしろうるさくなるので賢明とは言えない。

オレンジ…色が薄く、遠くからは見えないため、文字用としては使用しない。アンダーラインや網掛け、影付け、枠など脇役として使い、字を際立たせるのに活用する。

黄…もっとも見えづらい色なので、文字としては基本的に使用しない。しいて言えば、オレンジと同じように影付けやアンダーラインに使用。見えづらいのを逆手にとって、端に自分のメモ書き用として活用することもあり。

これらの解釈はひとつの指針であるにすぎず、すべての人が同じ印象を持つとは限りません。これを基本とした上で、実習を重ねながら自分なりの工夫を加えていきましょう！

第6章
ファシリテーションの落とし穴

ファシリの心得●6

　スキルを習得すればファシリテーションはどうにかなるというものではない。ファシリテーションにおいて最も重要で留意すべきは、関係性をどう築いていくかということにある。ファシリテーターと学習者、そして学習者間での関係性が十分に醸成されて初めて、スキルというものが活きてくる。

　そういう意味において、心理学的な観点を応用していくことは、学びの展開を大いに助けることになる。しかし、少し履き違えれば、誘導・扇動にもなりかねない諸刃の剣なのだ。

　ファシリテーションが洗脳とならないためにもその違いをしっかり意識し、境界線を自分の中に明確に引いておきたい。

第1部　授業を変えるファシリテーション

> コーチングとファシリテーションのちがいは、一般的に「1対1」なのか「1対多」なのかであると言われています。基本的に複数、つまり集団・グループを対象とするファシリテーションでは、どういった集団心理が働くかを把握して、効果を最大にし、陥りがちな集団心理にははまらないようにすることが役割のひとつにもなってきます。

1　参加者の特性を把握し、「場」をつくり上げていく

＊**クルト・レヴィン**
「社会心理学の父」と呼ばれ、場の理論、「アクションリサーチ」という研究方式、グループダイナミクスによる訓練方法などを開発した（1890-1947）。

心理学者クルト・レヴィン＊の場の理論というものがある。B＝f（P, E）という式で示される。

B：決定された行動（Behavior）
P：人間の特性（Personality）
E：人間をとりまく環境（Enviroment）

人間の行動は、その人間の特性とそれを取り巻く環境の2つによって決定される。よって、ファシリテーターの役割が「学ぶ」「気づく」という行為に至らせることなのであれば、「学習者を見つつ、場を読む」という2つの作業をあわせて行うことが必要となってくる。ファシリテーションが機能していくには、学習者の特性をできるだけ早めにつかみ、グループの中で個々が活かされているのか、埋もれてしまっていないのか、場の状態にも注意を払わなければならない。

Behavior〈決定された行動〉
・表情がやわらぐ
・意見にうなずく
・コメントする、提案する
・興味をもつ、調べる
→　学ぶ／気づく

＝

Personality〈学習者の特性〉
・内気、消極的
・議論に慣れていない
・しゃべりすぎ、落ち着かない
・緊張している
・関心がない

×

Environment〈とりまく環境〉
・会場のレイアウトを変える
・グループサイズを変える
・アイスブレイクで関係性を変える
・問いを答えやすいものに変える

まずはここに働きかけよう

図　場と行動の関係

関数で表されるとはいえ、集団というのは機械じかけのように決まった方向に導けるものではない。生命体のように常に細胞分裂をし、新陳代謝を繰り返しているようなものだ。一時として同じ形状であることはない。だから、現状の把握と同時に、その後の展開予測もしなくてはいけない。場がどう展開していくか（前述のB：決定された行動）は、特性を瞬時に変わらせることのできない個々（前述のP：人間の特性）よりもむしろ集団（前述のE：人間をとりまく環境）に働きかけることによって見通しがたってくる。ゆえにファシリテーターは集団心理というものを理解しておくとよいのである。

2　集団圧力による 同調行動を避ける

　ファシリテーターが注意すべき集団心理はいくつか挙げられる。

　同調行動（conformity）はそのひとつである。個人としては自らの考えに基づいた判断ができているにもかかわらず、**集団圧力により自分の考えを変えて集団の意見に同調してしまう**行動を言う。集団圧力とは、学習者の考え方が同一になるよう働きかける、自分以外の複数の人の力のことである。

> **事例①**　地球温暖化に関するワークショップを開催した。グループは5人で、ある参加者は「地球温暖化は人為的に引き起こされたものであり、個人も行動を起こさなくていけない」と考えていた。しかし、グループの他の4人が「地球温暖化は科学的に人為的であるとは証明されておらず、温暖化への対応をする必要はない」とまず主張した。温暖化を人為的だとする参加者は、自分の意見を主張しづらくなり、発言を求められた際、言葉を濁し、温暖化は人為的でないという意見に賛同しているように装った。

＊**アッシュ**
ゲシュタルト心理学者（1907-1996）。ポーランド出身のユダヤ系で、のちにアメリカに亡命。実験社会心理学の開拓者のひとり。

　このような集団心理の現象は、1951年のアッシュ＊の同調実験によって明らかになっている。

　アッシュの実験では、図のように基準Xという長さの線と、基準Xと同じ長さの線を含むA、B、Cという3つの線が用意された。そこから同じ長さの線を選ぶという極めて簡単な問題で、その正答率の変化をみるというものだった。

　単独でその問題を解いてもらった場合、ほぼ100％近くがBを選択するが、誤答のAを選択するサクラの参加者を加えた集団となると、その結果に違いがみられた。実験はサクラが被験者より最初に答えるように設定されており、終盤に答える被験者は徐々に「あれ、おかしいな……」「もしかして自分の勘違い？」と自分の判断を疑うようになる。最終的には、サクラが選択した誤答を3割以上もの被験者が「正答」として選んだのだった。つまり、サクラを入れることによる集団圧力から同調率が高くなるという結果となった。また、この実験では、影響を与える人が多くなると、同調行動が起きるとされる（ただし、ある人数以上では同調率は変わらなくなる）。

　このような現象が起きる背景には、他人と違うことをよしとしない慣習や、伝統的・保守的な価値観に支配され変化を好まない多数派の存在がある。また、同調しやすい条件としては、文化、年齢、地域など集団の性質が似通っている場合、あるいは自分の考えに自信が持てない人、地位が低い人など個人の特性も挙げられる。おかしいと思っていても「あわせておいたほうが無難」としているのである。

　このような状況に陥らないようにするために、ファシリテーターはグ

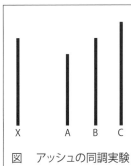

図　アッシュの同調実験

ループに介入していくことがある。実は、このアッシュの同調実験では、周りがサクラばかりで自分が孤立無援でいた場合、同調率は高かったのだが、被験者の少数意見を支持する人がたった一人現れるだけで、正答率は通常どおりの数字に戻ったことも実証されている。つまり、少数意見を活かすには、集団圧力の強い多数派と同様の人数が必要なのではなく、わずか一人の「自分の意見を受け入れてくれる人」の存在で十分なのである。ファシリテーターは、その孤立している少数派に手を差し伸べる一人になれるわけである。

グループに入り込んで、「他に考えられる意見はないですか？」と少数意見に耳を傾けるように促したり、揺さぶりをかけたりすると、多くの人が冷静に再検討してみようという気になる。

また、少数派の人が多数派に対して違和感を抱いている場合、たとえ根拠が明確に示せなくとも、「なんとなくそう思う」ところに問いを重ねていき、違和感の背景にあるものを引き出していくとよい。その整理されていくプロセスで違った視点が浮かび上がってきて、同調する集団圧力を和らげることになっていく。

要は、同調する雰囲気の中でファシリテーターがあえて「異質」という杭を打ち込めば、その状況を回避でき、気づきの可能性を広げられるのである。

3 リスキーシフトに注意する

「趣味が将棋です」という人より「サーフィンです」と言うアクティブな人のほうが素敵に見えたり、安定志向で確実な選択をする人より「一か八かでやってみる！」とリスクを顧みない人のほうがかっこよく思えたりしたことはないだろうか。そうした表面的な雰囲気から来る判断は、本質を見誤ったり、ひいては差

コラム 6-1

少数派を切り捨てないで活用する

集団心理には、「少数派（minority）の影響」というモスコヴィッチの1976年の研究もあります。少数派の影響により、少数派の意見のほうへ合意が向かい、葛藤が作り出される状況があるのです。

少数派が集団の中で意見を曲げずに活動することで、多数派・中庸派と少数派との間で葛藤が起き、そこから議論が再燃していきます。少数派が影響を及ぼすには長いディスカッションが必要なので、その真意が浸透するには時間がかかるのですが、参加者の深慮を促し、態度変容を引き起こすと言われています。

つまり、テーマを深掘りするチャンスは、少数意見に潜んでいる可能性があるのです。ファシリテーターは少数であるから切り捨ててもいいとは考えないで、学習者により深くテーマを考えるきっかけとして是非とも少数派を活かしてほしいものです。

第6章 ファシリテーションの落とし穴

別・偏見を助長したりすることになる。

リスキーシフト（risky shift）は、集団極性化現象（group polarization）と呼ばれ、合意形成において、もともと一人ひとりがもっていた意見よりも、**危険度（リスク）の高い結論へと流れてしまう傾向がある**ことをいう。このようになる理由は、無謀でもリスクが高い方により魅力を覚えるからだと言われており、集団の中でリーダーシップを発揮している人の挑戦的姿勢が影響している。かつ集団での決定について、結果的に個人が責任を負わなくてもいいという傍観者の状況があることも関係している。まさに「赤信号、みんなで渡れば怖くない」の心境である。

> **事例②** 現在、原子炉から発生する核廃棄物をどう処理するかが大きな問題になっている。このようなテーマでワークショップを行ったところ、ある参加者が、宇宙は放射線でいっぱいで核廃棄物をロケットで宇宙に持って行けば問題が解決すると提案した。その発言者が自信をもって主張したことに加え、話のスケールの大きさに圧倒され、多数の人が共感を覚えた。参加者の何人かは、リスクをうすうす感じつつも、時間が十分になく吟味できなかったため、宇宙であれば自分に被害が及ぶことはないだろうと、結局、最初の発言者の意見に賛同した。

*Stoner, J. A. F., 1961

リスキーシフトは、ストーナー* が1961年の論文で使った言葉で、グループでの討議による合意形成は、一人の意思に比べてリスクが高くなる傾向があるというものである。このリスキーシフトという現象が起こる原因に関し、ウォラックら* が1962年に実験を行った。「ある電気技師が、まあまあ十分な給料の今の会社にとどまるか、給料は相当高いが何年勤めさせてくれるかはわからない別の会社に移るかの選択をしなければならない」といった12の質問を個人にまず行い、その後、グループ討議をして、その意思の変化を調査した。結果は、もともと考えていたことに比べて、高いリスクのほうを選択したのである。このようなことが起きる背景には、誰も合意形成の結果に個人的に責任を負わなくてもよかったこと、かつ中心的発言をしていた人の意見が合意形成に影響を与えたということがあった。

*Wallach, M.A., Kogan, N & Bem, D.J., 1962

このような状況に陥らないようにするには、「最初、個人で考えたときにはどんな意見を持っていましたか？」と問いかけてみるとよい。場面をフラットな状態に戻すと、グループ内に多様な観点がいくつか出てくるので、それをもとに議論を促したい。また、中心的発言をする人には「他にはどんな意見が出ていましたか？」と他者への視線を促し、ひとりよがりにならず、傾聴できる場づくりを心がけたい。

4　集団浅慮にならないように

集団浅慮（グループシンク：group think）とは、**集団の団結力が強いグループで考えた場合、多角的な視点、批判的な評価が欠落し、楽観的に、時には逃避的に、深く考えない合意形成になってしまう**現象のことである。

> **事例③**　顔見知りのメンバーで構成されるグループに対し、生物多様性と外来種に関するワークショップを開いたところ、「そもそも地球上には生物はたくさんいるし、人間も移住するのだから外来種の何が問題なのか。このままで大丈夫」という結論となった。どうしてわざわざこんな議論をしなくてはいけないのかという雰囲気であった。ワークショップの合意形成の時間が短く、また生物多様性の情報が不足していて、多くがその意見に賛同した。実際には生物多様性の損失は世界中で進んでおり、外来種による絶滅危惧種への影響など国際的な問題となっている。

*Janis, I., 1972

　この集団浅慮とは、アメリカの心理学者ジャニス*の1972年の研究によるもので、①グループの能力や道徳性に対する過大評価、②閉鎖的な関心、③画一性の圧力の3つの要素から、深く考えない合意形成になってしまう現象である。グループで集団浅慮が始まると以下の症状が現れるとした。

　①　グループの能力や道徳性に対する過大評価（自信過剰）
　　1）楽観的になる
　　2）他の参加者の意見を聞き入れない
　②　閉鎖的な関心
　　3）ある参加者の特定の考え方を盲信
　　4）参加者の考えに注意する人がいない、またはあっても過小評価する

コラム 6-2

コーシャスシフト

　リスキーシフトの反対の「コーシャスシフト」（cautious shift）という現象もあります。合意形成を図る上で、集団が慎重すぎる結論を導く場合をいいます。とくに難問で、自分が持つ知識量を超える、または潜在的にやりたくないテーマの場合、「無理」「できない」「考えられない」という態度に変容してしまいます。それが多数意見となると、結論を先送りする現象に陥ります。

　このような現象も社会心理学ではリスキーシフトと同じく集団極性化現象とされます。例えば、長らく時間をかけて話したのに結果がまとまらず、誰かの一見よさそうな、しかし何の変哲もない意見に同意してしまうことはないでしょうか。

　ファシリテーターは、危険性（リスク）の高い合意形成、また、慎重すぎる合意形成にも注意して、一考を促すアクションをとりたいものです。

5）反論者になることへのプレッシャー（自己規制）
③ 画一性の圧力
　　　6）沈黙による同意（暗黙の了解）
　　　7）意見の全員一致を望む
　　　8）マインドガード（思考抑制）：外部からの否定的な情報は取り入れない

　グループとしてすでにまとまりが良い場合は、学習者がグループの輪を乱さないとか、グループの考えを信頼していて、結果として深く考えないような合意形成となる。「寄らば大樹の陰」という言葉が象徴するように、安易な合意形成へと流れる場合もある。

　また、グループで仲良くやりたいという心理も働く。自分と同じ意見の人が多いと、自分の意見は正しいと思い込んでしまう。このような「多数者の判断は正しい」という集団による合意形成を**ソーシャル・リアリティー**（社会的真実性）という。この言葉はフェスティンガー*の1954年の研究による社会比較理論で言われたもので、人は自分を正しく評価したいという欲求を持っており、自分を評価するための基準として、自分に似通っている他者との比較を用いる傾向があるという現象である。

*フェスティンガー
アメリカの社会心理学者（1919-1989）

　こうならないようにするには、ファシリテーターが、①対等なコミュニケーション関係をつくること、②ワークショップが集団浅慮に陥らないような情報提供（または外部講師による講演）、③楽観主義や倫理観・道徳観の欠如を指摘すること、④MECE思考*と効果的なファシリテーション・グラフィック（議論の視覚化）などの導入を行うとよい。

*MECE思考
100頁側注参照。

5　傍観者をつくらない

　「三人寄れば文殊の知恵」のことわざどおり、グループでディスカッションを行えばより良い結果が得られるとは必ずしも限らない。3人集まれば3人以上の成果が出る場合もあるが、その逆もある。グループディスカッションを行う場合、人数の増加に伴って一人当たりのテーマへの貢献度が低下する現象がある。これを「社会的手抜き（Ringelmann effect）」または「傍観者の心理」という。

> **事例④**　ワークショップを開いたところ、都合により1グループ8名という大人数になってしまった。さらにアイスブレイクがうまくいかず、参加者が打ち解けないまま議論の時間が進行していった。議論をしている人はほぼ4名に固定されてきて、他の4名は参加しない。結論は合意しなくてもいいという前提になっていたので、緊張感のない雰囲気で時間は過ぎていった。結果的に、誰かが話してくれているから自分が発言する必要もないという心理が何人かに出てしまった。

社会的手抜き（傍観者の心理）は、社会心理学では綱引きの実験で実証されている。1対1で綱引きをすると、お互い最大の力を出す。2対2で綱引きをすると1人の力は93%に減少し、3対3で綱引きをしたときには85%となり、8対8となると49%にまで減少した。個々人の責任が明確でない場合、傍観者の心理が生まれ、責任を負うプレッシャーを放棄し、傍観者として何事もなく通り過ぎようという無意識の選択が行われる可能性がある。

このような状況にならないように、ファシリテーターは次のことを心がけたい。

①参加者一人ひとりが責任の持てるグループサイズにする
②なぜこの場に集まったのか、ねらいやゴールの確認を行う
③目標設定（いつまでに何をするのか）を明確にする
④テーマへの魅力ある話題提供など動機づけを行う

ふりかえり

□ グループで同調行動が見られるときは、視点をずらす（リフレーミング）ことが有効。
□ リスキーシフトが感じられたら、冷静になって議論を戻してみたり、客観的、論理的な思考を促したりしてみる。
□ 「仲良しグループ」に創造性は働かない。いい意味で場を崩す工夫を。
□ 学習者のコミット（参加感）を高めるため、傍観者はつくらない。

コラム 6-3

没個人化

ワークショップを行っている最中、他の参加者を感情的に攻撃するなど、一人でいるときには決してしないような非常識な行動をとる参加者が見られることがあります。ワークショップの前提として、年齢、性別、職業などを考慮せずにフラットな関係での議論を進める場合（多少なりとも匿名性が生じる場合）、まれにこのようなことが起こります。

こうしたことは誰にでも起こりうることで、利害関係が及ばないからこそ、無配慮な行動になります。これを防ぐためにはワークショップを始める前に「参加者同士で誹謗中傷しないこと」などグランドルールを言明し、徹底しておくことが重要です。言いたいことだけを言って憂さを晴らすような言動は、場をつまらなくし、結果的にその個人にとってもメリットがないことを言い添えておきましょう。

ワークショップに限らず、集団で匿名性がある場合は、社会的に望ましくない発言を引き起こしやすいものです。とりわけ昨今のネット社会においては顕著で、ツイッター、ブログなどがこの典型例とされます。このような現象をフェスティンガーは「没個人化（de-individuation）」と称しました。文字通り、そうした言動をとってしまうことは、学習者自身のその場にいる存在価値を失くしてしまうものなのです。

第 7 章

場をみる

ファシリの心得 ● 7

　ファシリテーターのやるべきことというのは、しゃべって指示を出したり、意見をまとめたりすることだけではない。動きのあるときにどうしても脚光を浴びるので、そうした役割が目立ってしまうが、むしろそうでない時間のほうが長く、動きのないときにこそ、どうしているかが重要になってくる。

　学習者中心であるからこそ、彼らが思考したり、作業したりする場面を注視し、場が動いていくさまを感じとることにファシリテーターの本分が見出される。

1.「みること」と「きくこと」
「場づくり」は「場をみる」ことからも　心地よい学びの場を

場づくりに必要なこととしてアイスブレイクや空間デザインの重要性は話してきましたが、学習者との関係性をどう築くかという意味においては、「今ここで何が起こっているのか」、場の状況を把握することも重要です。個々の学習者の反応含め、場の見立てがしっかりできれば、ともに心地よい学びの場を形成していくことができます。

1-1　「場をみる」とは？

　「みる」と聞いていくつの漢字を思い浮かべることができるだろうか？　実際に辞書を引いてみてほしいのだが、おおよそ次の漢字が挙がってくるだろう。こうして並べてみると「見方」は実に多様であることに気づかされる。

> 見：物の存在・形・ようすなど、みえるものを目にとめる。わかる。
> 視：まっすぐ目をむけてみる。注意してよくみる。
> 看：みまもる。世話をする。「手＋目」で手をかざしてよくみることを示す。
> 覧：高い所から下のものを見回す。あまねく見て回る。全体に目を通す。
> 観：多くを並べて見比べる。見渡して見比べる。
> 診：見落としのないように隅々までみて、その事柄について判断を下す。
>
> （『漢字源』より）

　これらさまざまにある「みる」はすべてファシリテーターにとって必要な資質であり、スキルである。単純に視覚的に「見る」ということには、学習者にまっすぐ眼差しを向けたり、様子をみまもったりし、時には全体を俯瞰し、見比べ、隅々まで細心の注意を払って「みる」という意味合いが込められてくる。

　つまり、ファシリテーターが「みる」ということには、その場の空気感のようなものを感じ取っていくことが加味される。そうした配慮をファシリテーターができるかということが、学習者が心地よく学べていけるかどうかという分かれ目となる。**しゃべっていないときこそ、ファシリテーターの真骨頂**だと言える。

　例えば、配慮すべき点は下記に及ぶ。

> ・小さなつぶやき、表情の変化をみる
> ・指示が伝わっているかどうか、ワークや議論が滞っていないかをみる（必要であれば介入も）
> ・学習者の体調や気分、テンションをみる（具合悪そうにしていないか、気乗りしない学習者はいないか）

第7章　場をみる

- 場の管理と配慮（空調が効きすぎていないか、周りが騒がしく集中力を削ぐことになっていないか）
- 都合のいいところだけでなく、全体をみる（盛り上がっているグループだけでなく、盛り上がっていないグループへも視線を注ぐ）

1-2　傾聴する

　ファシリテーターがすべきなのは「聞く」ことではなく、「聴く」ことである。この違い、次の空欄を埋めようと思えば気づくことができるかもしれない。

〈聴く〉→（　　　　）で聴き、（　　　　）で聴き、（　　　　）で聴く

　思いつかなければ、下の２つの「きく」という漢字の印象をそれぞれに挙げてみてほしい。あるいは、２つの漢字に共通していること、違っていることを挙げてみるのもいいだろう。その方が、違いがより鮮明に見えてくるにちがいない。

　共通しているのは、言わずもがな「耳」という文字が入っていることである。違っているのは（左の「聞」になくて右の「聴」にあるもの）、「聴」には「目」があり（90度回転させる必要があるが）、「心」がある。つまり、同じ「きく」でも「聞」と「聴」では姿勢に大きな違いが表れている。「聞」は門の前に仁王立ちになって腕組みをし、「聞いてやろう」という風に見えなくもない。一方で、「聴」のほ

コラム7-1

音環境も空間デザイン

　サウンドコンサルタントのジュリアン・トレジャー氏が気にかけるのは、昨今の教育現場の音環境にあります。例えば、一般的な教室において4列目の語音明瞭度はたったの50％であり、残響時間が短くなるような空間づくりが重要だと主張しています。なぜなら、聞こえやすくなった教室では子どものふるまいが良くなり、成績も上がったという調査結果があるからです。かなりクリアになる残響時間0.4秒の教室にするのには2500ポンド（40万円前後）ほどの費用で改修できるにも関わらず、多くの教室は音環境には配慮を得られていないのです。

　ファシリテーションにおいて「空間デザイン」という場合、机や椅子のセッティングによる効用を気にすることは多いのですが、これまであまり音という視点には配慮されてこなかったように思います。これからは、音の効果も空間デザインのひとつの重要な要素として加味しなければいけないでしょう。まずはファシリテーター自身の発声練習からすべきかもしれません。

うはしっかりと相手の目を見て、うんうんと頷きながら「あなたの話をしっかりと聴いていますよ」と心をきちんと向けているようにも思える。

　学生たちに同じことを訊いたとき、韓国からの留学生が２つの漢字を見比べて「"聴"のほうが"聞"より耳という字が大きく見えます」と言ったことには正鵠を射ていると感心させられた。また、あるファシリテーターはワークショップの中で「聴」の漢字の右側が「十四の心」とも読めることから「"聴く"ということは14ものさまざまな心持ちが必要なのです」と語っていた。

　単なる漢字の違いではあるが、ファシリテーションにおいては、この２つの漢字を意識的に使い分けることの意味は大きい。場づくりをしていくにあたって、学習者とどう信頼関係を築いていくかが肝心であり、相手の話をぞんざいに聞くのか、心を傾けて聴くのかでは、その後の学習者の心の開き具合に影響していく。大事なのは、まずラポール*を築こうとするファシリテーターの姿勢である。そのためには「聴」という字が入った**傾聴**することが必要である。

　低迷していた日産をV字回復させたCEOのカルロス・ゴーン氏は、とにかく人の話をよく聴いたという。そうして現場の声を拾い、今何が必要かを考えていったのだ。彼は雑誌のインタビューでこう答えている。

　「神様は２つの耳と１つの口しかつくらなかった。口より耳のほうが多いのだから、話すよりも２倍の量を聞かなければならない。」*

　カルロス・ゴーン氏がしていたのはまさに「傾聴」である。社員の声に「耳を傾ける」ことからしか問題の解決はありえないと直感していたからこその真摯な姿勢である。

　「傾聴」はActive listening*と英訳されることもあるが、なおざりにではなく、積極的に聴こうとするファシリテーターの態度として次のことを意識したい。

*ラポール
心理学用語でセラピストとクライアントとの間における、相互に信頼し合え、安心して自由に感情の交流を行える心的状態のことをいう。

*『週刊ダイヤモンド』（2002年9月21日号）特集「コミュニケーションの極意」でのインタビュー記事より。

* Active listening
「積極的傾聴」とも訳され、カール・ロジャースが提唱したもので、カウンセリングにおけるコミュニケーション技法のひとつ。共感的理解、受容の精神、誠実な態度が重要で、それらを話すことで表現するのは難しいが、聴くことで伝えることはできる。

- ・相手に興味を持つ
- ・話に興味を持つ
- ・自分の枠組み（価値観、経験など）にはめ込まない
- ・言葉以外の部分（表情、声のトーン、しぐさなど）にも心を傾ける
- ・相手の話を促し、勇気づける（うなずき、相づちなど）
- ・時には待ってみる（積極的沈黙＝声なき声、内なる声を聴こうとする）

第 7 章　場をみる

> 【参考】　傾聴する際に意識したい「ペーシング」や「ミラーリング」といった手法もある。
> 　　　　「ペーシング」とは、話すテンポ、声の大きさ、声のトーン、口調などを相手と合わせることで、「ミラーリング」とは、相手のしぐさを鏡のように真似ることである。意識的にそれを行うことで、話している相手は共感してもらえていると実感するようになるが、あまり度が過ぎるとわざとらしくなり、むしろいやみに捉えられなくもないので、十分に注意したい。

ふりかえり
- □ 多様な「見方」をして、場を見て、場をつくる。
- □ 傾聴の姿勢を忘れない。しゃべっていないときこそがファシリテーターの本分！

やってみよう　「傾聴ワーク」を体験してみよう

① ペアをつくって、ジャンケンで話し手と聞き手を決める。
② テーマを適当に決めて話し手に1分程度話をしてもらうが、双方が正面を見るようにして目が合わないように椅子を並べて座る（写真上参照）。かつ、聞き手は話し手の話に一切反応しないようにする（しゃべらない、目を合わせない、頷かない、相づちを打たない、じっとしているなど）。

※より体験を際立たせたい場合は、聞き手に相手が嫌だと思う言動をあえてとるように指示する（そっぽを向く、足を組んだり腕組みをする、携帯電話をいじり始める、立ち上がって席を立つ、チェッと舌打ちするなど）
③ 時間が来たら合図をし、ペアでどんな感じがしたか、ふりかえる。（例：何が嫌だったか、どうしてほしかったか、普段と違ったことなど。また聞き手も演じてみて辛かったこと、できればよかったことなどを話す）
④ ペアで出てきたことを話してもらい、全体で共有する。
⑤ ふりかえりで出てきたことを参考に「ベストな聴き方」をペアで考える。
⑥ 今度は話し手と聞き手を交替し、同じように1分間、別のテーマで話をしてもらう。その際、ペアで考えた「ベストな聴き方」を実践してみる（写真下参照）。
⑦ 実践し終えたら、最初の時とどう感じが違ったか、ペアでふりかえる。
⑧ ペアでのふりかえりをもとに、「傾聴するとはどういうことか」、みんなで要素を挙げていき、整理する。

傾聴って思った以上に難しいですよね。
よく妻に「本当に私の話、聞いてんの！」って叱られます。

ファシリテーターの基本姿勢は普段から気にかけておくべきね。
ファシリテーション・スキルは日常でも役立つことだし。

2. ひろうこと
学びの空間にあふれる多様な言葉・しぐさ・心の動きをひろう

学習者は一人ひとり個性も学び方も違います。人数分の学びの形や色が多様にあるはずなのです。それらが表出されたり、表現されたりするプロセスやタイミングも人によってバラバラだから、その多様な場をどのように受けとめ、何をその中からひろっていくか、場づくりの仕方やプログラムの進行に大きく関わってきます。

2-1　「ひろう」ということ

　ここでの「ひろう」とは、学習者の意見や感想などの声のみならず、理解できずに顔をしかめたり、気づきのヒントを得てパッと表情が明るくなったり、あるいはグループワークが行き詰まってみんなでどんよりしたり、可視／不可視のちょっとした変化もろもろをひろうことを指している。学習者一人ひとりの学びや気づき、疑問や興味、その他、気持ちの様子などが無意識に表出されたり、意図的に表現されたり、もしくは表出も表現もされずに潜在していたりする。それらをひろうということは、ファシリテーターがその変化の機微を察知し、学習者に対してなんらかのアプローチをすること（何もしない、見守るということを含めて）を指している。だから、ひろうとは、「受けとる」「感じとる」「つかむ」などの言葉で語られることもある。

　一般的に、ひろうことは普段のコミュニケーションでなにげなく行われているものである。しかし、学びの場づくりを支えるファシリテーターとしては、ひろうことを意識して学習者と向き合うことが重要となる。それはひろうということが、学習者の気づきや疑問をつなぎ、そこから学習プロセスをともに紡いでいくきっかけとなるからだ。

2-2　ひろうことを意識することはなぜ大切か？

(1) 学習者の学びを中心にする

　めざす学びの場は、学習者の主体的な意見や気持ちが行動につながり、化学反応を起こして学びのカリキュラムを描けるようになることである。そのため、学習者の意見や気持ち、ことばやしぐさなどを幅広くひろい、それらを活かしてファシリテーションすることが重要になってくる。

　ひろうことしだいで、学習者の場に参加する度合い、発揮される主体性の度合いが変わっていくとも考えられる。ひろうことで、場の主人公である学習者の学び、気づき、気持ちに焦点が当てられ、かつ、それらの変化に対して反応し、応

答することで次の展開をみせていくことになる。学習者を軸にコミュニケーションが図られれば、その主体性はより増していく。

(2) ひろうことでつながる学びの場づくり

学習者の様子・ことば・しぐさをひろい、その背景にある意図や気持ちなどをつかもうとすることが、ファシリテーターの判断や働きかけのもととなってつながっていく。

例えば、授業中、一人の学習者が疑問を発し、何人かの学習者がその言葉を聴いてうなずいていたとする。その場合、ファシリテーターは、その表情をひろい、「共感している」と判断し、疑問を発した学習者の言葉をひろって板書する。それが次の調べ学習や話し合いのテーマになっていく可能性がある。

このように、学習者の興味・関心や疑問を中心にした学びの場づくりは、ファシリテーターが彼らの内面から発せられるさまざまなものをひろうことから始まる。それらを読み解き、活かして進めていくことが大切である。それらは本書の他の章で取り上げられたファシリテーションのキーワードともつながっており、必要不可欠なものとなっている（下図参照）。

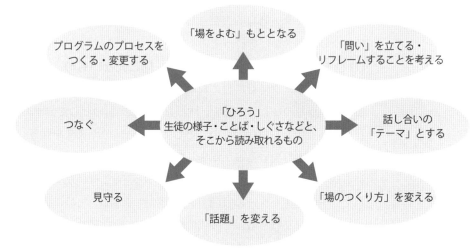

図　ひろうことでつながる学びの場づくり

2-3　どんなものをどうひろうのか？

(1) ひろうもの：目に見えるもの、耳で聞こえるもの

まずは、学習者の**ことば**が挙げられる。これは、他の学習者やファシリテーターへ向けた**発言**などのようなわかりやすい場合もあれば、自分に向かって発する独り言や、思わず出てしまったであろう**つぶやき**や**感嘆**も考えられる。基本的には発言を受けとめることも大切であるが、聞き逃してしまいがちなつぶやきや感嘆

にむしろ本音の部分が含まれていることが多く、ファシリテーターはひとところに落ち着いているのではなく、ワークや思考の邪魔にならないようにして全体を回り、その本音をひろいあげるようにしたい。そうしたつぶやきや感嘆は、その後の展開で重要な意味を持ち始めてくることがあるので、心に留めておきたい。

次に、**声**が挙げられる。ことばを届ける声の**大きさ**や**トーン**、**流暢さやふるえ**などが含まれる。また、ため息などの**息づかい**も学習者の様子を感じるものであるだろう。

さらには、学習者の**表情**、**視線**、**ジェスチャー・しぐさ**なども目に見えるものとして挙げられる。ここには学習者の**うなずき**なども含まれるだろう。

これらはわずかな変化にすぎないが、学習者の正直さが反映されている。凡庸なワークに退屈さを覚えても「すいません、全然おもしろくないんですけど」などと直截に発言する学習者はまずいない。むしろ気づかれない程度に（しかし「気づいてよ！」という明確な意思表示を込めて）、学習者はささやかなアピールをしていることもある。

これらのものが、学びの空間でどのように表出し、表現されているのか、さらにはプログラムの進行の中でどのように変化していくのかをひろっていきたい。ファシリテーターは目的と照らしながら、自分の経験や価値観にもとづいて即座に判断し、働きかけを行っていく。

(2) ひろうもの：目に見えないもの、聞こえないもの

ファシリテーターは、目に見えないものや聞こえないものもひろう。例えば**沈黙**がそのうちのひとつである。沈黙を何もないものとして流すのではなく、「何か意味があるかもしれないもの」としてひろい、その意味を問う。それは、真剣に頭の中で思索している様子かもしれないし、つまらないと思って無関心になっている様子かもしれない。もしくは、何をやっていいのかわかっていないが、まだそれをファシリテーターに質問できる関係性ではないために何もできずにいるのかもしれない。これらは、その場の関係性や文脈などをふまえ、目に見える表情などをもとに推測され、意味づけが行われていく。

(3) ひろうもの：見えるもの・聞こえるものの背景にあるもの

ファシリテーターは、(1)のような目に見えるものや聴きとれるもの、さらには(2)のような沈黙などの背景にあるものを探り、くみ取ろうとする。言葉や表情の背景にある、学習者の意見や興味（学習意欲、好奇心など）、課題、疑問、気持ち（驚き、満足、不満、ワクワク感、不安など）や願いなどをつかもうとする。

例えば、「えー、わからない」という言葉が発せられた場合、「どうしてわからないのかな？」と単刀直入に聞き返すことは、「わからない」という（ネガティブな）ことにあえて烙印を押すことになりかねない。原因を追及したところで「課題を

してこなかったから」「俺、アタマ悪いし」と後ろ向きな発言を引き出しがちになる。人は会話の中でどうしても安易に"Why"を使いたがるが、"What"を使って「何がわからないのかな？」とその要素を引き出してあげるほうが、「一緒に考えてみようよ」という寄り添う前向きなメッセージとなる。もちろん、自分の中ではその理由を問うことは大切だが、"Why"を使って相手に問うと強い言い方に受け取られるので（70頁参照）、その使用は学習者との関係性次第である。

また、言葉をそのまま「わからない」という意味だけで受けとれもするし、「わからないからもっと知りたい」と学習意欲にあふれ、ウキウキしながら発せられたものとも受けとれる。はたまた「わからないからもっとこっちに働きかけて」というファシリテーターの手助けをもとめるSOSとしてとらえたり、もしくは「わからないのでもう参加したくない」という意思表示としても受けとれたり、さまざまな可能性がある。この場合は、少し経過をみて、前項の「目に見えるもの、耳に聞こえるもの」のわずかな変化をいくつか集めて判断していきたい。

(4) シチュエーションやテーマによってもひろうものは多様

学習者は、いろいろなベクトルで発信している。発問をしたり、指示をしたりしている際、働きかけをしているファシリテーターに向かって学習者が反応を見せている場合がある。また、学習者同士でも、他の学習者の発言や行動をみて感じたことから発しているものもあれば、意見交換や共同作業などを通した学習者同士の関わり合いのなかで発しているものもある。さらには、一人作業の中で黙々と作業をしている際にしか現れない、学習者個人個人の様子もあるだろう。

このように、さまざまなベクトルで発しているものをひろうことによって、ファシリテーターはどのように場をよみ、働きかけるのか（もしくは見守るのか）を考える必要がある。

また、話し合いのテーマや、作業の種別によっても、学習者が見せる姿や発する言葉は多様である。どんなシチュエーションで何が表出するか、表現されるかは学習者一人ひとりの個性とも密接に関わっていて、それらをファシリテーターがどのように発見してひろい、学びの場づくりに活かしていくのか、それによって学習者の学びへの主体性や参加も変わってくる。

注意したいのは、シチュエーションやテーマを設けるということは、誤解を恐れずに言えば、学習者に制約をかけ、ある意味コントロールしているとも言える。例えば、わざと情報量を少なくしてワークに取り組んでもらうことは、「先入観や偏見で言動を選ぶ」という想定に置いていることになる。そうであれば、そこで見せる反応というのは、「その場限りの特定のもの」であるかもしれないということには配慮しておきたい。その場合は、十分に「ふりかえり」に時間をかけ、どういう学びのプロセスを踏み、どんな心境の変化を感じたのか、その意味を互

いにひろうことが大事になってくる。

2-4 ひろうことの難しさや落とし穴

(1) 一人の人間ができる「ひろう」には限界がある

　当然のことであるが、一人の人間であるファシリテーターが、複数いる学習者のさまざまな言葉やしぐさをひろうには限界がある。そもそも無理であり、それを前提としないと常に緊張感をもってアンテナを張らなければいけないと思い、パンクしたり、慌てたりしてしまう。すべてをひろうことは難しい。一人の人間の眼、耳、身体で感じることには限界があって、すべては無理である。

　正確にひろうことも難しい。そもそも、人の言葉やしぐさ、その背景にあるものを読みとこうとするときに、きちんと「正確に」できることなどあるのだろうか。これらの難しさや限界を知っておくことが大切である。

(2) ひろうことが与えるプレッシャー

　ひろうことに躍起になってしまうと、学習者を観察するまなざしが強くなりすぎたり、敏感になりすぎたりしてしまうかもしれない。そうすれば、学習者にはかえってプレッシャーになってしまう。あくまで自然体でいることが、いちばん難しいことではあるが、それがお互いにはよい。

　また、学習者の気づきや気持ちの変化を発言や表情からひろったとしても、それをそのまま態度に出していい場合とそうでない場合もあるだろう。例えば、「知ってもらえているうれしさ」「見守ってもらっている安心感」といったようなポジティブな影響をもたらす場合だと考えれば、態度に出すことはいい。しかし、一方で、知らん顔をしていたほうが、学習者がのびのびと主体的に考えたり、活動したりする場合もあるだろう。

(3) ひろうことのパラドックス

　何かをひろう、さらには、ひろった学習者の疑問や興味をどのように活かすか考える場合、そこにはパラドックスが存在する。つまり、何かをひろうことは、なにかをひろわないことを意味するからである。また、複数のものをひろい、どのように活かすのかを考える場合、「活かされないもの」もあるかもしれないことを意味する。このような「ひろわれていないかもしれないもの」や、「活かされていないかもしれないもの」が、ひろうことによって生まれてしまうことを承知しておくことが大切である。それらは時に、学習者の学びへの参加、気づきへのきっかけづくりを妨げてしまう恐れがあるからである。そして、すべてをひろうことには限界があるからこそ、無意識のうちに「ひろわないもの」が生み出されている。

第7章 場をみる

(4) 人間はひろうための固有のレンズをもっている

人はそれぞれ、人生を通してさまざまな価値観を内面化している。ファシリテーターも一人の人間なので、ある価値観を持っているし、さらに言えば、実践の中で積み上げられた経験やなにがしかの教育観を持っている。それがレンズとなって、同じ学習者の様子、言葉やしぐさなどを前にして、ファシリテーターによって自然にひろうものとして目につくものや耳にするものが違ってくる。また、ひろったものの背景にあるものを読みとこうとすれば、なおのこと、そのファシリテーターの価値観が反映される。ひろうことに偏見が入りこむ危険性もそこにある。

このように、ひろうことには、自身の価値観が反映されているかもしれないので注意したい。

(5) 難しさや落とし穴を乗り越えるための「心がけ」と「問い」

たしかに、上記のようにひろうことには難しさも落とし穴もある。しかしながら、なるべくアンテナを自然に張り、努めて学習者の学びや気づきをひろうこと、学習者の興味・関心や疑問、参加して感じていることなどをひろうことを意識するのは重要である。学習者の学びへの関わり方を豊かにする場づくりや働きかけにつながるからである。

そのような可能性を広げ、難しさや落とし穴を乗り越えるために、なるべく幅を広げて、多様なものをひろう心がけが大切である。また、自分のレンズの特色や視野の限界を知っておくことで、そのレンズからこぼれ落ちていることがあるかもしれないことも意識し、配慮するよう心がけたい。

さらには、その心がけを可能にするために、自分がひろえている範囲はどのくらいか、自分の判断はあっていたのか、より価値あるものにしていくためにはどのようにしたらいいのか、また、「ひろえていないもの」によってマイナスの影響をつくっていないか、自分がひろっているものの特徴とその土台となっている自分の価値観はどのようなものか、自分への「問い」を立てておくことが重要である。

2-5 ひろう幅が広がり、多様になることの贅沢

ひろうことの対象が多様になり、どのようにひろうのかという視点やひろい方が増えることはファシリテーターとしての贅沢であり、学習者が学びあう可能性を広げている瞬間に遭遇することはファシリテーターにとって至福のときである。ひろう幅が広がり、多様になるということが贅沢であり、至福であるというのは次の結果を生むからこそ言えることである。

- 学習者一人ひとりの個性から生まれる反応、気づきや学び、疑問に気づくきっかけが広がる。そして、それはそのまま一人ひとりのかけがえのない個性を知ることにつながっていき、同時に学びの場における多様な学習者たちの姿を感じることにつながっていく。
- 学習者同士の働きかけ、ファシリテーターからの働きかけによる多様な反応に気づくことを通し、学びの関係性が重層的に交錯している様子を感じるきっかけとなる。とくに参加型学習の場では、参加している学習者はその時に応じて、さまざまな役割を担い、グループワークなどを進める。その多様な役割が、もともと多様な個性を持つ学習者一人ひとりを関わりあわせ、そこから起こる変化（成長）を感じることにつながっていく。
- ひろうことの視点や対象が多様になることで、それらを活かして、より多種多様で変化に富むデザインが可能になる。一人ひとりの個性が、ダイナミックに学びの場をつくり、学びのプロセスを描く創造的活動につながっていく。

ふりかえり

- □ ひろうということは、学習者が学習プロセスの中心（主体者）となることを支えること。
- □ ひろうものには、目に見えるもの／耳で聞こえるものばかりでなく、そうでないもの、あるいはその背景にあるものまでがあり、それらを幅広く、多様に汲み取っていくことが大切である。
- □ 一人のファシリテーターがひろうことには、限界や矛盾、難しさや落とし穴があることを理解しておき、常に自分に対し、それらを確認するよう問い続ける心がけが必要である。
- □ 効果的にひろい、活かすことにより、学習者の学びあう可能性を広げていくことができる。

子どもたちの言葉や表情の奥にはひろうべきものがたくさんあるんですね。

そうそう、声なき声をどれだけひろえるかというのが大事ね。

第8章

マネジメントする

ファシリの心得●8

「マネジメントする（管理する）」というとビジネスライクで非常に冷たい響きがあるが、対立解消や合意形成を図ろうとするとどうしても感情的になり、収拾がつかなくなってしまう。ファシリテーターは時に「交通整理役」とも言われるが、一人交差点に立つことで渋滞が緩和され、スムーズな流れが取り戻されるように、状況をマネジメントしていく必要がある。

ただ難しいのは、単に論理的に説明、説得すれば人は納得するのかというとそうではない。ゴールにたどり着くまでに、どういう道のりをみんなで経てきたのかというプロセスいかんである。そのプロセスをどう踏むかがファシリテーションの肝となる。

1. 対立を解消する
ゼロサムからウィンウィンへ　共感的な理解を促す

「対立」というとなにか良くないことのように思えたり、なるべく避けようとしたりするものです。どうも私たちは争いは起こさず、穏便に済まそうとしがちです。でも、「対立」は考えようによっては、こだわっていたものから解放され、新しいものを発見するチャンスでもあるのです！　そういった前向きな思考でグループの可能性を引き出しましょう。

1-1　「3つのP」で見る

対立が起こる場合の多くは、互いが視野狭窄に陥っている可能性が高い。それぞれがそれぞれに「正しい」「普通（当然）だ」と思い込んでいるたったひとつの信念にすがっている。そういう者同士が対峙している状況においては、議論すればするほど糸はどんどん絡まっていくばかりである。そうした糸をほぐしていくのもファシリテーターの役割となってくる。

そのためには、まずどこに対立（コンフリクト）があるのかをはっきりさせる必要がある。当たり前としていることは往々にして、ある文化における価値観、習慣や風俗、あるいは言葉の捉え方に違いがあり、それが原因で対立を生じさせてしまっている。視点を変えてみて、何が一致していて、何が対立しているのか、そのポイントを明らかにし、相互理解を図るきっかけとしたい。絡まった糸を解くヒントは **3つのP** *にある。

＊3つのP
基本的な考え方は第4章第4節で取り上げたリフレーミングと一緒である。

■ **Purpose（目的）——より高い目的から見る**
両者が一致できる共通の目的を見つけ出す。
効果的な方法　「なぜ？」の問いかけを繰り返す。それを階層図（ツリー型）で整理をする。

■ **Perspective（視点）——より広い視点から見る**
ズームイン（焦点化）したり、ズームアウト（俯瞰）したりしてみる。「虫の目／鳥の目」で見る。
効果的な方法　時間的視点（例：短期か長期か）、空間的視点（例：国内レベルか世界レベルか）で捉え直す。

■ **Position（立場）——第三者の立場から見る**
当事者ではない別の立場（第三者）で考えてみる。複数の視点で問題を眺め直してみる。
効果的な方法　主語を変えてみる（例：「男性だったら／女性だったら」「子どもだったら／大人だったら」「アジアだったら／欧米だったら」など）

1-2　インタレスト分析からのWIN-WINアプローチ

　例え話をひとつ。ある家族が夏休みの計画を立てようと家族会議を開いた。父は「山へハイキングに行こう」と言い、母は「山なんか嫌だわ。街へショッピングに出かけましょう」と言う。娘は「映画でいいじゃん」と言い、息子は「やっぱり海水浴でしょ」と言う。さらに突き詰めていくと、「夏休みなんだから自然を満喫しよう」というアウトドア派の父・息子同盟と「暑くて熱中症になるのはごめん！」というインドア派の母・娘同盟に分裂した。しかし、よくよく聞いてみると、父は「ふだん忙しくて家族一緒にいられないから、みんなで山を登るのもいいと思って」と言い、母は「これまでの労をねぎらって、それぞれにご褒美を贈ろうとみんなでデパートをめぐるのもいいんじゃない」と言う。娘は「観賞後にみんなであれこれ批評しあうのはきっと楽しいはず」と言い、息子は「スイカ割りはひとりでやっても面白くないじゃん」と言う。「な～んだ、つまり、みんな家族一緒でいたいってことか。じゃ、わざわざ外になんか出かけず、家で焼き肉パーティーでもするか」という結論に落ち着いた。笑い話のような例えだが、一見、対立して見えるようなことも掘り下げてみたら着地点が見つかるということはある。

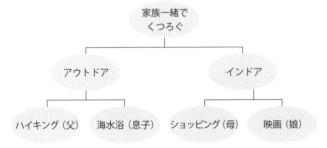

　これは前項「3つのP」のPurpose（より高い目的から見る）の視点から見ていき、階層図（第5章参照）で整理してみるとクリアになる。

　当事者の主張だけに焦点を当てると双方に利害があり、対立しているようにしか見えない。しかし、その主張の背景にあるものを「なぜ？」と探っていくと意外にも通底するものがあると発見できることがある。

　この例で言えば、「行く場所」というところに焦点を当てると当事者間の意見の食い違いは明確で、埒があかないように思える。しかし、その主張の**インタレスト（関心・懸念）が何**かということを分析していくと、それら主張の背景にあるものは共通していたことがわかる。そうなると「どこに行きたいか？」ではなく、「家族で一緒にくつろぐ過ごし方は？」と問いの立て方自体が変わってくる。それでは堂々巡りになるのではないかという懸念も出てくるであろう。それでも問いに対しての回答が、対立を生みやすいものが予測される聞き方よりもポジティブで創造的な話し合いになりやすい聞き方を選択するほうがよい。

　また、こんな例え話もある。1個のオレンジをめぐってケンカをしている姉妹がいた。母親が「半分こにしてはどう？」と言っても「ジャンケンで決めたら？」

と言っても双方に譲らない。半分にすることは要求の50％しか満たさないことであり、ジャンケンで決めることはWIN-LOSEの関係となってリスクが高く、どちらか一方の満足度はゼロになってしまうからだ。そこで「なぜオレンジが丸ごと欲しいの？」と問いかけてみると（ここがインタレスト分析）、姉は「皮をオレンジピールにしたい」のだと言い、妹は「果実をオレンジジュースにしたい」のだと言う。母親は微笑みながらオレンジの皮を剥いて姉にやり、残りを妹にあげて一件落着となった（133頁「やってみよう」参照）。

どちらの例え話もうまくできすぎていて、現実的にはなかなかそうはいかないかもしれない。それでも表層だけを捉えて議論することは、意見の重なりを見つける可能性を極端に狭めている。そのもったいなさには気づいておいたほうがいい。それはまさに氷山の一角だけをもとに議論しているにすぎないからだ。「なぜ？」と背景にあるものを探ろうとせずに、水面下に広がる可能性を無下にするようなことだけはしたくない。

1-3　本質を見きわめる

話し合いにおいて述べられる発言は、その強弱によってその場の雰囲気を左右し、全体の意思決定に大きく影響を及ぼすことがある。気をつけなければいけないのは、その強弱が単なる勢いや凄みであって、本質的なところをついていないとなれば、誤解に基づいた決定になってしまうということである。

ありがちなのは**「意見（主観）」と「事実（客観）」の混同**だ。例えば、新聞に掲載されていることやニュースでキャスターが述べていることは事実として鵜呑みにしていることが多いが、きちんと読み取ると、あたかも事実のごとく述べた意見にすぎないことがある。

〈新聞例〉　A大臣は、関連政治団体の不透明な収支を巡る問題で、昨日、B首相に辞表を提出した。◀事実
野党はA大臣の不信任決議案を提出する検討を始めており、辞任は避けられない情勢となっている。◀意見

また、**「現象」と「原因」の混同**もよくある。原因を問う質問に対して、根本的な回答になりえていない場合があるので注意したい。例えば次のようなやり取りがそうである。

〈例〉　問い：「なぜ、差別・偏見はなくならないと思いますか？」
　　　回答：「ヘイトスピーチをする人たちがいるから」「いじめがあるから」

第8章 マネジメントする

これらは「原因」そのものというよりもそこから引き出された結果であり、「現象」にすぎない。ブレーンストーミングの段階であれば、こうした回答も許される。しかし、これらはあくまで本質的な回答にいたる前段であり、それを手がかりにより深めていく問いかけ（例：「ヘイトスピーチをする人たちのきっかけはなんだったのでしょうか？」「いじめの原因と思われるものをいくつか挙げてもらえませんか？」）をしていくことが必要になってくる。

話し合いの場において、まずは議論の階層を揃えなければならない。それは対立というよりも単なる食い違いにすぎないケースもあるからだ。

1-4　協調的な関係性を築く

対立を解消するというよりは、そもそも対立を生まない、あるいは対立を効果的に活用し、創造的な場面に転換できる関係性を築いておきたい。そうしたチームの信頼関係づくりのプロセス自体が **WIN-WIN を志向する**気運ともなり、メンバーのエンパワーにもつながっていく。

(1) 共感する

人質解放の交渉を任された国連外交官ジャンドメニコ・ピッコは、目隠しをされてテロリストの潜伏場所に連れていかれた。目隠しを外されると、目の前には犯人グループのリーダーとおぼしき人物がいて、周りは機関銃で武装し、覆面姿の男たちに取り囲まれていた。長い沈黙の後、その緊迫した場面で、ピッコが発した言葉は「子どもはいるのか？」だった。それにリーダー格の男は「ああ」と答え、ピッコは「私にもいる」と応答する。「では、あなたがこういうことをしているのは、子どもたちによりよい世界を残したいからなのか？」と問うと、「当然だ」と男は答える。「ということは、私たちはどちらも父親で、子どもたちによりよい世界を残したいと思っているということになる」とピッコが言うと、互いに強い好奇心を示し、人質解放へと向かう結果となった（ガーゾン、2010*）。

＊マーク・ガーゾン『世界で生きる力 自分を本当にグローバル化する4つのステップ』英治出版、2010年

共感するということは、**相手の懐に入る**ことである。双方の間にある境界線をいつまでも越えようとせず反目しあっていては、対立は対立のままであり続ける。

(2) ちがい・多様性を歓迎する

心理学的には、人は反証的な情報よりも確証的な情報を重視する割合が2倍以上も高いのだという。つまり、自分の意見を支持する情報に傾きやすい。だから、企業買収する際、メディアの称賛を受けるなどして自信過剰になったCEOは高額なプレミアムをつける傾向があるとの調査結果がある。しかし、周囲に反論してくれる人々がいれば、買収プレミアムは低く抑えられたとも、その調査では言及している。

ここで言えるのは、**反証的な情報に目をつぶってはいけない**ということであり、

時にそちらにこそ意義を見出せるということである。ちがいを受け入れる度量がなくては、正しく判断することはできない。

カトリック教会では、聖人に指名する人を決める手続きにおいて、あえて反対意見を述べる「悪の代弁者」役を置いてきたのはその証である。教会内ではその役を「信頼の促進者」とも呼んでもおり（ただし、この制度は1983年に廃止されてしまっている）、ちがいを受け入れる土壌をつくっている（ハース、2013*）。

＊チップ・ハース＆ダン・ハース『決定力 正解を導く4つのプロセス』早川書房、2013年

(3) 主張する

ミツバチたちが新しい巣をどこにするか決めるプロセスは、実に民主的であり、常に最良の巣を選択する意思決定が行われている。その秘訣は、全ての意見が歓迎され、尊重されることにある。探索するハチたちの個性は豊かで、同じ一帯を探ることは決してなく、あちこちに飛びまわっていく。そして、それらの情報はどんなに質が低くても遠慮なく場に提示され、主張される。興味深いのは、それらはリーダーの指図を受けずに行われており、リーダーの影響力は最小限に抑えられているという点である（シーリー、2013*）。

＊トーマス・シーリー『ミツバチの会議 なぜ常に最良の意思決定ができるのか』築地書館、2013年

きちんと主張しあえる場でなければ、最良の意思決定にはつながっていかない。

(4) 感情に対処する

感情そのものは悪いわけではない。時にそれはエネルギーともなり、変化をもたらすカンフル剤ともなる。しかし、ただただ感情にまかせて言動を取ることになると他者を傷つけたり、場をしらけさせたりすることになる。人にはさまざまな感情があり、それを理解し、活かす方向に対処していきたい。

とりわけ、議論が白熱すると気持ちが先行してしまい、怒りをぶちまけてしまうことがある。まずは、気持ちを鎮めて、冷静になる必要がある。「ちょっと議論を整理してみましょうか」とファシリテーターが割って入って、少しの間を置くだけでも効果はある。

その際、テンションがあがってしまったメンバーの意見をまずは受け入れることも忘れてはいけない。その上で、「私はこう思う」と**「私（I）メッセージ」で伝え合うこと**を意識させる。「あなた（YOU）メッセージ」はどうしても相手を攻撃したり、非難したりする言葉になってしまうが、「私（I）メッセージ」は断固とした態度でしっかり自分の思いを伝えることになる（これを**アサーティブネス assertiveness／アサーション assertion** という）。

また、侮辱したり、けなしたりする言葉ばかりが行き交う場では創造的に対立を解決することは難しい。互いの良いところを認めあい、正しく評価しようという肯定的な関係性を築きたい（そうした雰囲気づくりを**アファメーション affirmation** という）。

第8章　マネジメントする

> **ふりかえり**
> □「3つのP」を意識して、まずは対立の構造を読み解く。
> □ 意見と事実、現象と原因を混同しない。
> □ 創造的な解決を図るために、協調的な関係性をメンバー間に築く。
> □「悪の代弁者」の視点に目をつぶらず、「信頼の促進者」として活用する。
> □ アサーティブネスやアファメーションを意識する。

やってみよう

■ 次ページの **ワークシート4** が意図するものを読み取り、「対立解決」について話し合ってみましょう。
　① 次ページをコピーし、点線に沿ってマンガをコマごとにバラバラに切り分け、各グループ（またはペア）にセットにして配布する。
　② 自分たちでそれを並べ替え、自分たちなりのストーリーをつくる。
　③ つくったストーリーを発表する。（または各グループを回り、どのように並べ替えたか、見て回る）
　④ それぞれのストーリーから「対立解決」に向けて必要なことを話し合う。

■ 新聞記事の文章を読み（リード文だけでもよい）、一文一文、それが「意見」なのか、「事実」なのか、判断してみよう。

まずはクラスに「ちがいは大歓迎！」という雰囲気をつくらないといけないですね。

そうなれば、子どもたちの発想がどんどんクリエイティブになり、すごいクラスになりますね。

ワークシート4
オレンジの取り合い
（WIN-WIN アプローチ）

キリトリ

2. 合意形成・意思決定とオープンエンド
みんなの意見をまとめるってどういうこと？　まとめる必要あり？

背景も価値観も違う学習者全員の意見をまとめるというのは至難の業です。一方で、みんながバラバラな意見のままでよいわけでもありません。時に、意思決定し、みんなで前に進まなければなければならない局面では、強制でも説得でもないプロセスを共有していく必要があります。強引に手っ取り早く結論にいたることは、のちのち議論がひっくり返され、元の木阿弥となります。つまり「急いては事を仕損ずる」なのです。

2-1　「合意」と「同意」は別物

　全員が同じ意見であるということはありえない。ゆえに、全員一致の結論を導こうとすることは至難の業である。もし、学習者全員が「みんな同じ意見です」と言ったのであれば、口裏合わせをしているか、まるで何も考えていないかのどちらかである。そうした状態は少々気味が悪く、いぶかしがったほうがいい（強烈な独裁政治を敷いている国家を想像してもらえれば、その異常さは想像に難くない）。

　「合意」と「同意」は一緒くたにして使用しがちな用語であるが、別物である。たしかに辞書で調べれば、どちらもおおよそ「意見が一致する」といった意味になるが、その背景となるものには大きな違いがある。**「同意」は文字通り「同じ意見」となることであり、結果に対して納得する**ことである。だから、法曹界や医療現場といったその人の人生や生命に関わってくるような重要な決断を迫られたときに用いられるときが多い（例えば、「契約に同意する」「移植に同意する」など）。白黒はっきりした結論・結果を出すことが求められた場合は「同意」という言葉を一般的には使っている。その場合、とられる手段は、説得であったり、譲歩・妥協であったりもする。

　一方で、**「合意」は過程に対して納得する**ことである。「合意」という字を読み解けば、さまざまな人の価値観、意見、意志がある中で、それらをすり合わせて、形を成していくということになる。ここで言う「形を成す」というのは、小さな粘土の塊をごちゃ混ぜにし、新しい創作物をつくるイメージに近い。あるいは、いくつかあるアイデアの中から何かひとつを選択するような場合でも、誰かの意見がそのまま採用されるのではなく、そのAというアイデアに他の学習者たちのエッセンスも引き出し、取り込まれたA'になっているイメージである。つまり、そこに至る過程が納得のいく方法で進められたがゆえに、「自分の考えを根本的に変えたわけではないけども今回の結論はみんなにとってより公正で合理的だから合意する」となる。その場合、とられる手段は**対話（ダイアログ）**である。

　合意形成は、ディベートのように勝者敗者をはっきりさせて得られた結果では

135

なく、結論を導くプロセスにおいて、場を構成する学習者全員が自分の意見を十分に吐き出し、少しでも考慮してもらえたという感覚を持てたことを前提条件としている。だから、「同意を形成する」とは言わず、「合意を形成する」と言う。当然、ファシリテーターは、その**合意形成を図るプロセスのほうにコミット**していくのが役目である。

2-2 合意形成を促すスキル

　合意形成を図るのは至難の業であるからこそ、ファシリテーターは、グループで意思決定していくための道具（技法）をいくつか手持ちとして用意しておきたい。しかし、前置きしておくが、道具はあくまで道具で、最終的な判断をこれら道具によってだけ安易にもたらすことは極力避けたい。

①多数決

　多数決は最も一般的で、合理的で民主的＊と言われる方法である。しかし、必ずしも最善の策が選ばれるとは限らず、結果的に切り捨てられたという印象を少数派に与えるので十分な配慮が必要である。

　また、たくさん意見が出された場合、多数決の一種である次の2つを絞り込む技法として活用してみるといい。

・多重投票法

　一人が複数のアイデアに投票して（基本、一人が持つ投票数は揃えておく）、点数の少ないアイデアはメンバーの合意のもと除外するのが多重投票法＊である。この作業を何度か繰り返し、アイデアの数を減らしていく。最後に、得点が集中したアイデアがあれば、それが最良のものなのか再度議論して決めていく。

・ノミナル・グループ・プロセス

　問い（問題）に対する意見（アイデア）をブレーンストーミングして、挙げられたものを整理し、項目化（選択肢）する。それら項目を十分に吟味した上で、各メンバーが例えば1位に3点、2位に2点、3位に1点というように傾斜をつけて投票し、順位づけする。最後に各アイデアの得点を合計して、ベストなものを選んでいく。

②ランキング（順位づけ）

　学習テーマに即した問いに対して、考えうるアイデアを選択肢として挙げ（項目化・カード化する）、ある基準（重要度や緊急度、妥当性など）に照らし合わせて並べ替えていく。その過程で、自分の思い、考え、価値観が整理されていくことになる。

　また、他者と比較することで多様な価値観に触れることもでき、その違いを糸口に話し合いを行い、深めていく。

＊**民主主義の原則**
民主主義の原則は「多数決の原理」と「個人および少数派の権利の擁護」である。一見、矛盾に思えるこの2つが両輪となって、民主主義は真っ当に機能する。

＊**多重投票法**
似たものに、全体の過半数が取れるまで投票を続ける方法もある。1回の投票で過半数が取れなければ最低得票のものを除外した上で、再度投票を行う。
オリンピックの開催地は、この方法で決められる。

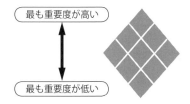
図　ダイヤモンドランキング

図　ピラミッドランキング

　留意すべきは、自分がつけた優先順位を発表して、互いの答えあわせだけに終始しないことである。重要なのは、その理由や背景をファシリテーターが引き出して、グループで共有することのほうだ。カード化された項目のどれかをそのまま解決策としていくことよりも、むしろそこで議論・考察されたことから何を読み取るのかが行動へつながるきっかけとなっていくからである。

　手法としては、ダイヤモンドランキングやピラミッドランキング（図）が有名である（「やってみよう」に実践例を掲載）。

③メリット・デメリット法

　選択肢に対して、メリットとデメリットを挙げて比較し、メリットがより大きいもの、あるいはデメリットがより小さく感じられるものを選ぶ。選択肢が少ない時やメリットとデメリットが直観的に挙げやすいときに適している。

　ファシリテーターは、できるだけたくさんのメリット／デメリットを挙げてもらい、学習者の判断材料を増やすように心がけたい。ただし、ここでもやはりそれらを項目として挙げてもらうだけではなく、なぜそれらをメリット／デメリットと考えたのか、深堀していく手間は省かない。方法としては、みんなでブレーンストーミングして出してもらったり、個人ワークとして付箋に書き落としたものを全体で共有したりすることが考えられる。その後の深堀していく作業で定性的な分析を学習者らと図っていきたい。

　この場合、留意したいのは、仮定としてA案とB案の2案に本当に集約していのか、他にアイデア、選択肢はないのかという検討は十分に行っておきたい。また、「〜をするべきか、否か？」という問いの設定は、事実上、ひとつのアイデアを検討しているにすぎないので、「他にアイデアはないか」と一度問うてみるといい（例えば、「遠足を高尾山にするか、否か？」という問いの設定は、高尾山というひとつの行き先に限定して議論していることになる）。

	A 案	B 案
メリット	① ② ③	① ② ③
デメリット	① ② ③	① ② ③

④ペイオフマトリクス

アイデアがたくさん出てきた時、判断すべき軸を2つ挙げ（例えば、効率的かどうか、将来性があるかどうか、など）、2×2のマトリクスを作成して、分類する。

この章冒頭の4コマ漫画のレクリエーションを例にして考えてみよう。「一人当たりの運動量」と「人気度」、その大小という軸でマトリクスを作成し、候補を当てはめていく。「一人当たりの運動量＝大」で、「人気度＝大」のものを優先するという基準であれば、下図の右上に位置するものを最良のアイデアとして採用する。ただし、設定する2軸が最優先すべきものとなっていなければ意味がないので、最初にその検討を十分にする必要がある。

〈参考例〉

	一人当たりの運動量　小	一人当たりの運動量　大
人気度　大	**大縄とび** 順番に飛ぶので待ち時間が長い	**ドッジボール** 男女ともにやり慣れている
人気度　小	**折り紙** 一部の女子だけがプッシュ	**サッカー** 男子だけに人気

以上が主だった方法だが、他にもさまざまなフレームワークがあるので、それを話し合いの整理に適宜活用していくといい。また、学習者の思いや考えを引き出し、話し合いを深めていくためには、学習状況の実態に合うような手法をいくつか組み合わせて活用するとよい。例えば、まず、ブレーンストーミングで付箋に意見を書き出し、次にラベルワーク（カードに情報、意見を書き出して一枚の紙に整理し、全体をみながら討議する）で付箋を分類し、キーワードを抽出していく。さらに、それら抽出されたキーワードでランキングを行い、意思決定への道筋を明らかにしていく。

このように、段階を経てワークを行っていくと、学習者が参加しやすく、学習テーマにコミットしている感覚が高まり、出された結果への納得感も高くなる。

2-3　合意形成へのプロセス

実際、グループメンバーで意思決定を行う時に、その決定の仕方（プロセス）が決まっていないことが多い。グループにおける意思決定のプロセスのタイプについて、シュワーツは次の4つのタイプを示している（シュワーツ、2005*）。

＊ロジャー・シュワーツ『ファシリテーション完全教本　最強のプロが教える理論・技術・実践のすべて』日本経済新聞社、2005年

① **相談型**：リーダーがメンバーに相談してから決定する。
② **民主型**：みんなで議論してから投票で決定する。
③ **コンセンサス型**：みんなで議論して、全員一致の賛成で決定する。
④ **委任型**：リーダーがグループに決定を委任する。

これを学校教育現場に置き換えてみると、①相談型は班長が中心となって意見

を提示していくイメージ、②民主型は多数決で決めるイメージ、③コンセンサス型は班長がファシリテーター役を担い、意見を収束させていくイメージ、④委任型は班のメンバー全員がファシリテーター的な姿勢で話し合いを進めていくイメージである。グループメンバーの成熟度合に応じて（つまり、他人任せから自主的・自律的なものへ）、上記のいずれかの型を取り入れていくことになるが、最終的には委任型ですべて学習者に任せていくのが理想的ではある。グループ（班、学級または団体）が成熟していくプロセスそれ自体を学習者たちがファシリテーター化していく学習プロセスとしていきたい。

■ファシリテーターとしての教師の関わりの仕方
 a 各班にファシリテーターとして参加する。
 b 学習課題にふさわしいゲストティーチャー（専門家）を活用する。
 c 班長をファシリテーターへ育てる。
 d グループメンバーにファシリテーター的な姿勢を育む

　グループで話し合いをするには進行役が必要である。各学級の生活班には班長がいるが、その決定は単純に立候補やジャンケンだったり、協議を経ずに決めていることがある。そのため、必ずしも意欲のある学習者が進行役をやるとは限らないし、意欲のある学習者が担当したとしても話し合いをどうやって進めてよいかわからず（スキルを知らない）、困ってしまっているケースがよく見られる。そういう状況においては、これまでさまざまな発表学習の経験を積んでいる場合を除いて、最初から学習者にグループでのフリーディスカッションを求めるのは困難である。

　そこで、例えば、次の3点を意識してプロセスを踏んでみてはどうであろうか。
　①最初は教師自身がファシリテーターとなり、各班に入っていき、状況の確認、丁寧な説明、方向性の示唆を行う。時間配分をして（あるいは授業ごとに）、順番に各班のディスカッションに教師も参加し、学習者一人ひとりの意見を引き出し、自分たちで意思決定していけるよう、一緒にプロセスを踏んでいく。まずはチームが活性化する瞬間をつくることに注力したい。
　②予算的なこともあるが、各班の話し合いに担当教師以外のゲストティーチャーや学習課題にあった専門家などにも参加してもらうとよい。その際、可能な限り事前の打ち合わせをしておき、話し合いが深まるよう、さまざまな視点からの意見やアイデアを提示してもらったり、ファシリテーターとしてふるまってもらったりするよう、確認しておく。この段階では、知識や経験が不足していることから同じ考えに陥りやすい状況を打破し、話し合いが深まっていく面白さを

体感させたい。

③このような話し合いの経験を積み重ねていき、最終的には、学習者自身もファシリテーションのあり方を体感し、ファシリテーター的なセンスを育んでいきたい。

合意形成を図る上で重要なのは、どういったプロセスを踏んでいくかということに加え、メンバー間の関係性をどう構築するかである。対話を重ねる面倒くささを避け、発言力の強い誰かの一声で決めてしまおうとしたり、機械的に多数決で決めたがったりするのではなく、**傾聴する姿勢や多様性を受け入れる寛容さが合意形成を促す**ことになる。傾聴や寛容さのある場になっていることは、メンバー間の関係性がうまく構築できている証である。

合意形成へのプロセスは、学習者たちにファシリテーター的な姿勢であることの意義を感じ取ってもらうプロセスの上に成り立っている。

2-4　オープンエンドの必要性

教育実践は、合意（結論）にいたるように設計されていないものもある。むしろ、授業においてはまとめとして合意形成や意思決定をさせる場面は少ない。**学習は思考の連続体**であり、まとめることは学習者の思考をプツリプツリと途切れさせることを前提としていることになる。授業をまとめないことは実践者として不安を覚えるが、学習者視点で考えれば、至極当然のことである（ただし、学習者のその時点での到達点を確認するという意味において「まとめる」行為は許容されるもので、実践者が学びの成果を結論づけてしまうという意味においての「まとめる」とは区別したい）。つまり、終わりを設定しないオープンエンドで授業をデザインするほうが自然なのである。

例えば、学校におけるオープンエンドの授業とは具体的にどんなもののことを言うのだろうか。日常の授業（クローズドエンド）とどう違うのか、比べてみよう（下表参照）。

	日常の授業	オープンエンドの授業
時　間	1時間で完結する授業	1時間で終わらない授業
特　徴	教師が主体で学習者が理解する授業	学習者が主体で教師が支援する授業
ねらい	指導計画に基づき 教師が知識を伝達する授業	学習者の興味関心に基づき 学習者が考えることを閉ざさない授業

オープンエンドの授業の「オープン」とは、授業の終末が開かれている、といった言葉どおりのことを指し示しているだけではない。**学習者たちが学習課題を考え、問い続けられるようになることをめざした授業**のことを指していう。

第8章 マネジメントする

　ファシリテーターは、学習者の主体性を育てることを第一義として、意思決定は学習者各自の判断に任せている。その代わり、必要な情報の提供や問いを立てることには配慮し、学習者たちの多様な気づきを引き出して、学習意欲が継続して向上していくように努めていく。その際、洞察を深めていく発問が重要になってくるが、そうした問いかけへの彼らなりの「答え」にいたる基礎・基本の知識もまた必要で、それらを定着させておくことが不可欠である。そうした基礎・基本の定着のために講義型の授業は必要である。

　学び合いの場（教室など）の中には、最初から正解は用意されていないし、正解もひとつではない。ただし、間違えないでほしいのは、オープンエンドとは「答えのない」状態のことではない。**答えをひとつにしない（実践者がまとめない）実践**のことである。学習者は、その時間の中で必死に思考をめぐらし、彼らなりの「答え」は持っているのである。それは必ずしも同じものである必要はなく、学習者各々に芽生えている次への学びの兆しである。ファシリテーターは、その芽生えを育むために、オープンエンド（考えることを閉ざさない）であることを心がけなければいけないのである。

ふりかえり

- □ 合意形成はそこにいたるプロセスを重視する。
- □ 合意形成を図るには技法をうまく活用する。ただし、それに依存しすぎず、話し合いを深めるツールとする。
- □ 学習者の興味関心を閉ざさないオープンエンドの構成を心がける。

あまり深く考えず、いつも決めごとは多数決で決めてました。民主的かと思って。

その中には「少数意見はまったく反映されないんだな」って意欲が減退した子がいたかもしれませんね。技法には頼りすぎないことね。

やってみよう　ピラミッドランキング

■ 次ページの **ワークシート5** を使って、ピラミッドランキングを実際にやってみよう。
　各グループで意見を出し合って、グループで合意した優先順位に従って、最も重要な意見を1つ、2番目に重要な意見を2つ、3番目に重要な意見を3つ選んでピラミッド型に意見を並べてみよう。その際、そのように判断した理由を考え、発表してみよう。
　＊グループワークの前に個人でまずやってみると、より深い議論ができる。

第1部 授業を変えるファシリテーション

ワークシート5

ピラミッドランキング

Q「教育ファシリテーター」ってどのような人？
次の①〜⑥の記述を読んで、重要な順番に並べて、そう判断した理由を考えてみましょう。

① 学習者を信頼し、意見をよく聴き、対話できる人	② 学習者主体の参加型学習の手法に通じ、ワークショップ型の実践ができる人	③ 教育現場経験が豊かな人
④ 学習者とともに学ぶ姿勢がある人	⑤ 問題の解決に明るい希望を持っている人	⑥ ファシリテーションスキルにすぐれ、ＦＧが描ける人

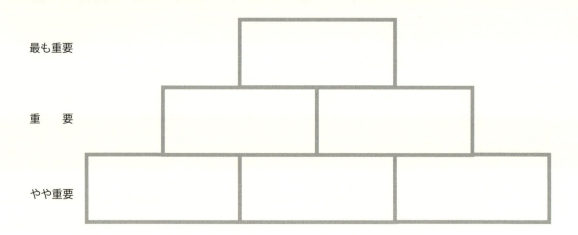

最も重要

重　要

やや重要

判断の理由

第9章

評価する

ファシリの心得●9

「評価する/される」という言い方には、どうしても利害関係、上下関係といった意味合いがつきまとう。しかし、そうした関係性を「認めあう関係」や「高めあう関係」へと変えていけば、評価（ふりかえり）は反省する材料から活用する材料へとよりポジティブなものになり、お互いを大きく前進させる推進力となる。評価することは学習者のためだけでなく、ファシリテーターとしての成長の機会でもある。

両者の成長の度合いをはかり、次への活力としていくための通知表は、ある特定の人だけがつけるのではなく、学習者が自身でつけ、クラスメイトや同僚がつけ、そしてファシリテーターもその一翼を担い、さまざまな目と手法を通してつけるものとしたい。

1. 学習者の評価
ふりかえりを変化につなげる　未来志向で前向きな評価を！

ファシリテーションにおいては、学習者が「ふりかえる」という行為が重要視されます。よく実践者が最後によかれと思ってまとめてしまうことがありますが、それは帰着点のあるプログラム設計をしていることの証となり、学習者は興ざめしてしまいます。そのときの学びを「ふりかえる」のは、あくまで学習者なのです。

1-1 「評価する」とは？

　一般的に思い浮かぶ**評価**とは、テストの点数だとか、学期末に渡される通知表のことだろう。これらは数値で表され、基本的には教師側が一方的に行うものである。しかし、私たちが日常生活の中で行っている評価（例えば、新入社員の採用、人気店のランキング、学級委員の選考など）は、もっと多くの人の観点を入れ、多様な方法で行われているはずである。そう思うと、教育現場で行われている評価は、下の風刺画のように、多様な個性や能力をただひとつの物差し（木登りができるかどうか）で測るような滑稽さが含まれていると言える。

　評価は、集団内における相対的なランクづけをし、成績をつけるという機械的な作業ではなく、**学習者が今よりもさらに一歩踏み出し、前向きになれるよう後押しする未来志向のもの**でなくてはならない。そのためには、「今、何に気づいたか、何を学び得たか」という現状（到達点）の確認、それに対するフィードバック、そしてそこからアクションにつながるマインドが芽生えるように、個人、グループ、全体でふりかえっていく必要がある。

「これから全員に同じ試験を課す！さぁ、あの木を登りたまえ」
Adult Education Journal West Germany, 1989

第9章　評価する

到達点の確認	フィードバック	アクションマインドの萌芽
●今、何に気づいたか ●今、何を学び得たか ●学びの過程で何を感じたか	●気づき得なかった視点の獲得 ●建設的な意見／アイデア ●知らないことや知るべきものの認知 ●「これでいい」という自分への自信や再認識	●「変わってもいい」「変われるんだ」という思い ●変化することへの後押し ●無知の知からの「知りたい！」という欲求 ●確信からくる勇気

ふりかえり
個人／ペア／グループ／全体／ファシリテーターと

図　未来志向のふりかえり

　しかし、参加型学習やワークショップのようなスタイルの教育活動は「採点する」という評価にそぐわないため、評価そのものを敬遠し、やりっぱなしにしてきた経緯がある。それゆえ、そうしたスタイルの学習は感覚的な「楽しい」という感想で片付けられ、「学習効果はあるのか？」という疑念を抱かせる結果を導いてきた。

　ファシリテーターは、もちろん学習に対して「楽しい」という感覚を引き出すことは必要だが、もうひとつ、それがどういう意味を持つのかということを考える場をつくり、**変化とアクションの手がかりを引き出す**ところまでを意識しなくては、学びが本物にはなっていかない。

　だからこそ、「評価する」というふりかえりの時間を単に感想の共有に終わらせるのではなく、そのあり方が十分に検討されなければいけない。そうでなければ、参加型学習やワークショップは特別なもの扱いされ、通知表の外に置かれてしまうことになるのである。

表　参加型学習などの評価が明確でないことのデメリット

実践者側	学習者側
・やりっぱなしで終わってしまう ・「楽しければいい」という打ち上げ花火的な1回きりの単発実践 ・取り上げた問題に対して学習者の理解や考えが深まったかどうかの効果が見えづらい（または見ようとしていない）	・「どうせ成績に入らないんでしょ？」という思いに起因する参加の放棄 ・学習効果が意識・認識しづらいことによるモチベーションの低下 ・そもそも参加型学習自体への疑念（「またか…」というやらされ感）

1-2　ふりかえりのパターン

(1) 個人で

　もっともよくとられる方法が、実践の最後にノートやワークシートに感想を書かせることだが、ここではその記入用紙を「**ふりかえりシート**」と呼び、感想に

とどまらず、もう一歩踏み込んだ記述となるようなものにしたい。例えば、下記のような問いを項目として明記し、回答のポイントを明確にしておくと散漫な感想にはなりづらい。

■ふりかえりの項目例
・今日、気づいたことは？／学んだことは？／初めて知ったことは？
・うれしかったことは？／驚いたことは？／残念に感じたことは？
・今日のハイライト／印象に残った言葉・意見
・次回に持ち越すこと／自分に課す宿題としてやっておくべきこと／次回の課題（次からはこうしよう！）／自分に不足していると感じたこと
・疑問に思ったこと／わからなかったこと／不思議に感じたこと／納得いかなかったこと
・今日考えたこと、思ったことは？
・書き留めておきたい新しいアイデア、視点

```
日付：　　月　　日
ふりかえりシート
                              名前：＿＿＿＿＿＿＿＿

■ 今日、気づいたことはなんですか


■ 課題として残ったことはなんですか


■ その他、なんでもいいので感じたこと、考えたことを書いてください
```

図　ふりかえりシートの例

ただ、学習者のふりかえりにあまりしばりをかけてもよくない。あえて無地の紙片を配り、上記項目のようなことを記すように口頭で伝え、意図的に自由記述にするのもいい。ふりかえりもやはりファシリテーターの想定内に収まるものでは決してないので、項目を設定し、回答の幅を狭め、書き留めておきたかったことが書けない状況にするのはよくない。

また、上記例では文章でのふりかえりを紹介したが、表現方法は自由であってよい。文字、言葉での表現であっても詩であったり、印象的な一文字に例えてみたりする方法もある。手の込んだものとしては、粘土などで今の気持ちを形にしてみる方法もあり、五感をフルに活用したい。

そのため、ファシリテーターが学習プログラムのプロセス全体（1時限の流れ、セミナーの1日のタイムテーブル、宿泊研修の全スケジュールなど）を物語のように

第9章 評価する

語りかけ、思い出せる、ちょっとした時間を設けると非常に効果的である。あるいは、学習者それぞれが集中してふりかえられるよう、「場を変えて、ひとり静かにふりかえり、10分後にまたここに戻ってきてください」と指示するのも興味深い取り組みになる（ウォーキング・メディテーション*）。

(2) ペア、グループで

隣りの人とペアになったり、近くの人とグループを組んだりして（最初からグループ分けされているのであれば、そのメンバーで）ふりかえる。個人でふりかえった後、それを共有してもよい（その方が、ある程度、整理できた上で話せるので、すすめ方としてはより丁寧）。

ひとりでふりかえっただけだと考えや思いが共有されず、気づきの機会を喪失しており、非常にもったいない。また、他と比べることができず、自分の考えを相対化することができないので、そのふりかえり自体が宙ぶらりんになり、強固なものにならない（「こんなこと思っていいのかな？」「自分は間違ってる？おかしい？」といった感覚をいたずらに抱くことになる）。たとえ自分のふりかえりが周りにない特異なものだったとしても、グループ内に「そういう考えもおもしろいね。ありだよね」と言ってくれる関係性があれば、自分の考えを「おかしい」と思うことはない。

そういう意味で、時間がなく個人でのふりかえりの時間しか取れなかった場合、個々に書いた「ふりかえりシート」を全員分コピーして次回に配布するのもよい（もちろん、全体の場で学習者たちに了解を得て）。

(3) 全体で

大きなひとつのサークル型になって、一人一言ずつ、ふりかえりを発表していく。全体となると時間がかかるので、「ＣＭ程度の長さで（15〜30秒程度で）」*などと指示を出し、タイムマネジメントには十分配慮する。空間デザインはスクール型だと互いの表情がみえづらいので、できればサークル型にしておくのが望ましい（せめてアイランド型かバズ型にしてあると比較的見えやすくなる）。

全体で最後に話すとなると、「○○をします！」といった宣言に近いものが出やすく、**未来志向なふりかえりの場**となる可能性が高い。

また、スペース全体を使って、ファシリテーターが問いを投げかけ、学習者が応じるというスタイルをとってもいい。満足度や達成度、あるいは今の気持ちごとに分かれて「部屋の四隅」（55頁参照）のようなアクティビティをアイスブレイクとしてではなく、ふりかえりとしても行える。

あるいは、グループごとにそのときの学びの収穫を寸劇にして発表してもらったり、演劇ワークショップの手法を用いたりして、身体表現で表すというのも盛り上がっていい。文字通り、「筆舌に尽くし難い」おもしろい学びがあるだろう。

＊ウォーキング・メディテーション
学習プログラムの最後に会場の敷地内であればどこでもいいので30〜60分ほど黙って歩きながらふりかえる。たとえ、メンバーとすれ違っても会釈程度で会話を交わさず（ましてや笑ったりせず！）やりすごす。居眠りをしたり、木陰で爽やかな風を浴びたり、心地のよい時間を過ごしてもよい。あえて考えることを放棄し、リラックスさせることで、意識下のことに思い至る場合がある。

＊ＣＭ程度の長さ
ストップウォッチで時間を計っておき、一番最初の人がしゃべり終わった後に、「今のだと少しオーバーなので気持ち短めにお願いします」「今ぐらいがちょうどいいですね」などと基準を示してあげると後の人が話しやすくなる。

第1部　授業を変えるファシリテーション

1-3　ファシリテーターとつくる評価

　参加型学習やワークショップ形式の実践において、これまで十分になされてこなかったのは、まさに評価である。前述の通り、単発で行われることが多いため、まずは楽しければそれでいいという消極さが実践者にどこかあったように思う。しかし、学びの度合いを学習者が実感できなければ、「参加型」というのは「絵に描いた餅」であって、やらされて、こなしているだけの形骸化した参加型、つまり「非参加型学習」になってしまう。

コラム 9-1

カークパトリックの4段階評価

　企業の人事研修の評価・効果測定に使用されるスタンダードな評価で、アメリカの経営学者のカークパトリック（Donald L. Kirkpatrick）博士が提案した教育評価のモデルです。よくありがちな評価方法からより本質的な評価が示されています。

1. Reaction（研修満足度）
受講直後のアンケート調査等による受講者の研修に対する満足度の評価

2. Learning（学習到達度）
筆記試験やレポート等による受講者の学習到達度の評価

3. Behavior（行動変容度）
受講者自身へのインタビューや他者評価による行動変容の評価

4. Results（成果達成度）
研修受講による受講者や職場の業績向上度合いの評価

　これを学校教育現場（特に参加型学習の実践）にあてはめた場合、その効果はどう想定されるでしょうか。

Reaction
- 学習者の反応をもとに、教師の独りよがりになることを避け、次の実践改善につなげられる。

Learning
- 参加型学習で提示した情報が一過性のものにならず、体系的に知識・理解を得られる。

Behavior
- 参加型学習で得たきっかけ（○○したい！）をさらに後押しする「場」がつくられていく。
- ボランティアや社会貢献活動の場への参加が促される。または、そうした場を提供したり、自ら作り出せるようになる。
- 学んだことを視覚化し、教室・学校などで掲示物を作成できる。

Result
- 学習者の進路選択（キャリアを考える）において多様な選択肢を与えることができる。
- その他教科での取り組み方にも変化が見える。

　学習者の視点とファシリテーターの視点が入り交ざっているが、このようにさまざまな評価方法からヒントを得て、アレンジしてみると多角的な評価が可能となります。学びが持続していることの意識づけにしていくためにもしっかりと評価（ふりかえり）し、やりっぱなしではない実践を心がけたいものです。

第 9 章　評価する

　もし、学びのプロセスにおいて、多角的に学習者の変容を確認し、そこからさらなる学びや成長に導き、あるいは実践者であればよりよい実践へとつなげていくのであれば、軸となる評価基準が必要になってくる。この場合、「木に登れるかどうか」というひとつの物差しに限定されるのではなく、そもそも木に登れることを自分たちの評価基準としていいのか、もしそこに妥当性があるのであれば、どのように、そしてどの程度登ることが自分たちの成長にとって意味があるのかなど、継続的に**学習者と実践者が対話しながら確かめていくという評価**があってよいのではないだろうか。

ふりかえり

- □ 評価は、学習者を後押し、未来志向のものとする。
- □ ひとつの物差しでは測らず、さまざまなスタイル、さまざまなアプローチで多角的に評価する。
- □ 学習者はさらなる学び成長を求め、ファシリテーターはよりよい実践へとつなげていくため、双方に対話を重ねながら確認していくプロセスが評価である。

やってみよう　ふりかえりシート

　自分の現場、その時の実践にあわせた「ふりかえりシート」を作成してみよう。
　また、学習者と話し合いながらどんな評価項目、評価方法が自分たちには適当か、検討してみよう。そのプロセスから私たちが望む目標像が具体化されるので、そうしたねらいからも一度試みてみる価値はある。

なんか違和感はあったんですけど、とりあえず最後はテストをやっておけばいいかと思ってました。

評価は教師だけがする一方的なものではなくて、双方に「これでいいのかな？」と確認していく過程のこと。これも学習者とのコミュニケーションのひとつですね。

2. 実践者の評価
「よしあし」ではなく、「よりよい」をめざしてふりかえる

学習者を評価するのには慣れているが、実践者としての自分はどう評価していいかわからない？　ましてや他人に評価されるなんてもってのほかでしょうか。ただ、ふりかえりをしないことには、実践は改善されていかず、学習者にとってもファシリテーターにとってもいいことなし。
「ふりかえりなくして、成長なし！」

2-1　実践者としてのふりかえり

　評価とは「正解」に対するギャップの度合いと解釈される。しかし、参加型ワークショップ形式の実践には、その「正解」がない。その時その場の学習者の状況や話し合いの流れで学びのプロセスは変化する。だから、学習者一人ひとりの学びの成果は多様である。その上、テーマの扱い方、場のつくり方、問いの立て方など、ファシリテーター側の働きかけ方にも定石はない。

　だからといって、評価する必要はなく、なんでもよいというわけではない。正解がないからこそ、むしろ学習者の様子をどのように読みとったか、自分のプログラム構成やファシリテーションにはどんな意味があったのか、そのつど思い返し、さらによりよい実践をめざして、自身の力量アップを図ることが重要となる。つまり、実践者としての「ふりかえり」の機会をしっかりと設けていかなければならない。

　ふりかえるタイミングとしては、学習プログラムの構成や場のセッティングなど**実践前のふりかえり**と、ファシリテーターとしての視点や態度、スキルの使い方といった**実践中のふりかえり**の2つとがある。

　また、ふりかえる主体も2つあり、ファシリテーター自身がふりかえる**主観的評価**と、学習者や同僚からのフィードバックによる**客観的評価**をあわせて行っていきたい。

　実践をふりかえることは、学習者の発言や行動の意味を考えることとなり、次のよりよいファシリテーションへとつながっていく。時には「失敗した！」という思いにいたるかもしれないが、それを真摯に受け止め、糧としていけば、学習者のさらなる学びを支える力として還元されることとなる。それは連綿と連なる学びのプロセスの中で見ていけば、決して「失敗」ではなく、あくまで次につながっていくきっかけなのである。

- ■実践前のふりかえり
- ■実践中のふりかえり
- ■主観的評価
- ■客観的評価

第 9 章　評価する

```
                                      ┌──────────────────┐
                                      │ 学習者・同僚からの │
                                      │ 客観的評価        │
                                      │ ・直接コメント    │
                                      │ ・ふりかえりシート│
                      ┌─────────────┐ │ ・ビデオ撮影     │
                      │ 実践前       │ └──────────────────┘
                      │（事前設定の  │
                      │  問い直し）  │ ┌──────────────────┐
                      │ ・テーマ設定 │ │ 実践者による     │
                      │ ・学習プログ │ │ 主観的評価       │
                      │   ラムの構成 │ │ ・授業日誌、実践 │
                      │ ・素材の選定 │ │   記録           │
  ┌──────────┐        │ ・空間デザイン│ │ ・ワークシートの │
  │ 実践者の  │        │       etc   │ │   活用           │
  │ ふりかえり│        └─────────────┘ │ ・実践を語る     │
  └──────────┘                        └──────────────────┘
                                      ┌──────────────────┐
                                      │ 学習者・同僚からの│
                                      │ 客観的評価        │
                      ┌─────────────┐ │ ・直接コメント    │
                      │ 実践中       │ │ ・ふりかえりシート│
                      │（実践の      │ │ ・ビデオ撮影     │
                      │  問い直し）  │ └──────────────────┘
                      │ ・視点、態度、│
                      │   姿勢       │ ┌──────────────────┐
                      │ ・働きかけの │ │ 実践者による     │
                      │   意味、有効性│ │ 主観的評価       │
                      │ ・ひろい方、ひ│ │ ・授業日誌、実践 │
                      │   ろげ方、深め│ │   記録           │
                      │   方         │ │ ・ワークシートの │
                      │ ・学習者の変容、│ │   活用          │
                      │   想定外の学び│ │ ・実践を語る     │
                      │         etc  │ └──────────────────┘
                      └─────────────┘
```

図　実践者のふりかえり

コラム 9-2

「ゆらぎ」を大切にする

　学校教育現場では、教師には失敗がゆるされず、なんでも知っているものといった「聖職」像が押し付けられがちです。しかし、多様な個性をもつ児童生徒たちは、その時々によって変化し、教師の想像をこえた力を発揮する可能性を持ち合わせています。その上で、参加型かつ主体的な学びを支えようと思えば、むしろそれらを完璧に把握し、対応できることを要求すること自体、筋違いともいえます。

　一人の人間としての教師も、人間対人間の中で悩みや葛藤を持ったり、反省をしたりしながら試行錯誤して実践をつくっています。時には児童生徒からの問い返しによって、自分の人生観を問い直しながらでないと扱えないテーマもあるかもしれません。こうした迷いや変化が「ゆらぎ」です。

　尾崎（1999）や安部（2010）は、「ゆらぎ」に向き合うことが大変な一方で、それらをふりかえり、言語化し、向き合うことで実践者が「変化」「成長」「再生」するチャンスになるとしています。

　「ゆらぎ」とは、実践のなかで直面する不安や動揺、葛藤の総称

　そして、「ゆらぎ」は「ゆらがない力」を生みだすきっかけ

- 尾崎新「『ゆらぎ』からの出発──『ゆらぎ』の定義、その意義と課題」尾崎新編『「ゆらぐ」ことのできる力　ゆらぎと社会福祉実践』誠信書房、1999 年
- 安部芳絵『子ども支援学研究の視座』学文社、2010 年

2-2 ふりかえるポイント

(1) 目的・内容・方法の視点の連関で実践をふりかえる

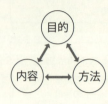

　教育実践を構成する要素の見方は多くあるが、そのなかのひとつに、実践を目的・内容・方法の連関で捉える考え方がある。

　この視点で実践をふりかえった際、ファシリテーションとして、どのような目的で何をテーマに掲げ、どういった内容（学習プログラム／素材）を準備し、どんな場づくりや手法の設定を行ったのか、それらをふりかえることが重要になる。事前に想定したそれらの設定にどのような意味があったのか、妥当であったのかをふりかえる**事前設定の問い直し**も大切であれば、それらを具体的に実現できたのかを問う**実践の問い直し**も重要である。

　しかし、ここでより重要なことは、**学習者がその学びの場を形成する主体となる**ことであり、ファシリテーターが設定した目的・内容・方法を固定化し、学習者をそのレールの上に乗せて実践できたかどうかを問うことではない。むしろ、事前に設定した目的・内容・方法が、学習者の主体的な学びを引き出し、学び合いを通して深まっていくことにどのように関わったのかなどを重視する。つまり、学習者たちの声や行動をひろいながら、柔軟に変更していくことを前提として、事前の設定をしておく必要がある。事前設定どおりでなかったことをマイナス評価しなくてよい。

　もちろん、事前の設定をないがしろにしているわけではない。ファシリテーションにおいては、学びが想定の枠内からどんどん外れていくことを歓迎するプラスαの観点を常に持ち合わせていたいのである。

> ■ふりかえり例
> ・テーマを深めるための構成（流れ）となっていたか【目的⇔内容】
> ・流れの中で多様な手法を効果的に活用できたか【内容⇔方法】
> ・問いかけ方がねらいに即したものになっていたか【方法⇔目的】

(2) プロセスや場の関係性をみてふりかえる

　ファシリテーションしていく場合、ファシリテーターが決めたステップを学習者が順番どおりに踏んでいき、どこまで到達したかということを前提にふりかえらなくてよい。ただし、想定どおりにいくことまでを否定するものではない。注意すべきは、それが想定どおりに進めようとする誘導によってもたらされていないかどうかということで、そのチェックは必要である。

　誘導かどうかの見極めは、学習者の声を丁寧にひろっていったかどうかでわかる。誘導する人はできるだけ他者には余地を与えず（つまり、想定できない他者の

声は極力ひろわない)、自分の言葉をどんどん綴っていく。そうした場では関係性は固定され、変容は起こりづらい。

学習者の言動や周りとの関わりが変容していくのは、学習者の興味・関心や疑問のひろい方、つなげ方、またファシリテーターの問いのたて方やそれを発するタイミング次第である。基本的に、学びの場は毎回異なるものなのである。

そのため、達成度だけではなく、実践そのものをふりかえって、学習者間にどんな関係性が新たに生まれ、それによってどう学びが動いたか、学びのプロセス全体をふりかえりたい。

図　場の変容を評価する

■ふりかえり例
- 想定していなかった学習者の発言、変化はあったか。それはまわりにどういった影響を与えていたか。
- 学びが途切れ途切れにならず、展開し、つながっていく感覚があったか。
- グループの雰囲気はどう変化していったか。メンバーの表情や発言の内容（質）が変わっていったのはどの場面だったか。

2-3　客観的なふりかえりのしかた

基本的なふりかえりの仕方は他者からのフィードバックになる。実践している本人では、当然、やっている最中にあれこれと思いをめぐらせることは困難なので、冷静に、かつ客観的に分析することは難しい。また、自分の中でバイアスをかけて評価してしまうおそれがあるので、ネガティブな実践者は過小評価を、ポジティブな実践者は過大評価をしがちである。だから、第三者の「もうひとつの目」を入れることが必要になってくる。

その「もうひとつの目」となりうるのは、実践を横から見ている同僚や意図的に配置した評価者、そして実践を内から見ている（つまり実践の中にいる）学習者、あるいは自分が自分の実践を観察していると仮想した撮影機器である。

図　客観的評価のための「もうひとつの目」

実践を横から見る　　実践を内から見る　　実践を俯瞰して見る

(1) 直接コメントをもらう

　教師であれば、研究授業や公開授業といった機会を利用し、同僚から忌憚のないコメントをもらうチャンスがある。社会教育の現場においても同業者としてのファシリテーター仲間に見てもらってアドバイスを受けるのもいいだろう。これは、事情を把握している専門家としての視点で評価してもらえるので、非常に細かいところまで目配りが行き届いたコメントがもらえるメリットがある。

コラム 9-3

「省察的実践家」と専門職の力量アップ

　マサチューセッツ工科大学で組織学習を研究していたドナルド・ショーン（1931-1997）が『省察的実践とは何か』（鳳書房、2007）で提唱している「省察的実践家（Reflective Practitioner）」にはファシリテーター型教師として力をつけるヒントがあります。省察的実践の対象となるのは、主に医療や福祉、教育などの対人支援を行う実践者＝専門家です。

　これまではこうした分野での人材育成では、まず研究などから導き出された理論を学び、それをどのように現場での実践に応用するかが課題とされてきました。教育分野でも、教員養成のための大学の教職課程や、教員になってからの研修などではもっぱら理論を学ぶことが重視されています。

　けれど、ショーンは理論の重要性も認める一方で、現場にある実践者の経験や「実践知」を重要視します。実践者は、現場に起こるさまざまな状況に対し、常に瞬間的に考え（「行為の中の省察」）、判断を下し、実践を紡ぎだしています。また、理論ではくくり切れない、複雑で難しいさまざまな状況において、試行錯誤をしながら、実践を進めています。そこには実践者としての実践知が潜在しているはずなのです。

　さらに、実践に即したふりかえりを行い、暗黙裡に持っている実践知の部分までをも意識化し、実践者として自分がもっている視点や枠組みをふりかえり、問い直すこと（「行為における省察」）が実践者の力量形成につながるとしています。

　自身のふりかえりを通して、こうした実践知を深めることが可能になれば、教員養成の方法も変わっていくかもしれません。

また、後輩やファシリテーターを志望する人に観察してもらうのも効果的である。まったくの素人ではないので、的外れなコメントをされず（ただし、時にはまったくの門外漢の人に見てもらうのもよい。一見、要領を得ないと思われるコメントが本質を衝いていることがあるので、そうした視点も決してないがしろにはしない）、初心に返るような新鮮な視点を得られる機会となる*。

それから、もし時間に余裕があり、学習プログラムの流れに支障がなさそうであれば、最後にその場にいる学習者からファシリテーターに対して直接感想を聞いてもいい。ただし、学習者にせよ、同僚にせよ、直接、口頭では言いづらかったり、言語化するのに時間がかかったりするようであれば、次の「ふりかえりシート」の活用をお勧めする。

＊新鮮な視点を得られる機会
こうした場面は後進育成の絶好の機会ともなる。ファシリテーターは徒弟制のもとでこそ育成されると言っている人もいて、マニュアルでは説明しきれない部分を実践観察によってつかむこともできる。コメントとして言語化し「評価する」というのは格好の学びとなる。

(2) 「ふりかえりシート」をみる

実践の終わりには、必ず「ふりかえり」の時間を確保する。「ふりかえりシート」を活用して、言葉に落とし込んでもらう方法もある（前節参照）。そこに記されたものが、直接ファシリテーターに対する言葉でなく、学習者自身の学びや気づきの言葉であっても、意味のある実践であったと思っていいだろう。

ただし、次の実践をよりよいものにしたいのであれば、学習者の疑問やとまどいが見られる言葉をひろい、その意味や背景に思いをめぐらせ、それを埋め合せていくにはどうしたらいいか、ふりかえるきっかけとしたい。そうした学習者の疑問やとまどいが生まれる背景には、ファシリテーターとして未熟な部分や学習プログラムの構成に無理があった場合が多いからである。もちろん、肯定的なコメントも糧とし、新しいことにチャレンジしていく自信としたい。

また、直截的なフィードバックがほしければ、そこに学習者自身の内省する項目以外に、企画運営（学習プログラムの設計やファシリテーションの仕方、あり方など）に関してのコメントが書き込める欄を別途設け、そこに記入してもらえばよい。加えて、学習者だけでなく、周りで授業観察していた人にも同じフォーマットで構わないので、記録をつけてもらいつつ、「ふりかえりシート」の中にポイントを整理して落とし込んでもらうとよい。その場合、関係性が十分にできていないと「よかったです」「勉強になりました」といった当たり障りのないコメントでごまかされてしまう。こうしたコメントはまったく建設的ではないので、気の置けない人にお願いするか、学習者であればこうしたものに慣れさせておくか、一言、「自分の実践をより良くしていくものになりますから、ぜひ忌憚のないコメントを書いてください。改善点があれば、こうするともっとよかったという建設的な意見をもらえるとありがたいです」などと記入前に釘を刺しておくといい。

(3) 実践を撮影してみる

自分の声を録音して聴いてみると違和感があるように、自分が実践している様

子を録画して見てみると、実践で感じていたものとは違っていると気づかされる点が多々ある。自分の姿を見るというのは（しかもありのまま！）あまり気乗りせず、敬遠しがちだが、だからこそあえてレンズを通したなるべく客観性のある形で実践をふりかえりたい。これは、自分の実践をもうひとりの自分が現場を俯瞰して見ているようなものである。

欠点は、撮影してくれる人がいなければ、機械を三脚で固定して現場全体が入るように遠巻きで撮影しなければいけないことである。しかし、それを逆手に取り、本来であれば目が行き届かなかった学習者の反応をみたり、自分の声の通り具合、抑揚やテンポの加減などをチェックしたりすることが可能になる。まさに端っこに座る学習者の気持ちになることができるのである。

このように、本来なり得ない自分を見る自分やファシリテーターのありようを見つめる学習者の視点に立つことを機械の力を借りて、ふりかえりができるとよい。究極は、いずれ機械の力を借りずとも自分の実践を俯瞰して見ているような感覚を実践の積み重ねを通して身につけたい*。ふりかえりが実践中にも冷静に行えるようになれば、軌道修正も自信と余裕を持って行える。

＊自分の実践を俯瞰して見ているような感覚
一流のアスリートは、プレーしている姿をもうひとりの自分がグラウンドの上から鳥瞰しているイメージを持てるのだという。それは、自分の目先のプレーだけではなく、全体の動きが把握できていることであり、その次のプレーを予測しやすくしていることに他ならない。

2-4 主観的なふりかえりのしかた

(1) 当事者としての主観を大切にする

自らのファシリテーションをふりかえるのは、客観的なものだけでは十分ではない。主体的に学習者が参加して学び合う場においては、ファシリテーターもその場を形成する一人の主体であるゆえ、実践風景や学習者の様子、起きた出来事を客観的に書くことよりも、まずはその場でどのように感じ、どのように考え、どんな判断をしたか、主観でふりかえってみる必要がある。「なぜ、そのような問いを立てたか」「その時、学習者はどう反応していたか」など、具体的な場面における実践者としての視点や姿勢を内省する。

その際、具体的な出来事や考えだけでなく、気持ちをつづることも大切にする。うれしかったことだけでなく、迷ったこと、葛藤したことなどもふりかえって向き合うことも忘れない（151頁コラム9-2参照）。

また、分析用に全ての具体的なことを記述していく必要はなく、ポイントを絞ってふりかえる場合もある。例えば、「印象的だったことはなにか」という問いからふりかえってもよい。良くも悪くもそこは実践のハイライトの部分にあたり、そこを掘り下げることは自分の実践の本質をみることにつながるからである。

(2) 実践の記録をつづる（文章化する）

ふりかえりの方法はさまざまにあるが、その中で最も身近なものが「文字におこす」「文章を書く」ことであろう。日記を書くとき、その日の出来事、他者や

自分の姿、そのときの気持ちなどを自然なかたちで、かつ多様な視点で文章化し、それと向き合いながらふりかえることと似ている。実践者が自身の実践をつづることを通して、そこに起きていた出来事を率直にふりかえり、自分自身に向き合っていく。

　教師であれば、手元に持っている形式指定の「授業日誌」が具体的で一般的なツールのひとつであろう。また、自由な形式で「実践記録」を自身でつけている実践者もいるかもしれない。そうしたものを活用し、実践を文章として起こし、実践者としての自分の関わりや気持ちをつづるのである。文章化することではじめて整理され、意識化されていくことになる。

(3) 実践記録を読み直すことを通してふりかえる

　実践を文章として起こしたものを自分自身で読み返してみる。そうすると、さまざまなことに気づくきっかけが生まれる。

①新しい問いが生まれる

　自分はなぜそのように判断したのか、この時にもっと話し合いの時間をとればよかったのではないかなど、ファシリテーターとしての自分自身に新しい問いが生まれ、自分と向き合うきっかけや実践を発展させるヒントを得ることができる。

②全体が眺められる

　実践に自分がどのように関わっていたかを読み返すことで、「鳥の眼」をもって全体を眺めるきっかけになる。全体をふりかえるとともに、自分の特徴や傾向

コラム 9-4

「実践記録をつづる」歴史的伝統

　日本では明治以降、近代学校制度が導入されて各地に広がり、現在の学校制度ができあがりました。その流れの中で、各地域の学校ではその土地・風土の特色にあわせて多くの実践が生みだされてきました。特に、教材や評価基準が中央集権型ではない分、教員は目の前にいるその土地の児童生徒と向き合い、地域文化を踏まえ、多様な実践をつむいできたのです。こうした流れの中で、教師やそこに関わる多くの実践者が実践記録を残しています。

　これは学校教育に関わらず、社会教育なども含めた日本の教育実践全般に見受けられることで、教育学の研究もこれらの実践記録を主流に実践研究が行われてきました。日本のさまざまな地域で、教師が自分の実践を「実践記録」としてつづり、実践とそこに関わる自分自身をふりかえるとともに、伝えあってきた伝統的歴史があったのです。

　それらの「実践記録」は、概要を客観的に書くことよりも、むしろ、実践に関わる人々と、その人たちがどのような学びの物語をつむいできたかといった主観が大切にされながら記述されていることに魅力があります。

を見直すきっかけをつくることができる。

③自分の「実践知」を次へ活かす

実践を文字に起こしてつづることによって、自分の「実践知」（154頁コラム9-3参照）を浮かび上がらせ、次の実践に活かす。これは、自分の視点を問い直し、さらに鍛えて力量アップにつなげる。

(4) 実践を語ることを通してふりかえる

実践をふりかえる身近な方法は、自分が実践を語る場を大切にすることである。例えば、多くの人が普段の会話の中で、忘れていたことがふと口を衝いて出たり、自分でも気づいていなかったことが思わず口から出たりする経験をしたことがあるだろう。実践を記録としてつづるだけでなく、自分の実践を語ることによって気づくことも多々ある。また、聴き手がいることで、質問やコメントによってさらにふりかえりが深まりもする。

そうした機会を積極的にもつよう、語る場をフォーマルにつくるとともに、インフォーマルな場で語ることも重要なふりかえりの場となることを心に留めておきたい*。ブレイクタイムや放課後に同僚にポロっと口にする言葉や仕事帰りに行く食事での仲間との語らいには、自分の意識に気づくきっかけが埋もれているものである。

それは、教育分野とはまるで関係のない人に語る場合も同様である。むしろ、そのような場合、自分のファシリテーターとしての立場やワークショップとは何かなど根本的なことを語らざるを得ないため、当たり前としていたことの重要性や新たな解釈に気づく経験になることもある。

そうした語りで気づいたことをメモ・記録しておき、次の実践に取り込み、活かすことが重要である。

* フォーマルとインフォーマル
フォーマルに語る場とは、研究授業や公開授業を受け持ち、実践後に自己評価を語る場面などを想定している。

ふりかえり

□ ふりかえりは多様に、主観／客観的な視点で行う。
□ 目的・ねらいの設定は必要だが、その想定から外れたとしても、ファシリテーターの想定以上の学習者の学びにつながっているのであればマイナスにふりかえらないでよい。
□ 個々の達成度だけを評価するのではなく、学習者の関係性や場の変容など場全体がもつ潜在能力のようなものの変化もふりかえる。
□ 学習者、同僚、録画映像など「もうひとつの目」を活用し、独りよがりなふりかえりはしない。
□ ただし、嬉しさ、感激、迷い、葛藤など自分の実際の感情も大切にし、ゆらぐ部分ともファシリテーターとして向き合っていく。

第 9 章　評価する

やってみよう　ふりかえり

＊**金魚鉢（フィッシュボウル）方式**
実践するグループと観察するグループとに分かれ、演習を入れ替えながら行う。金魚鉢を外から眺めるように客観視して評価分析を行うことからついた名称。

■ どんなテーマでもよいので、30 分程度のアクティビティでファシリテーション演習をメンバー同士で行ってみよう。その際、やる側（ファシリテーター役／学習者役）と観る側（評価者）の二手に分かれ、金魚鉢（フィッシュボウル）方式＊で交互に行い、それぞれにフィードバックしあってみよう。
あるいは、自分の実践をビデオで録画したものを同僚などの仲間と観て、コメントしあってふりかえるのもよい。

■ 実践後、次ページの ワークシート6 にそってふりかえってみよう。
[手順1] 実践を通し、実践者として自分が印象的だと思ったことを一言でそれぞれ 1 〜 3 つあげてください。
①うれしかったこと・満足できたことについて
②残念だったこと・モヤモヤしたことについて
③想定していなかった驚き、気づき
[手順2] 1 の具体的な理由はどのようなものですか。
[手順3] 実践者として、手順 2 で書いた理由から、なぜ手順 1 のポイントが浮かんだのか、改めて考えてみてください。
・自分が何を前提に（どんな価値観をもとに）「うれしかった」「うれしくなかった」などを判断したか。自分の大切にしていることが何か。
・「想定しているもの」とは何であったのか、そうでないところから出てきた驚き・気づきを発見する楽しさを感じつつ、改めて自分の「想定していたこと」を考えてみる。

特に、学習者の変化や様子、たとえば、表情、態度、コメント、しぐさなどを通して印象に残ったものを考えてみてください。

大人になってから評価されるって、なんか恥ずかしくて避けてました。
でもフィードバックをもらってみて気づかされることが多くて、本当にためになります。

「聞くは一時の恥、聞かぬは一生の恥」ってことわざは、自分の実践がどうかってことにもあてはまりそうね。忌憚のないフィードバックは成長の源泉ね。

第1部　授業を変えるファシリテーション

ワークシート6

実践者（教師）用ふりかえりシート

①うれしかったこと・満足できたことについて	手順1	①	②	③
	手順2			
②残念だったこと・モヤモヤしたことについて	手順1	①	②	③
	手順2			
③想定していなかった驚き、気づき	手順1	①	②	③
	手順2			

DEAR「開発教育・ESD実践者ふりかえりハンドブック」より

第10章
ファシリテーター・マインド

ファシリの心得 ● 10

　これまでスキルとしてのファシリテーションを紹介してきたが、ファシリテーションは究極的には、姿勢であり、思想であり、生き方である。「学びを深める」「気づきにいたる」「やる気が湧き出る」といった学習者のプロセスには、結局、ファシリテーターの学習者に対する姿勢や眼差しが強く反映されている。つまり、ファシリテーターがどういったマインドで学びの場に立ち、学習者に寄り添っているのかが問われることになる。

　ただし、目指すべきファシリテーター像を「こうあるべき」といった決まったイメージにはめ込む必要はなく、個性にあったさまざまなあり方があっていい。ファシリテーター・マインドの軸さえしっかりしていれば、その表現方法（タイプ）はシリアスでもコミカルでもいいのである。

1. 言葉かけ・言葉えらび
言葉の力は諸刃の剣　活かしたいならポジティブマインド！

言霊（ことだま）という言葉があるように、発した言葉にはその人の魂（思い、メッセージ、スタンス）が宿ります。言葉に内在する呪力のようなその力は、まさに諸刃の剣で、扱い切れなければ学習者の意欲を削ぎ、活用できれば場が盛り上がり、気づき・学びの場面が増えるのです。
言葉には素の部分が表れてくるので、軸となるファシリテーター・マインドを心に留めておきましょう。

1-1　つなぐ言葉・ひろげる言葉

　ファシリテーターの役割は、意見したり、ジャッジしたり、自分を前面に出すことではない。学習者からあふれ出てきた言葉どうしをつないで、編み合わせてみたり、あるいは学習者に戻してみたりすることで、出てきた言葉の群がりに新たな意味を見出していくことである。そして、それがまた学習者に次なる気づきを促し、学びがどんどんと発展し、連鎖していくのである。

　教育学の第一人者である佐藤学は、教師の仕事（役割）としての**「つなぐ」「もどす」ことの重要性**を次のように述べている。

> 　授業における教師の仕事の中心は、「つなぐ」ことと「もどす」ことにある。「つなぐ」ことは、授業の核心といってよい。教師は授業において、教材と子どもをつなぎ、ある子どもと別の子どもをつなぎ、教室で学ぶことと社会の出来事をつなぎ、子どもの現在と未来をつないでいる。授業における教師の活動を検討することは、その活動が「つなぐ」活動になっているかどうかを検討することにある。（中略）
> 　探求し合う教室を創造する教師は、「もどす」ことの意義を熟知している。（中略）課題が子どもたちに困難であるときには、その前段に「もどす」ことで再出発できるし、グループ活動に「もどす」ことによって、一人ひとりの参加を促し、多様な個と個の擦り合わせを組織して高いレベルの学びを実現することが可能になる*。

＊佐藤学『教師たちの挑戦－授業を創る　学びが変わる』（小学館、2003）より

　佐藤のこの文章では、つなぐもの、もどすものを言葉に限定していない。オーソドックスに学習者から発せられた言葉（意見）どうしをつなげてみるというのももちろんあっていい。ただ、それだけではなく、ここでいう「つなぐ」「もどす」には、発言の背景にある学習者の経験や知識、あるいは出来事なども範疇にある。例えば、以前に体験したこと（過去）と関連させてみるとか、まだ見ぬ世界のこと（未来）に触れさせてみるという「つなぐ」がある。

　もし、学習者間のやり取りが滞ってしまったのであれば、今、自分の身の回り

に起こっていること（現在）をふりかえらせるように「もどす」ことをしてみるのもいい。そうして学習者から発露されたものをさまざまに編集し直して見せてあげることで、学びの場に起こっていることの風景を変えていく。

■つなぐ言葉
「実はAさんの言っていることとBさんの言っていることは違っているようで、根っこではつながっているようにも思えるのだけど、どうかな？」
「AさんとBさんの意見の似ているようで違っているところってなにかな？」
「今、みんなに言ってもらったことに共通点があるとしたらなんだろう？」
「子どもの頃に同じような体験をしたことはないですか？」
「そのことを知る前（学習する前）は、どんなことを考えていましたか？」
「今言ったことが本当に実現したら、社会はどうなっているでしょう？」

■もどす言葉
「前に習ったこと（経験したこと）で活かせそうなことはないですか？」
「ひとりで考えるのが大変なら、隣の人と（グループで）話してみましょう」
「最近、起こったことで同じように感じたことはないですか？」
「家族とか友だちで似たような経験をした人はいませんか？そのとき、なんて言っていたでしょう？」

こうしてつないだり、もどしたりしてみると掘り下げる地底はいくらでもあり、学びの地平は無限に広がっているように思えてこないだろうか。場の見せ方を変えることで**出会いを演出していくというのもファシリテーターの役割**である。

だから、学習者の言葉をファシリテーター自身の持っているもの（経験・知識・素材）とつなげていくのもよい。

■つなぐ言葉
「以前、私は〜〜といった場面に遭遇したことがあります。ということは、○○という見方もできると思いませんか？」
「10年前はこうだったんです。皆さんが今出してくれたものと何が違って、何が一緒でしょうか？」
「先日、〜〜という報道がありましたが、なにか関連性はないでしょうか？」
（素材を提示して）「これの意味するところはなんでしょうか？」

こうした問いを発せられるかどうかは、スキルの問題以上に、ファシリテーター自身がこれまでどんな経験をし、そこから何を思い、考えてきたかという蓄積いかんによっている。あるいは、学習者を揺さぶるために彼らが惹き付けられる素材を見つけられるかどうかは、どんなアンテナを自身に立ててきたかというセンス次第でもある。

それは、**好奇心にあふれ、なんでもおもしろがるマインドが土壌**となっている。

なによりもまずファシリテーター自身が学ぶことをこの上なく楽しい！と思える人でなくてはならない。

1-2　中立であるべきか？

よくファシリテーターは「中立であるべき」と言われることがある。しかし、そもそも人が中立でいられることはなく、ファシリテーターだって例外ではない。大事なのは、「中立的な立場から言えば〜」などともっともらしく空念仏を唱えることではなく、**特定の意見・立場・思想に偏らない場の中立性をファシリテーターが担保する**ことである。矛盾するように聞こえるかもしれないが、だから、あえてファシリテーターサイドからのメッセージをぶつけてみることもある*。

基本的にはファシリテーターが意見することはないが、学習者から多様な意見を引き出すため、そのきっかけを与えることとして、あえてコメントすることは時折行う。例えば、「私は、皆さんのAという意見に対し、Bというふうに思っていたのですが、どう感じますか？」「Cについて考えてみるのも面白いと思いませんか？」と言えば、学習者に新しい角度や考える幅を与えることとなり、話をひろげる言葉となる場合がある。これは、前ページで述べたファシリテーター自身の持っているものと「つなぐ」ことと関連している。

ただ、それが単に挑発的な発言になってしまっては、場が余計に滞ってしまう。やはり、学習者から引き出す契機となる発し方をし、そして、丁寧にその発言同士をつないだり、もどしたりしながら意味を見出していく作業は必須である。

＊ファシリテーターサイドからのメッセージ
ただし、「教師―児童生徒」「上司―部下」といった上下関係が明らかで、そこから逃げづらい場合、メッセージの提示には留意が必要である。「押しつけ・強要」といった上から目線のコメントにならないよう、フラットな関係性を築いておくか、その場でのアイスブレイクが必要となってくる。

それから、ファシリテーター自身の**ストーリーテリングを行うのも効果的**な場合がある。状況に即していれば、実体験による生の声を届けることで学習者たちが大きく揺さぶられることになるだろう。一個人の主観であることは免れ得ないし、その点には注意して聞いてもらうことが前提だが、自分をさらけ出す勇気が場を動かし、学びを誘発することになっていく（自己開示の必要性は20頁「ジョハリの窓」参照）。

1-3　ポジティブな言葉に置き換える

採用面接では自己紹介や志望動機を尋ねられるのが定番である。そこでは「あなたの長所と短所を説明してください」と言われるのが世の常だが、長所であればともかく、短所についてはどこまで正直に答えてよいものか迷ってしまうことはないだろうか。しかし、自分が思っている短所は、第三者からすれば長所に見

えることもあるし、長所なのだと自分で捉え直すことができれば、そこを活かそうというマインドにもなるだろう。

同じ内容でも違う表現をすると印象が違ってくるのが言葉である。例えば、「優柔不断な点」は「慎重な点」と言うことができ、「暗い性格」は「落ち着いた性格」と表現することもできる。

このように学習者たちにより良い印象を与える言葉を選んで発言することがファシリテーターには求められる*。学習者にはノってもらわないよりは、当然ノってもらったほうがいい。ある研究では、感情を表す全ての英単語558単語を調べたところ、ネガティブなものが62％で、ポジティブなものはわずか38％しかなかったことが判明した。人は良い評判よりも悪い評判のほうに着目し、強い印象が残るのも悪いこと*のほうである（日常的に親は子に向かって「よくできたね」よりも「なんでできないの」と口にすることのほうが圧倒的に多いのではないだろうか？）。

例えば、場を肯定的で和やかなものに変えていくには、ファシリテーターのタイプとして以下の3つの姿勢を意識できるといい。

* 良い印象を与える言葉を選ぶ
おだてるのではなく、おべっかを使うこととも違う。前向きな言葉かけは、取り組みに対して学習者を前向きに、かつ創造的にさせることにつながっていく。

* ネガティブなほうを重視する思考パターン
この傾向はあまりにも強いので、対人認知の研究者はこうした人の傾向を「ポジティブとネガティブの非対称性」と銘じている。

和を尊しとするタイプ（主張を問いに代え、判断を相手に委ねる）
私はこう思います ➡ ●こういう考えはどうですか？
こうすべきです ➡ ●どのようにすべきだと思いますか？
●こうした方がいいのでは？

下から相手を敬うタイプ（自分を控えめにし、へりくだる）
こうすべきです ➡ ●個人的な意見だけど…
●間違っていたら申し訳ないですが…

罪を憎んで人を憎まずタイプ（人を責めず、物事に焦点をあてる／いい意味で焦点をぼやかす）
あなたはなぜ失敗したのですか ➡ ●何が失敗させたのですか
どうするつもりですか ➡ ●私たちはどうすればよいと思いますか

ちなみに、ファシリテーターのキャラクターは千差万別であってよい。上記3つのすべてのタイプになる必要はなく、自分らしさを比較的出しやすいタイプをまずは意識してみてはどうだろう。

時々、「人前でしゃべるのが得意じゃないので……」とか、「ノリがよくないので……」と尻込みされる人がいるが、逆にしゃべりが上手だとか、明朗快活なことがファシリテーターにとってのプラス要因とは限らない。それぞれの個性がファシリテーターにとって活かすべき要素なのであって、ノリのいい人、静かな人、物腰の柔らかい人など、各々のファシリテーションがあるのだと思う。自分

の特性を卑下するのではなく、「自分を活かせるファシリテーションとは？」とそこもポジティブな問いに変えて、**自分らしいファシリテーションを追究**していってほしい。

コラム 10-1

問い方で答えは変わる

　人の認識、記憶がいかに曖昧であるか、クリストファー・チャブリスとダニエル・シモンズが行った有名な実験があります。被験者には、白と黒の服を着た人たちがバスケットボールをしているわずか30秒弱の動画を見てもらうのですが、その中で白の服を着ている人たちが何回パスをしていたかを問うだけのものです。今、このコラムを読んでいて、この実験を知らないという人は、読み進める前に下記URLにアクセスして、ぜひ被験者となって実際に試してみてください。

selective attention test (Daniel Simons)
https://www.youtube.com/watch?v=vJG698U2Mvo

　この実験は「見えないゴリラ（The Invisible Gorilla）」と呼ばれ、その名が暗示するように、映像の中にゴリラの着ぐるみを着た人が9秒間にわたって画面を横切っていきます（しかも中央に来た時にはカメラ目線で大げさに胸を叩いている！）。見終わった後、改めて「何回パスをしていましたか」と聞き、答え合わせをした後、さらに「ところで、ゴリラがいたのに気づきましたか？」と確認します。すると、なんとおよそ半数もの人がゴリラを見逃しているというのです。

　もし、これが白い服を着た人に焦点を当てたものではなく、「黒い服を着た人たちは何回パスをしていましたか？」と聞いたものであったり、「バスケットボールをしていた人たちは何人でしたか？」と質問を変えていれば、おそらくゴリラに気づかない人の割合は減っていたことでしょう。

　手品師が観客を翻弄するのもこの実験と同様のカラクリです。観客の視線を巧妙に誘導し、釘づけにしておいて、その隙にネタを仕込むのです。科学的にはこれを「非注意による盲目状態」と言います。

　また、記憶を研究している心理学者、エリザベス・ロフタスが行った実験も示唆に富んでいます。被験者に模擬事故を見せて、一方には「車が"ぶつかった"時、速度はどれくらいだったか？」と聞き、もう一方には「車が"激突"した時、速度はどれくらいだったか？」と聞きます。すると、"激突"という誇張した質問をされた後者のほうが回答する速度は上となったのです。加えて興味深いのは、激突という言葉を使って聞いた被験者のほうは、「車のガラスが割れていた」との証言を得る確率が高くなったといいます。実際にはガラスは割れていなかったというのにです。

　ちょっとした言葉のニュアンスのちがいで引き出されるものは変わってきてしまいます。問いかけ次第で誘導できてしまう怖さをファシリテーターは常に心得ておかなければなりません。ファシリテーションは盲目状態に引き込むものではなく、開眼するほうへ可能性を広げていくものなのですから。

〈参考〉
○クリストファー・チャブリス＆ダニエル・シモンズ『錯覚の科学』文藝春秋、2011年
○エリザベス・ロフタス，キャサリン・ケッチャム『目撃証言』岩波書店、2000年
○TED Elizabeth Loftus: The fiction of memory

1-4 言葉のマナーは「江戸しぐさ」から

　江戸は世界的に見て、当時、最大規模の都市であり、住んでいる人々が互いに快適に暮らすことができるよう、さまざまな工夫がなされていた。そうした江戸の人たちの暮らしの知恵や独自の習慣から生まれたものが**江戸しぐさ**である。

　とかく、教室の中では子どもたち同士で乱暴な言葉や議論の妨げになるような発言が聞かれる場合がある。それがふざけてであったり、わざとであったりしても**「言葉が空気をつくる」**という観点から、学習の場で注意し合いたい江戸しぐさをいくつか挙げてみたい。

●戸閉言葉（とじまりことば）

　謙虚さを重視する江戸庶民の間では、「しかし」「だって」「でも」のような自己中心的な言葉は失礼にあたるとされていた。ファシリテーターが自分のまとめたい方向へ誘導しようとし、「しかしそれは無理があるでしょう」などと言ってしまえば、否定された学習者は心を閉ざしてしまうので避けるべきワードである。

●水かけ言葉

　話の腰を折り、その場の雰囲気を壊すような言葉にも注意が必要である。「だからどうしたの」「そんなこと知ってるよ」など、冷や水をかけるような言葉は対話を続けようとする気持ちを著しく害させる。もし学習者からそのような言葉が出た場合は、発言を尊重するよう促す必要がある。

●刺し言葉

　「あなたが悪い！」のような反論の余地もない断定的な言い方は、その場の雰囲気だけではなく、人間関係も壊しかねない。また、「どうせ他人のこと」といった無気力な発言は、他の学習者にも悪影響を及ぼす。他者に矛先を向ける前にまず自分自身をかえりみるよう促したり、自分たちとのつながりを意識させたりするような工夫があるとよい。

●手斧言葉（ちょうなことば）

　手斧（ちょうな）とは、木材を粗削りするための斧のこと。「うるさい」「馬鹿野郎」といった乱暴な言葉遣いは、言ってはならない「言葉の凶器」とされていた。そうした言葉は、一部の無関心な学習者による妨害行為であり、当たり前と思えても事前の確認としてグランドルール（第2章第2節参照）を押さえておきたい。

　江戸しぐさの根底にあるのは、思いやりや気配りである。言葉ひとつで気持ちが離れてしまわないよう、日頃から注意しておこうというものである。「ワールドカフェ」（第2部参照）では、ファシリテーター役をホストと呼ぶが、まさにホストのごとく、学習者が心地よくのびのびと学び合える**思いやりと気配りがファ**

シリテーターには必要条件とされるわけだ。

だから、当然、**言葉がけと場づくり（関係性の構築）には強い相関**がある。江戸しぐさにおいてもそこは心得ており、お互いが快適で居心地の良い空間を生み出すための心がけこそがその真髄なのである。

●傘かしげ

雨の日、雨のしずくを相手にかけないよう、傘をさした人同士がすれ違う時、たがいに傘を外側へ少し傾ける動作。

➡ファシリテーター、学習者ともに他者を尊重し、配慮する心持ちを！

●尊異論

馴染みのある者だけで小さく固まるのではなく、年下や役職が下の者の意見にもよく耳を傾け、差別することなく接する態度のこと。

➡ファシリテーターはできる限り、場に多様性（メンバー構成の多様性、意見の多様性、空間デザインの多様性）を保つようにする。

●有難うしぐさ

「ありがとうございました」という言葉を「ありがとうございます」と言い直すことにより、できた関係をそこで断ち切ることなく、またよい関係を継続させたいという気持ちを伝えるしぐさのこと。

➡ファシリテーターには、ポジティブに捉え直す志向と学びを連綿とつなげていく姿勢が必要。

ふりかえり

☐ 発言させたまま言いっ放しにせず、発言どうしをつないだり、もどしたりすることを意識する（やり取りを一方通行にしない！）。発言されたものをそうして編集し直し、見え方を変え、学習者に再考を促す。

☐ 言葉の印象を意識し、肯定的な雰囲気を醸成する。

☐ ファシリテーター・マインドのひとつとして江戸しぐさに潜む思想に学ぶ。

第10章　ファシリテーター・マインド

やってみよう

- 実践（または実習／シミュレーション）する際、「それはいい意見ですね」などとジャッジして、そこでやりとりを途切れさせるのではなく、常に「つなぐ」「もどす」ことを心がけ、一往復以上のやりとりを意識的にやってみよう。

- 自分には、人に語れるどんなストーリーがあるか、ストーリーテリングを想定して、リストアップしてみよう。その時、「私の人生は平凡で、人前で語れるようなことはないから」などと決して思わず、ポジティブに顧みることが重要。
  そして、できればそれがファシリテーションとどう関連し、何が影響していたかもあわせて分析してみると、ファシリテーターとしてのあり方も改めて考えることになる。

問いかけ方、言葉の選び方ひとつで、誘導しようと思えばできちゃうんですよね。

その危険性は常に意識する必要があるわね。誘導や洗脳になってしまってはファシリテーションではなくなってしまうから。

ウガンダの学校

2. 学習者との関係性
ともに学び、失敗を歓迎し、変化をおそれず、とにかく楽しむ！

ファシリテーションの根幹は、学習者とどのようにコミュニケーションを図り、どういった関係性を築いていけるのかというところにあります。結局、ファシリテーション・スキルは、そうした関係性を築いていくためのものであり、その築かれた土壌でしか十分に機能しないものなのです。

2-1　ともに学ぶ

*ディヴィッド・セルビー
グローバル教育の第一人者。『地球市民を育む学習』『グローバル・クラスルーム』（ともに明石書店）など。参加型学習のアクティビティ紹介など、日本における彼の影響は大きい。

ディヴィッド・セルビー*のセミナーをカナダで受けた際、強く印象に残っているのが、「教師は"I don't know"と言えなくてはならない」という言葉である。「だから、一緒に学び合いましょう」というスタンスが教師側になければいけないというのだ。このスタンスには「私が答えを持っているとは限りません」といったメッセージが含意されており、「先生（＝teachingする人、知識を伝授し教え諭す人）ではありませんよ」という姿勢の現れである。なかには、先生をそうした「教える―教えられる」といった従属・被従属の関係性に置くのではなく、単に「先に生まれた人にすぎない」とフラットな関係性の中で捉えようとする人もいる。

学びの場におけるファシリテーターというのは、まさにこうした**「ともに学ぶ」関係性**の中に置かれる。ファシリテーターは**共に旅する人（Co-Traveller）**だとも称されることがあるように、学習プロセスにおける伴走者のようなものなのだ。

前述のディヴィッド・セルビーは、グローバル教育の理論と実践において重要とされるものを「4次元モデル」として次のような図で表現した。

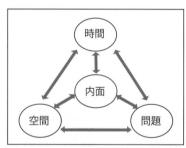

図　グローバル教育の4次元モデル

時間の次元では、過去・現在・未来の各相がバラバラではなく相互に作用しあっていると捉えようというものである。とりわけ、伝統的な学校のカリキュラムでは、過去と現在に焦点が当てられ、あまり未来への視点が顧みられてこなかったが（例えば、「歴史」という教科はあるが、「未来」という教科はない）、私たちの考えや行動は過去だけによって形作られるだけではなく、未来へのビジョンによっても形作られているということを認識する。

空間の次元では、地球上のすべての生命体やモノ・人・情報がグローバルにつながり、相互依存の関係にあることを認識する。また、個人的なレベルでも知性、身体、精神性のつながりを意識することが重要で、個人から地球にいたるさまざ

第10章　ファシリテーター・マインド

まなレベルで影響を及ぼしあっているシステムであることを理解する必要がある。ここには、従来の教育や学問が細分化するモノの見方（科目に分割された時間割や○○学としてきた分類）を強調してきたことへの批判も含まれている。

問題の次元では、学習者の日常生活に関連するたくさんの問題を取り扱い、それらの問題どうしがつながりあっているということを理解し、多様な観点から捉えることを意識する。自分のモノの見方はあくまでひとつの見方にすぎないことに気づき、最終的には自分たちのモノの見方を新しいものへと変えていく。

こうした3つの次元の中心に位置するのが**内面の次元**で、4つの次元が互いに関連しあうところで「外へ向かう旅」と「内へ向かう旅」が行われている。「外へ向かう旅」は自分たちが生きている世界を見つめる学習者たちの旅であり、「内へ向かう旅」はそうしたプロセスの中で自分を内省し、自身の可能性を探索する旅である。

「共に旅する人」とも呼ばれるファシリテーターは、学習者をそうした旅へと連れ出し、自己実現や社会的責任を果たすための準備にお供しているようなものなのである。

2-2　失敗を歓迎しよう

＊3Mのポストイット
1968年、3Mの研究員スペンサー・シルバーは、たまたま粘着力の弱い粘着材を開発する。用途が見つからなかったが、1974年、同僚のアーサー・フライが、教会で聖歌を歌う時に楽譜に挟んでおくのにちょうどいいことに気づき、製品化されることとなった。

＊**失敗が成長を生む**
ウォルト・ディズニーは創造力が足りないと新聞社を首になり、ビートルズはもうギターバンドは流行らないと大手レコード会社のオーディションに落ちた。彼らが後に大成したのは、失敗を次へのエネルギーに転化できたことと、その受け皿として失敗を歓迎する土壌があったからだろう。

ワークショップで私たちがよく使う3Mのポストイットは糊としては失敗作で、開発当初は社内でまるで見向きもされない代物だったことは有名な話である＊。しかし、粘着力が弱いという欠陥が売りになると気づいた社員によって後に商品化され、今の成功につながったのである。失敗は、可能性がゼロにリセットされることではなく、可能性のつぼみをふくらませる源泉なのである。つまり、プラスのベクトルなのである。

だから、スタンフォード大学で起業家育成コースを担当しているティナ・シーリグもハーバード大学でポジティブ心理学を担当しているタル・ベン・シャハーも異口同音に「失敗は早く、何度もしなさい」と言っている。それは、失敗が気づきや学びを得る経験であり、成長を生むものであるからだ＊。逆に、失敗していないことは単にリスクを負わなかったということであり、成長の機会をみすみす逸したということになる。決して「失敗しない＝成功」ではないのだ。トーマス・エジソンも「成功に至る道は失敗の連続だった」と述べている。

だからファシリテーターは、答えはひとつであるとの前提で解答に導くのではなく（かりそめの成功）、多様な意見を引き出し、気づきのチャンスを増やそうとする（失敗は成功のもと）。

ある実験はそのことを裏付ける。ソフトウェアのトレーニングで、一方のグループにはミスが起きないように指導し、もう一方のグループにはミスを冒すように

誘導する。その結果、ミスをするように促されたグループのほうはより高い自己効力感を示し、ずっと早くソフトウェアを使えるようになったという。

学習者は失敗を恥ずかしいと思い、ゆえにそれを避ける最も安易な方法として「何もしない」ことを選択しがちである。また、「知っている―知らない」というパラダイムにはめ込むと学習者は硬直し、創造力を閉ざすことになる。もし、積極的に失敗を冒すことでこそ、学びが豊かになるのだと実感してもらうことができれば、場の雰囲気は一転する。**失敗を歓迎する関係性**は、学習者との間で醸成されるべきである。

2-3　変化を恐れない

人は現状に特段の不満がなければ、あえて変化することは望まず、どうしても安穏とした状況に留まろうとする。しかし、そこに伸び代はない。ファシリテーターは、学習者がこれまで見てこなかったもの、見ようとしなかったものへも目を向けさせ、安住の地から一歩踏み出してみようと時に声をかけなければいけない。

変化することは学びの本質である*。認知心理学者で「わかる」「学ぶ」ことの意味や過程の分析を試みた佐伯胖は、「『わかる』とは『絶えざる問いかけを行う』ことでもある」と述べ、「学びとは、終わることのない自分探しの旅なのである」と例えた。つまり、「わかる」「学ぶ」という行為は、継続性・連続性のあるものであり、自分が変化し続けることなのである。

＊学びの本質としての変化
ちなみに、変化は学習者だけに望むものではなく、実践者サイドも変化を恐れてはいけない。授業方法は今まで通りでいいとあぐらをかくのではなく、より興味深い素材はないか、より効果的な手法はないかと常にアンテナを張り、実践をブラッシュアップしていくことを心がけたい。

そうであれば、学習者との間で「自分は変わることができる」「社会は変えられる」というマインドが共有されていなければいけない。だから、**「変化は可能である（Change is possible）」**と信じることは、ファシリテーションの大原則としてある。パウロ・フレイレが、晩年、「ものごとを変える、変えることはできる、という意志と希望を失ったそのときに、教育は被教育者に対する非人間化の、抑圧と馴化の行為の手段となっていく」と語ったのは、ファシリテーターとしての気骨を失ってはいけないという警鐘とも受け取れる。

しかし、そうした変化は学習者の内側から生じるものでなければ、意味がない。日本のファシリテーターの先駆者である池住義憲は、その重要性をよくヒナの孵化に例えて解説をする。鶏のヒナは約3週間で殻を破って生まれてくるが、その数日前になると、めんどりは卵の殻を外からコンコンと軽くつつく。そうすると中からヒナも呼応してコンコンと返す。そうして最後にめんどりがとるのは「なにもしない」というアクションである。強くつつきすぎれば（過干渉）、殻を壊し、ヒナを傷つけることになる。そこは、ヒナには自分で殻を破って外に出てこられる力が備わっているのだという信念があるから**「なにもしない」という重要な役割を担って待つ**ことができるのだ。

変化を恐れてはいけないし、変化が起きないということも恐れてはいけない。変化は可能であり、変化は内側から訪れるとの信念を互いに持つことから始めよう。

2-4　とにかく楽しむ！

学習者もファシリテーターも**学習プロセスのすべてを楽しまなければならない**。あえて、「なければならない」と強調するのは、それが伝播するからである。そもそもファシリテーター自身が楽しいと思えて実践できていなければ、その場が楽しいものになっていくはずはない。ちなみに、ここで言う「楽しい」とは、ファシリテーターが興味深い、意義深いと感じるテーマ、課題に取り組んでいる充実感からわき上がってくる感情のことを指し、「楽しい」実践というのは、必ずしもそこかしこから笑い声が漏れてくるものだけではなく、学習者が時を忘れて真剣な眼差しで取り組んでいるもののことも指している。いずれにせよ、そうして醸し出される空気は場全体に影響し、学びがどんどん展開するプラスの相乗効果を生む。もし、それが意図的に楽しさを演出したものであったとしても、「情けは人の為ならず」ならぬ「楽しさは人の為ならず」で、結果、その楽しさはめぐりめぐってファシリテーター自身のところに本物の楽しさとして戻ってくるであろう。

コラム 10-2

「反転授業」で役目も反転

　最近にわかに反転授業が注目を浴びています。反転授業とは、これまで教室で行われていたことと家庭で行われたことを逆転させた授業形態のことです。つまり、子どもたちは自宅でビデオ授業を視聴し、宿題として基本的なことを理解してきます。学校ではそれをもとに応用問題を解いたり、議論を行ったりして、より理解を深めていくのです。教科書を読み、問題を解いていくことに関しては、なにもわざわざ教師が行う必要はなく、「PC が指導する」ことで十分にまかなえるというのです。タブレット PC の普及や YouTube などネットで動画が視聴しやすくなったことなど、教育環境の変化もこの反転授業を後押ししています。

　反転授業を試みた実践では、従来型の授業に比べ、成績が向上したとか、学びあいの場面が増えたなどの成果が報告されています。そうなるとこれまで教室で教師が行ってきたことは、ある分野、ある単元を教えることに卓越した動画の中の先生に譲ることになります。

　はたして役割を奪われた教師は学校で何をすればいいのでしょうか？協働して学ぶ子どもたちの姿が学校に増えていくのですから、教師は今こそファシリテーターとしての役目を担えばいいのです。

第1部　授業を変えるファシリテーション

　　ハーバード大学が30年以上にわたって行った1万2000人以上を追跡した調査によれば、日々接している家族や友人が幸せを感じていると、幸せを感じる可能性が15％高まるそうだ。また、その人の幸福度は自分から数えて3人目まで影響することがわかった。これは学びの場における楽しさに置き換えても、おそらく同様のことが言えるに違いない。もとより、学習するのは、自分や自分のまわり、社会がハッピーであればとの願いや希望があるからであろう。そう捉えると、おおよそ起点となるファシリテーターが学ぶことの楽しさを醸し出せなければ、相当の可能性を閉じてしまうことになる。それは学習者が学びを深め、変化し成長していくチャンスを奪うことである。

　　たとえ、「勉強は嫌いだ」と口にする学習者がいたとしても、「成長することが嫌いだ」と言う学習者はいない。みんな、「変わりたい！」と願っているのだ。だから、「とにかく楽しむ！」というマインドをファシリテーター自身が忘れることは、決してあってはいけないのである。

ふりかえり

- □ ファシリテーターは「共に旅する人（Co-Traveller）」であり、学習者とともに学ぶ姿勢を心がける。
- □ 失敗は学びや気づきの源泉であるから、それを歓迎する関係性、場を構築する。
- □ 変化は可能であると信じ、その内側からの変化を待つ。
- □「とにかく楽しむ！」マインドを忘れない。

大げさかもしれないですが、ファシリテーターは自分の人生も学習者の人生も豊かにするんですね。

今年1年、ファシリテーションを意識してやってみてよかったでしょ。

第1部 参考文献　　　　　　　　　　　　　　　　　　　　　　　　　　　　　　　　　　※カテゴリー別に発行年順

●ファシリテーション全般

フラン・リース『ファシリテーター型リーダーの時代』プレジデント社、2002年
中野民夫『ファシリテーション革命 参加型の場づくりの技法』岩波書店、2003年
堀公俊『問題解決ファシリテーター』東洋経済新報社、2003年
マイケル・ドイル、デイヴィッド・ストラウス『会議がうまくいく法―ファシリテーター、問題解決、プレゼンテーションのコツ』日本経済新聞社、2003年
堀公俊『組織を動かすファシリテーションの技術』PHP研究社、2004年
堀公俊『ファシリテーション入門』日本経済新聞社、2004年
堀公俊『ファシリテーションの技術「社員の意識」を変える協働促進マネジメント』PHP研究所、2004年
西村克己『会議は誰が仕切るかで決まる　ファシリテーションで理想の会議を実現する技術』中経出版、2005年
ロジャー・シュワーツ『ファシリテーション完全教本　最強のプロが教える理論・技術・実践のすべて』日本経済新聞社、2005年
ちょんせいこ『人やまちが元気になるファシリテーター入門講座 17日で学ぶスキルとマインド』解放出版社、2007年
堀公俊・加藤彰『ワークショップデザイン―知をつむぐ対話の場づくり』日本経済新聞出版社、2008年
中野民夫ほか『ファシリテーション　実践から学ぶスキルとこころ』岩波書店、2009年
中野民夫監修／三田地真美著『ファシリテーター行動指南書』ナカニシヤ出版、2013年

●参加型学習／ワークショップ

グラハム・パイク、デイヴィッド・セルビー『地球市民を育む学習』明石書店、1997年
開発教育協会『参加型学習で世界を感じる　開発教育実践ハンドブック』開発教育協会、2003年
ロバート・チェンバース『参加型ワークショップ入門』明石書店、2004年
グラハム・パイク、デイヴィッド・セルビー『グローバル・クラスルーム』明石書店、2007年
堀公俊『ワークショップ入門』日本経済新聞社、2008年

●アイスブレイク

今村光章『アイスブレイク入門』解放出版社、2009年
青木将幸『リラックスと集中を一瞬でつくる アイスブレイク ベスト50』ほんの森出版、2013年

●ファシリテーション・グラフィック

世田谷まちづくりセンター『参加のデザイン道具箱 Part 3』世田谷トラストまちづくり、1998年
堀公俊・加藤彰『ファシリテーション・グラフィック 議論を「見える化」する方法』日本経済新聞社、2006年
村井瑞枝『図で考えるとすべてまとまる』クロスメディア・パブリッシング、2009年
堀公俊『ワクワク会議』日本経済新聞社、2009年
藤原友和『教師が変わる！授業が変わる！「ファシリテーション・グラフィック」入門』明治図書、2011年
岩瀬直樹・ちょんせいこ『よくわかる学級ファシリテーション 授業編』解放出版社、2013年

●学校・教育

津村俊充『プロセス・エデュケーション』金子書房、2012年
佐伯胖『「学び」の構造』東洋館出版社、2000年
佐伯胖『「学ぶ」ということの意味』岩波書店、1995年

●対立解消・合意形成

猪原建弘『合意形成学』勁草書房、2011年
片上宗二『オープンエンド化による社会科授業の創造』明治図書、1995年

片上宗二『オープンエンド化による道徳授業の創造』明治図書、1995年
土木学会誌編集委員会編『合意形成論 総論賛成・各論反対のジレンマ』土木学会、2004年
モーニングサイドセンター編『子どもとできる創造的な対立解決―実践ガイド』開発教育協会、2010年

● 評価・ふりかえり

安部芳絵『子ども支援学研究の視座』学文社、2010年
石森広美『グローバル教育の授業設計とアセスメント』学事出版、2014年
遠藤貴広「実践者の省察的探究としての評価を支える実践研究の構造――福井大学教育地域科学部の取り組みを事例に」『教師教育研究』6: 279-298、2013年
尾崎新「『ゆらぎ』からの出発――『ゆらぎ』の定義、その意義と課題」尾崎新編『「ゆらぐ」ことのできる力　ゆらぎと社会福祉実践』誠信書房、1999年
ドナルド・A・ショーン『省察的実践とは何か プロフェッショナルの行為と思考』鳳書房、2007年
開発教育協会『ESD・開発教育実践者のための　ふりかえり・自己評価ハンドブック』開発教育協会、2014年

● その他

（特活）開発教育協会『援助と開発』
ピーター・M・センゲ『最強組織の法則―新時代のチームワークとは何か』徳間書店、1995年
出口汪『「出口式」論理力ノート』PHP研究所、2006年
ティナ・シーリグ『20歳のときに知っておきたかったこと　スタンフォード大学集中講義』阪急コミュニケーションズ、2010年
ショーン・エイカー『幸福優位7つの法則　仕事も人生も充実させるハーバード式最新成功理論』徳間書店、2011年
トム・ラス、ジム・ハーター『幸福の習慣』ディスカバー・トゥエンティワン、2011年

● 英文

Lewin, Kurt (1943). "Defining the 'Field at a Given Time'." Psychological Review, 50, 292–310.
Deutsch, M., & Gerard, H. B. (1955). "A study of normative and informational social influences upon individual judgment." The Journal of Abnormal and Social Psychology, 51(3), 629-636.
Asch, S. E. (1951). "Effects of group pressure upon the modification and distortion of judgment." In H. Guetzkow (ed.), Groups, Leadership and Men. Pittsburgh, PA: Carnegie Press.
Moscovici, S. (1976). Social Influence and Social Change. London: Academic Press.
Stoner, J. A. F. (1961). A comparison of individual and group decisions involving risk. Unpublished Master's Thesis, Massachusetts Institute of Technology.
Wallach, M.A., Kogan, N & Bem, D.J. (1962) "Group influence on individual risk taking." Journal of Abnormal and Social Psychology, 65: 75-86.
Janis, I. (1972) Victims of Groupthink, Boston: Houghton-Mifflin.
Ringelmann, M. (1913) "Recherches sur les moteurs animes: Travail de l'homme" [Research on animate sources of power: The work of man], Annales de l'Institut National Agronomique, 2nd series, vol.12, 1-40.
Festinger, L. (1952). "Some consequences of de-individuation in a group." Journal of Abnormal and Social Psychology, 47(2), 382–389.

第 2 部

より高度な
ファシリテーションへの道

第2部

より高度な

第1章
対話型授業と ジェネレイティブ・ファシリテーター

1. 討議から対話へ

1-1 ラーニング・ファシリテーターになる

本書は、これまで、教師（teacher）がラーニング・ファシリテーター（learning facilitator）＊になることを願って、ファシリテーションを学校教育に適用する技能を体系的に整理してきた。

＊ラーニング・ファシリテーター
学習者の主体的な学びを促進する専門家。

私たちの視点は近年の新しい教育動向にある。つまり、第5次学習指導要領改訂（1977-78年告示）あたりからの学力観の見直しや、第7次学習指導要領（1998-99年告示）以降の「生きる力」の重視などであり、教育現場における「ワークショップ型授業」などの主体的な参加型学習実践の流れである。

私たちはこうした授業改革の流れに賛同する。しかし、それゆえに懸念も抱いている。例えば、ワークショップ型授業というとき、そこにはファシリテーターが不可欠だが、教育現場ではラーニング・ファシリテーターたるべき教師の力量育成への配慮がいまだ不十分であることだ。

方法なき理念は空虚である。

このことは単に方法だけの問題ではない。重要なのは、授業内容との関連で、参加型の主体的学びがいかに深い学びに至るかが実践的課題なのである。

内容を深めるファシリテーターの力量が問われなければならない。

1-2 学びを深めるための教育課題

ワークショップ型授業は参加・体験のある授業であるが、参加・体験が確保されていれば良いわけではない。大切なのはいかに深めることができるかである。いかに深めるかを考察するとき、そこには「生きる力」に関連して、以下のような教育課題が現れてくるだろう。

① 変化への対応としての学び
② 深い問いをめぐっての自主的・主体的な学び
③ 言語活動で仲間と協働する学び

変化への対応とは、これまでのように簡単に解を導き出せない激動の時代への

第2部　より高度なファシリテーションへの道

対応を意味する。これからの学びは、解が見つからず、あるいは解が一つとは限らないなかで解を求め続けることが問われている。

自主的・主体的とは、単に参加・経験する学びではなく、問題を自分事として捉え、当事者意識をもって自らをエンパワーしていくことである。ここでの深い問いが第1部のオープンクエスチョンであることは言うまでもない。

言語活動で仲間と協働するとは、協働作業のコミュニケーションを通して、仲間と共に学び合うことで、多様な視点で解を探求していくことである。

これらは今日の学びにおける根本的教育課題だが、第2部では特に言語活動で仲間と協働する学びを重視する。

学習者たる生徒の現状は、コミュニケーションが苦手で、自らに自信が持てず、目立つことを恐れ、厳しいことから逃避しがちと言われている。

ここにあげた教育課題は、こうした現状を克服するための挑戦にほかならないが、特に言語活動による人と人のつながりが重要であろう。このことは近年の教育行政が強調しているところとも軌を一にする。

1-3　深い学びと深い対話

今日は「グローバルな時代」とも言われる。人種や文化は多様であり、互いに想像できないほど異なっていることが前提となっている。そうしたなかで異なる者同士の相互理解を進めるコミュニケーションが問われる。

第2部では、切実な教育課題を総合的に実現する柱は言語活動であり、対話能力と考えているが、ここでの対話とは会話ではなく対話であり、それも一般的な話し合いでなく「**深い対話***」と意識したい。

＊深い対話
多田孝志氏の推奨する共創的対話のプロセス。第2部はこのコンセプトを具体化するものである。

深い対話とは、考えの異なる者同士が、互いの違いを認め合い、理解し合い、互いの発言の意味を根底から学び合い啓発し合うことで、心の深い所で響き合い、結果として新しい発見に至るプロセスである。たとえ賛同できなくとも、直ちに敵対するのでなく、深い所で通底するものを探す態度を伴う。

残念ながら、現実社会でも教育現場でも対話がこうした深い対話として機能しているとは言えないのではないか。だとすれば、まずはこれが教育にとって、あるいはラーニング・ファシリテーターにとって、重大な課題であることを共有したい。

2. 対話型授業の実践に向けて

2-1 対話型授業で築く深い学び

では、授業で深い対話を促進するとはどういうことだろうか？

今日、対話型授業といえば、ハーバード大学でのサンデル教授の問答型講義が代表とされている（182頁コラム参照）。

サンデル教授は、対話で展開する授業の目標を、「学生たちが自らの道徳的・政治的信念を批判的によく考えることができるようになること、そして彼らが信じていることとその理由を明確にできるようになること」としている*。

＊M. サンデル＆小林正弥『サンデル教授の対話術』NHK出版、2011、43頁。

サンデル教授による対話型講義の「深い学び」は、論理的に研ぎ澄まし、多様な角度から批判的に考察を深めていく学びである。

2-2 ジェネレイティブ・ファシリテーターになる

この第2部では、対話で深い学びを生成するファシリテーターを**ジェネレイティブ・ファシリテーター（generative facilitator）**とよび、そうした存在を究極のラーニング・ファシリテーターと考えている。

ここではサンデル教授に多くを学ぶことになるが、対話を推進するジェネレイティブ・ファシリテーターとはどういう存在だろうか。"generative"とは「生成的」を意味するが、何をどのように生成するのだろうか。

ここには、対話の創発的側面と教育の深い学びとが根底で深くつながっているのである。

まず、対話のスキルを整理しておこう。対話には次のようなスキルが必要である。

① 「関係性」スキル … 仲間として対等な関係性をつくる力
② 「聴く」スキル … 違いを肯定し、傾聴する力
③ 「話す」スキル … 理路整然と理由を添えて仮説を提起する力
④ 「問う」スキル … 根源的な問いを発見する力
⑤ 「共感する」スキル … 相手に共鳴し響き合う力
⑥ 「変化する」スキル … 納得したら自分のものとし成長する力
⑦ 「深化させる」スキル … 新しい創発的な問いを発見する力

こうして、対話のスキルが機能している場とは、対等な仲間同士の意見交換や相互が大切にする価値観を尊重して共感的な意見交換が行われ、自分の意見に固執せず、自分の意見を仮説として提起しており、異なる意見を傾聴し、違いを活かしつつ深める意見交換ができている場である。学習者は自分なりに省察し、思

考の深まりを明確化している。

ここで、「違いを活かしつつ深める」のはリフレーミングの一種である。多様な意見交換から対立に終わらず、新たな見解に至る。ここに「深い学び」が生成する。

ジェネレイティブ・ファシリテーターはこうした対話の場に関わる存在である。そのためには、次のようなスキル修得を必須の応用課題としている。

> （1）場のコンテキスト*、流れ、問いを確定し、周到に準備する
>   ➡対話の場を準備し、対話を深める問いを設定する
> （2）参加者をもてなす安心・安全な場を開く
>   ➡安心・安全な場を開き、もてなしの場として保持する
> （3）根底を探求する問いを提起し、問いへの集中を促す
>   ➡問いをめぐっての多様な意見交換で学びを深める
> （4）2つのプロセスを見守る
>   ➡場の進行と状況を見守る
> （5）多様性の力を生かし、対立を止揚*する
>   ➡臨機応変に創発を生み出す問いかけで創発的学び合いを促進する

*コンテキスト
ねらい、参加者、場所、時間など実践上の諸条件。

*止揚
対立の中から新しい第三の解に至ること。

これらの課題で重要なのは、多様な意見交換を反映して各自の意見が深まることであり、聴き・訊くやりとりが単発でなくからみ合うことで場の思考が深まり、高次のリフレーミングに至ることと言えるだろう。

コラム 1-1

サンデル教授の「白熱教室」

ハーバード大学の政治哲学者マイケル・サンデル教授の講義は「ハーバード白熱教室」として放映され、大きな反響を呼んだ。

ジレンマに富んだ根源的問いの投げかけ、論理の明確化、やりとりでのゆさぶり、さらに明快なテンポ等は、優れたファシリテーションと評価できるだろう。

ただし、果たしてサンデル教授はファシリテーターか？という点ではファシリテーターたちの間にさまざまな意見もある。批判的な意見では、自説をもっているがゆえに、講義はその結論へ導くまでの（予定調和の）プロセスなのではないかとも言われる。また一斉授業の問答法ゆえにサンデル教授の圧倒的学識が成否を左右している。

このように難しい課題を含むものの、サンデル教授が対話の方法でテーマを深めていること、学生が大きな学びを得ていることは明らかである。ここでは、サンデル教授の優れた側面を、ファシリテーターが重視すべきプロセス、問い、対話の方法の3つの観点で、サンデル教授からの学びとして整理しよう。

（1）2つのプロセス

ファシリテーターは2つのプロセスに関与する。ひとつは内容（コンテンツ）の展開だ。サンデル教授はこれを対話の手法で掘り下げていく。もうひとつは場（スペース）の状況を非言語的な反応を含めて読み解くことだ。

サンデル教授が場の状況をどんなふうに読み解いているかに注目するならば、彼が一流のファシリテーターであることに気づかされる。場はどんな状況で、どんな力関係が働いているかを察知して、状況に応じて説明の仕方を変え、臨機応変に対応しているのだ。

このように、内容の進展だけでなく、内容以外のプロセスは重要である。もっと少人数のグループ学習なら、教師はより丁寧に生徒たちの状況を読み解くことが問われる。

（2）学びを深める問いの力

問いは、内容（コンテンツ）の軸である。そして、もうひとつのプロセスへも働きかけるものである。サンデル教授の講義は問いから始まる。究極の問いで学び合う対話を展開する。問いに対する学生の考えを聴くこと、意見交換を容易にすることが授業者の役割である。

例えば、以下のような効果を念頭に置きながら問いを展開している。

①テーマを問いで表し、探求心を掻き立てる。
②参加者を巻き込み、意見を引き出す。
③掘り下げる方向性を一致させて深める。

（3）対話型の学びの方法

サンデル教授の講義方法に関して次のような整理がなされている。大学での政治哲学の一斉授業を前提にしているが、参考になるのでそのまま紹介する（M. サンデル＆小林正弥前掲書）。

アート①　学生の発言を論理的に明確にする
アート②　学生に哲学的立場を自覚させ、それぞれの立場の代表者を見出す
アート③　個人的な攻撃を避けさせて、学生自身の論理を徹底的に展開させる
アート④　臨機応変に議論を展開させていく
アート⑤　哲学に関する実験（テスト）をして学生にその内容を考えさせる
アート⑥　チームを作って少数派の意見を積極的に引き出す
アート⑦　正反対の意見を戦わせて議論を深化させる
アート⑧　あえて自分の思想への反対意見を引き出す

2-3　学びの共同体のファシリテーター

　私たちは、サンデル教授の問答法のファシリテーションに多くを学びながらも、共に問いを深める協働的グループ活動を構想する。多様な視点を出し合い、互いに啓発し合いながら考えを深めていくことを構想する。自らが主体的に気づきに至ることから、学びとは自己変容のプロセスである。

　こうした学びのデザインは**協働学習**（collaborative learning）に位置づけられる。グループのみんなで学び合う結果の集合知が問われる。

　ところで、こうした学びはいわゆる「学びの共同体」の学習論に準じている。両者に通底するものは「対話的コミュニケーション」の重視だ。学びの共同体は、まず聴き合う関係性、そこでの対話（学び合い）を重視している。

　今日の教育で重要なのはこうした協働的な学び合う言語能力にほかならない。

コラム 1-2
「学びの共同体」の学びの原理

1　学びの主体としての生徒

　生徒を自分の学習のデザイナーであり、積極的に自らの学びに関わる学び手として捉える。生徒自らが積極的に方略を試したり使う学習を保障する（例えば、説明をしてみる、自分で予測を立てたり、質問を作ったりする）。自分の理解の過程をふりかえり、自覚する機会を設ける。よりよい理解をもとめて、相互にモニターしあったりする。

2　分散された資源と共有・差異の正統化

　クラスを多様な熟達者の集まり、人的資源をわかちもった集まりとして捉え、資源を共有し合う。クラスのメンバーはそれぞれ多様な役割を担い、相互に違いがあることが重要であるという認識をもつ。一人ひとりが何らかの熟達者として自分なりの個人の責任をもち、それらを共有する。一方向の発達を期待するのではなく、本、パソコンなど多様な道具を使うこと、学習中の人との関わりや偶然性を大切にすることで、多様な発達の方向性と機会を大切にする。

3　基礎としての対話と協働

　談話や知識を交換し合う。談話を通して教室に考えの種をまき、交流し取り組む場とする。

4　本物の文化的活動への参加・実践の共同体

　文化的に意味のある本物の活動に参加する。現在自分たちがやっていることと熟達した大人がやっていることが、どのようにつながっているのかがわかる活動をする。学級という壁を超えて、活動に関わっていく。生徒自身が学ぶに値する探求に取り組み、自分のこととして関わりを選択していく。

5　文脈化・状況化された学習

　活動の目的を明確にする。行為のなかで考える。何度でも繰り返し、参加を試みることを認める。研究者になってみる、先生になってみるなど、創造の世界を実際に演じ、応答的に評価し合う。学習カリキュラムのプランは学習とともに柔軟に作り替えていく。

『学びの心理学』106 頁より

第1章　対話型授業とジェネレイティブ・ファシリテーター

「対話的コミュニケーション」の展開は学びのプロセスそのものとなる。対話型授業を実践する教師は、ここでの「学びの共同体」のラーニング・ファシリテーターとして、そこでの対話を深めることを促進する存在である。

3．理論編（U理論とダイアログ）

3-1　U理論における対話

＊U理論
オットー・シャーマーは、対話が深化し、Uの字の底から新たなパラダイムが生成するプロセスを理論化している。

　U理論＊で著名なアメリカの経営学者C．オットー・シャーマーは会話を4つの領域に区分けしている（下表）。

　領域1の**ダウンローディング（downloading）**はあたりさわりのない会話である。ともすると、人びとは思考の新しい展開を深めるよりも自分に都合の良いことだけを聞いている。

　領域2の**討論（debating）**は意見を主張する。相手との差異を聞き分け、自分が考えることを対立させる。留意すべきは、ここまでの領域1〜2では、既存の考え方の枠内にあり、何ら新しいものを生成していないことである。ここまでのディベートでは、新たな創造につながっていない。

　領域3の**対話（reflective dialogue）**は内省的な会話。自分の立場を超えて共感的に聴き、対立を超えて共に考えることが始まる領域である。

＊プレゼンシング
「存在」(presence) と「感じ取る」(sensing) の混成語で、未来の可能性の源を感じ取り、それを今に持ち込むこと。

　領域4の**プレゼンシング（presensing）**＊はいわゆるジェネレイティブ・ダイアログ（generative dialogue）の領域である。自分や他の人の内側を内省的に聴くばかりでなく、自分の枠を広げて全体と協調し、未来に向けた新しいアイデアを創造する。

領　域	
1．ダウンローディング あたりさわりのない発言	「相手が受け容れ易いこと」に基づいて話す。 礼儀正しい決まり文句、空虚な言いまわし **自閉的システム**（自分の考えていることしか言わない）
2．討論（ディベート） 意見を主張する	「自分が考えていること」に基づいて話す。 互いに異なる考え方：「私には私の考え方がある」 **適応的システム**（自分の考えを言う）
3．対話（ダイアログ） 内省的な探求	「全体の一部としての自分自身を観る」から話す。 互いに異なる考え方：「私には私の考え方がある」 **適応的システム**（自分の考えを内省する）
4．プレゼンシング 生成的な流れ	「自分と他者の境界を越えて流れているもの」から話す。 静粛、集合的創造性、流れ。 **生成的システム**（アイデンティティの転換：真正の自己）

『U理論』305頁より

第2部　より高度なファシリテーションへの道

図　Uスペースと反スペース　　『U理論』356頁より

　図「Uスペースと反スペース」は対話の深まりの意義を示している。
　Uスペースでは参加者は奥深い部分でつながり、新しいパラダイムに至ることができる。逆に、本来のUスペースではない反スペースには悪循環がある。図のような悪循環の下では、黙殺、非難、エゴと傲慢、陰謀と情報操作、嫌がらせ・いじめといった現象が現れる。こうした社会病理的現象は決して例外ではない。
　知の深い源泉につながるのを妨げるような教育であってはならない。
　Uスペースでは、「対話」の領域が深まることで「創造の体系」が展開する。そのための土台は深い対話であり、共感的なコミュニケーションである。「共感」の核心は相手が大切にしているものに思いを致すことだ。共感的に互いのニーズに寄り添う姿勢こそが対立を超える。自分の立場の枠を超えて相手を受け入れ、共に探求し合う場を出現させる。
　現実の教育においても、討論（ディベート）だけにとどまらず、対話の領域へ移行できることが言語活動の高度化になる。重要なのは人と人の心のつながりであり、「競争から共創へ」の転換にほかならない。

3-2　ダイアログとしての対話

　U理論の会話領域では、第1領域のあたりさわりのない会話から、第2領域の意見の主張を経て、第3領域から対話のレベルになっている。

　これまで提案してきた対話は、第3領域の内省的対話（reflective dialogue）や第4領域の生成的対話（generative dialogue）として、高次の会話レベルであることを示している。いわゆる**ダイアログ*** である。

　このダイアログとはどういうものだろうか？

　ダイアログの定義に関しては、刺激的な意味づけで今日に大きな影響を与えた物理学者デヴィット・ボームの考えを基に、次のように整理できよう。

　ダイアログとは、価値観（あるいは文化）の異なる者同士が、対等な関係性に基づき、違いを共感的に認め合い、違いを超えて意味を深めることで、新たな創造に至ること。

　ここでは「異なる者同士の対等な関係性」が前提で、次の諸要素が核となる。

> （1）意味の根底からの理解（＝互いの発言の背景を含む理解としての共有）
> （2）違いを超えた相互理解（＝心の奥底で響き合う響感＝共感）
> （3）多様性の豊かさで対立を超える共通理解（＝多様な視点から生ずる共創）

　これらの諸要素は期せずして3種の「共」で括られるが、これらが総合的に機能するコミュニケーションである*。

　仲間同士で心が響き合う関係性を大切にしたい。心のつながりが築けなければ、そこに対話は成立しない。

　こうしたダイアログとしての対話を第2部では「**深い対話**」とする。

*ダイアログ
dialogue の原義dia-logosは「意味が流れる」を意味する。

*小貫仁「開発教育とシステム思考融合の可能性～対話（ダイアログ）で学び合う学習する組織」『開発教育システム思考研究会報告書』、拓殖大学国際開発教育センター、2012、8-9頁。

4．いざ、対話型授業実践へ

4-1　ホールシステム・アプローチを導入する

　これまで、深い対話こそが生徒個人およびグループを成長させるプロセスと確信し、言語活動としての対話型授業とそこでのファシリテーションのあり方を提起してきた。

　第2章では、対話型授業の方法として、ワールド・カフェなどで知られる**ホールシステム・アプローチ*** を紹介する。項目は以下のとおりである。

> 第2章　ホールシステム・アプローチへの招待
> 第3章　ワールド・カフェ

*ホールシステム・アプローチ
できるだけ多くの関係者が集まって自分たちの課題や目指したい未来などについて話し合う対話の手法。

第2部　より高度なファシリテーションへの道

> 第4章　ＡＩ
> 第5章　フューチャーサーチ
> 第6章　ＯＳＴ

4-2　グローバルに対応できる対話能力とファシリテーション

　ワールド・カフェ、ＡＩ、フューチャーサーチ、ＯＳＴを代表的手法とするホールシステム・アプローチは対話を助けるしくみを内包する手法である。

　日頃、第1部のファシリテーションの基本を実践する者は、こうしたホールシステム・アプローチを導入することでジェネレイティブ・ファシリテーターの真髄が（理屈でなく）見えてくるだろう。これは実践者だけが知り得る境地である。

　ホールシステム・アプローチは、学校に導入するにはアレンジが必要だが、現場の教師なら誰にでもできる。実践してみれば、対話の強力な手法であることに驚くだろう。そして、対話型授業の意義を体感するだろう。

　深く対話する力は、私たちのコミュニケーションの回路を開き、人びとの心をつなぎ、社会的合意形成あるいは国際的合意形成に大きな力を発揮する。

　私たちの願いは日本人のコミュニケーションに関するリテラシーが向上することであり、学習者たちがグローバル・スタンダードな対話能力を身につけていくことである。また、実践者のみならず、学習者たちにもファシリテーション能力を求めたい。そのためには、たとえ時間がかかっても「教育の力」に待たねばならない。今日、実践者はその使命を放棄するわけにはいかない。

　重要なのはビジョンを共有する実践の積み重ねである。

参考文献

- 上條晴夫、江間史明『ワークショップ型授業で社会科が変わる 中学校』図書文化社、2005
- Ｎ．クライン『この「聞く技術」で道は開ける』ＰＨＰ研究所、2007
- 中村香『学習する組織とは何か　ピーター・センゲの学習論』鳳書房、2007
- Ａ．カヘン『手ごわい問題は対話で解決する』ヒューマンバリュー、2008
- 熊平美香『チーム・ダーウィン　「学習する組織」だけが生き残る』英知出版、2008
- 中原淳・長岡健『ダイアローグ　対話する組織』ダイヤモンド社、2009
- 香取一昭、大川恒『ホールシステム・アプローチ』日本経済新聞出版社、2009
- Ｃ．オットー・シャーマー『Ｕ理論　過去や偏見にとらわれず、本当に必要な「変化」を生み出す技術』英治出版、2010
- Ｐ．センゲ『学習する組織』英治出版、2011
- 堀公俊『白熱教室の対話術』ＴＡＣ出版、2011
- 多田孝志『授業で育てる対話力　グローバル時代の「対話型授業」の創造』教育出版、2011
- Ｍ．ローゼンバーグ『ＮＶＣ　人と人との関係にいのちを吹き込む法』日本経済新聞出版社、2012
- 野村恭彦『フューチャーセンターをつくろう』プレジデント社、2012
- 佐藤学『学校を改革する』岩波ブックレット、2012
- 秋田喜代美『学びの心理学　授業をデザインする』左右社、2012
- 小林正弥『人生も仕事も変える「対話力」』講談社、2014

第2章
ホールシステム・アプローチへの招待

1. なぜホールシステム・アプローチか

1-1 時代が求める対話を助ける手法

　本書が追及する対話型授業では対話を助ける手法である「**ホールシステム・アプローチ**」(ワールド・カフェ、ＡＩ、フューチャーサーチ、ＯＳＴ)の導入を推奨する。一斉授業で問答法を組み立てるのではなく、深い問いをめぐって対話するグループ学習を組み入れるのである。対話で展開する手法を授業に組み立てることで、対話型授業の実践は一気に具体化する。

　特に、これらは対話を助ける精緻なしくみを内包しているので、ファシリテーターとしての介入をほとんど要すことなく深い対話が実現する。

　また、ホールシステム・アプローチに着目するのは、この手法が、過去の経験から将来を描くことが意味をもたなくなり、教科書的な解では変化に対応できなくなった現代に、すべての関係者(ホールシステム)が集まって集合知としての構想を描き、未来を切り開くことの必要性から誕生したからでもある。この必要性は現代の教育にも共通しているのではないだろうか。

　解が見えにくい現代社会で必要とされる学びは、これまでのようにたったひとつの正解を覚え込むのでなく、多様な意見交換のなかで多様な解を探求する学びであるのが望ましく、あるいはそのように解を探求できる知識・態度・技能が求められている。

1-2 学習する組織の成立へ

＊**学習する組織**
9頁側注32参照。

＊『学習する学校』
ピーター・センゲほか、英治出版、2014

　ホールシステム・アプローチに着目するもうひとつの理由は、今日注目され始めている「学習する組織」＊論との密接な関連にある。「**学習する組織**」**論**の教育版としては、近年、『学習する学校』＊が刊行され、教育的視点が明確に提起された。

　「学習する組織」論には５つの原則(自己マスタリー、共有ビジョン、メンタルモデルの克服、チーム学習、システム思考)があるが、それらを総合して教育的視点を要約するならば、「学習する学校」とは、個人の成長意欲(自己マスタリー)を

*メンタルモデル
人間の誰もがもっている精神構造で、ここでは先入観や偏見のこと。

育むことを前提に、みんなが納得する目標（共有ビジョン）に集い、誰もが囚われがちな偏見や先入観を乗り超えて（メンタルモデル*の克服）、共に啓発し合い・学び合い（チーム学習）、全体的な学び（システム思考）を学校と地域社会との連携で実践していく教育の場である。

「学習する学校」は、対話を重視し、生き生きとした組織として、変化に柔軟に対応できる新しい知のあり方を探求する。

例えば、「学習する学校」として、学校を忌憚なく話し合える安全な場としながら、学校ができることを明確にし、学校改革を進め、教育ビジョンを構築する。「学習する教室」として、受け身の授業を主体的なものに改革し、自分と社会をつなぐ学習を志向する。「学習する地域」として、地域との連携を進め、自主的なボランティア活動などを通して生涯学習につなぐ、などの実践である。

ホールシステム・アプローチの各手法は、こうした学習論を背景に、学習者の主体的な活動で協働の成果が実現する対話の手法として考案された。

つまり、ホールシステム・アプローチは、自己マスタリーを涵養するテーマ学習として機能し、共有ビジョンの合意に役立つ手法でもある。加えて、多様な意見が交錯することで、自己の先入観・偏見に気づく場であるとともに、多様なものの統一として全体観を得て、チーム内で切磋琢磨して課題に対応する対話の場を開く手法である。

2．学校現場とホールシステム・アプローチ

2-1　ホールシステム・アプローチの使いやすさ

ホールシステム・アプローチは、対話型授業の方法論として次の点で活用しやすい。

（1）アレンジすることで、誰でも実践できる

本来は相当な時間をかけて実施するものだが、時間配分を変更したり、一部分に絞るなどの工夫をすることで、現場に対応させて活用できる。

（2）基本的に1クラスの人数に適した話し合いの手法である

本来は多くの関係者を集める話し合いの手法だが、クラスの規模やそれ以下でも十分成立する。

（3）会話や討論と明確に区別できる対話として理解しあえる

会話と異なるばかりでなく、根源の問いを探求することで討論とも異なる展開になる。あえて生徒に対話を要求せずとも対話を体得していく。

（4）深い対話によって集合知を得る学びの手法である

対話によって集合知を得ることを目的とするので、生徒はテーマに集中す

ることで、他者の意見を尊重しながら、深く考えることができる。

2-2 学校のどのような場面で活用するか

では、具体的に、ホールシステム・アプローチがどんな教育場面で有効だろうか。代表的な4つの手法の例を挙げる。

1	ワールド・カフェ	テーマ（主題）について、根源的問いをめぐって、リラックスしながら多様な意見交換で理解を深める手法 ➡テーマの掘り下げと参加者の気づきをねらいとするときに
2	ＡＩ	問題点や弱みなどの側面よりも、強みや価値などポジティブな側面に焦点を当てることで可能性を切り開く手法 ➡課題への対応や諸活動で前向きな姿勢を築くときに
3	フューチャーサーチ	過去から現在までの歴史を踏まえることで、現状に対する共通理解と理想的な未来を共有する手法 ➡現状分析と未来志向の解決をねらいとするときに
4	ＯＳＴ	課題解決に向けて、自主的に行動計画を出し合い、行動につなぐ手法 ➡生徒の自主性・主体性な活動を引き出すときに

教師は、授業を軸に、各手法の特徴に応じて、学校教育のさまざまな場面で活用し、対話の機能する教育実践を企画することができる。

3. ホールシステム・アプローチのファシリテーターのあり方

3-1 高度なファシリテーションとその条件

ファシリテーターとしての教師は、どうあるべきだろうか。

すでにふれたように、この手法にはファシリテーションの基本要素があらかじめ組み込まれている。ゆえに教師は、準備さえしておけば、授業ではプロセスを見守ることに集中できる。

ポイントは、**場をコントロールしようとしない**ことだ。

このことを理解するために、ここでは、ホールシステム・アプローチの創始者たちによる代表的ファシリテーター論を紹介しよう。

ひとつは、ＯＳＴの創始者ハリソン・オーエンの「スペースを開き、スペースを保持する」という観点であり、もうひとつは、フューチャーサーチの創始者マーヴィン・ワイスボードとサンドラ・ジャノフの「何もしないでただそこに立っていなさい！」という観点である。

ここに第2部が追及しているジェネレイティブ・ファシリテーターの究極的なあり方をうかがい知ることができるだろう。

3-2 スペースを開き、スペースを保持する

スペースは決して所与のものではない。**スペースを開く**とは時間と場を創造することである。そのためにはそれなりのエネルギーと周到な準備を要する。

企画・準備段階の内容は多彩である。その準備の柱は、①コンテキストの確定、②問いの設定、③流れの確認である。

まず、①コンテキストの確定とは、ねらいと問い、対象、場所、時間配分等である。教育実践のためのアレンジも含まれる。その中でも実践の成否を決めるほどに重要なのが②問いの設定である。

次に、③流れのプロセスを確認する。ホールシステム・アプローチの各手法にはファシリテーションの各要素、例えば、場づくり、グルーピング、意見を引き出すなどが組み込まれているので、それがうまく機能するように確認しておく。

このように、場を開くには周到な準備が前提となり、ファシリテーターの仕事の大半は準備段階でほぼ完了していると言っても過言ではない。

重要なのはそれだけではない。スペースを保持するには、その場をリラックスした雰囲気に保たなければならない。学習者の自主性を尊重するためにも、ファシリテーターは場にむやみに介入することは控え、安心・安全で自由奔放な場を提供するように努めるのである。そうしてこそ、場に深い対話が実現する。

開かれたスペースで何より大切なのは、学習者の自主性が最大限に発揮されていることである。

3-3 何もしないでただそこに立っていなさい！

ワイスボードとジャノフは**「何もしないでただそこに立っていなさい！」**("Don't just do something, stand there！")という観点を提起している。

ここで「何もしない」とは場のコントロールを手放すことである。むしろ準備を周到に行い、参加者の自主性を最大限に尊重してスケジュールを進行させる。

ただし、ワイスボードとジャノフはファシリテーターとして押さえなければならないことも示している。

例えば、参加者の自主管理を促し、発言したい人全員に発言の機会を確保すること、異論をもっている参加者がいれば孤立させないよう配慮することなどである。

こうした配慮が伴ってこそ、自由で多様な意見交換と、そこでの思いがけないアイデアが生成される。

このように、ハリソン・オーエンそしてワイスボードとジャノフが語るホールシステム・アプローチのファシリテーターは、**場を「しきる」のでなく場を「し**

くむ」。学習者のアイデアはファシリテーターによって「引き出される」というよりも、学習者同士の自主的学び合いによって「生成される」。こうした対話の成立する場で、そこに生成される新たなパラダイムに関わるのがジェネレイティブ・ファシリテーターである。

このことは、教育現場では、自ら考え発言する活動を軸に、対話の場で創発的な学びを築くことにつながる。

次ページの表はホールシステム・アプローチの４つの手法（ワールド・カフェ、ＡＩ、フューチャーサーチ、ＯＳＴ）の全体像（特徴・準備・流れ・問いの例・留意点）を一覧したものである。次章以降では、これらについて順次紹介していく。

ワークショップの様子。模造紙、付箋、水性マーカーを準備してスタート

参考文献

- Ｄ.ホイットニー＆ Ａ.ロステンブルーム『ポジティブ・チェンジ』ヒューマンバリュー、2006
- Ａ.ブラウン＆ Ｄ.アイザックス『ワールド・カフェ』ヒューマンバリュー、2007
- Ｈ.オーエン『オープン・スペース・テクノロジー』ヒューマンバリュー、2007
- Ｍ.ワイスボード＆ Ｓ.ジャノフ『フューチャーサーチ』ヒューマン・バリュー、2009
- 香取一昭＆大川恒『ホールシステム・アプローチ』日本経済出版社、2009
- 同　『ワールド・カフェをやろう』日本経済新聞出版社、2011
- Ｐ.センゲ『学習する組織』英治出版、2011
- 同　『学習する学校』英治出版、2014

ホールシステム・アプローチの４つの手法

	ワールド・カフェ	ＡＩ	フューチャーサーチ	ＯＳＴ
特徴	問いを巡って多様な視点で深い対話を生み出し創発した収穫を全体会で共有する	問題点や欠点より強みや可能性を探求して最大限に力を発揮できる行動につなぐ	歴史的な視点で現状分析しながら、みんなが望む未来を展望して未来への行動につなぐ	課題に関する討議テーマやプロジェクトを参加者自ら提案して主体的な行動につなぐ
準備	企画の段取り ①コンテキスト ②流れ ③問い ④場の設定	企画の段取り 変化へのアジェンダと肯定的テーマの明確化	企画の段取り 課題の明確化 デザインの概要 関係者分析	企画の段取り テーマと参加人数 参加者への招待 時間と場 話し合いの内容
流れ	第１ラウンド（問いをめぐるテーマの探求） ↓ 第２ラウンド（他花受粉） ↓ 第３ラウンド（気づき統合） ↓ 全体会（収穫し共有）	Discover（インタビュー、ポジティブコア発見） ↓ Dream（未来の可能性を構想） ↓ Design（何が必要かを具体化） ↓ Destiny（チームを作って取り組む）	過去（年表作成） ↓ 現在 分析 ↓ 未来 シナリオ ↓ コモングラウンド（価値の共有） ↓ 行動計画（アクションプラン）	オープニング テーマの提案（コミュニティ掲示板） ↓ マーケットプレイス ↓ 分科会 ↓ プロジェクト提案 ↓ 行動チーム編成 クロージング
問い例	越えたい壁は何 越えたらどうなる 越えるためには	これまで充実していた最高の体験 可能にした要因 希望の持てる兆し	日本における過去の働き方 現在との関係 未来のビジョン	開発教育ファシリテーター講座で学んだことを活用するには
留意点	場づくり グループ編成 多様な意見交換 模造紙の活用 　　などをしくむ	問題解決に焦点を当てるよりも「もっと望むことは何か」に焦点を当てる	個人／ローカル／グローバルの視点 関係者ごとのグループで多様性を生み出す	参加者の自主性を最大限に尊重する 「スペースを開き、スペースを保持する」

第3章
ワールド・カフェ

<ワールド・カフェ活用の場面例>
テーマ（主題）について、根源的問いをめぐって、リラックスしながら多様な意見交換で深める手法ゆえに、テーマの掘り下げと参加者の気づきをねらいとするときに。

1．ワールド・カフェ紹介

どうしたら私たちは十分に話し合うことができるだろうか？
ワールド・カフェによる対話はそのひとつの答えである。

1-1 リラックスした対話でアイデアが結びつく場

ワールド・カフェは、あるフォーラムで休憩時間の会話が最も生産的だったことに着目することで誕生した。このことからわかるように、ワールド・カフェでは参加者がリラックスし心を開いて話し合う。

加えて、メンバーの組合せを変えながら4～6人単位の少人数で話し合いを続ける。本書のめざす「深い対話」を助ける手法である。

この手法では、多様な意見が交錯する対話で多様性に富んだアイデアが結びつく。これによって、その場に思いがけない発見（気づき）が起こる。学習者同士のさまざまな意見に啓発し合いながら深い対話を進めるのだが、ここに「学び合い」が成立する。

このようなワールド・カフェの手法は採用しやすく、対話型授業での活用はもちろん、あらゆる話し合いに有効である。

1-2 対話をホストするあり方と対話のエチケット

ワールド・カフェの基本的流れは3つのラウンドとまとめのセッションで構成される。そこで対話をホストするためのあり方は7つの原理として示されている。特に、ワールド・カフェが対話として有効であるのは、次の3要素が要因であるように思われる。

（1）もてなしの空間を創造する

ワールド・カフェでもっとも重要な要素である。リラックスした安心・安全な場でこそ、自主的で自由闊達なアイデアが生成される。

（2）根源的な問いを探求する

テーマを問いとして捉え直す。問いが価値観や希望、アイデアなどを喚起する。

（3）多様な視点を他花受粉してつなぐ

＊他花受粉
自分たちのアイデアを他のテーブルの人たちに紹介すること。

知識と知識が結びつくことで新しい組み合わせが現れる（他花受粉＊）。ワールド・カフェの多様性による「学び合い」がゆたかな創造性を生みだす。

> ■参考　対話をホストするための原理
> 1. コンテキストを設定する
> 2. もてなしの空間を創造する
> 3. 大切な問いを探求する
> 4. 全員の貢献を促す
> 5. 多様な視点を他花受粉してつなぐ
> 6. パターン・洞察・深い質問に耳を澄ます
> 7. 集合的な発見を収穫し、共有する
>
> 『ワールド・カフェ』222頁より

さらに、ワールド・カフェはカフェのエチケットを明らかにしている。

教育でワールド・カフェを実り多い対話とするには、あらかじめ話し合いの決め事（グランドルール）を確認しておきたい。そのためにテーブル・エチケットのカードをテーブルに置いておき、始まる前に確認すると、対話の学習効果を高めるだろう。

> ■参考　カフェのエチケット
> - あなたが大切だと感じていることにフォーカスを当てましょう！
> - あなたの考えを積極的に話しましょう
> - 理解するためによく聞きましょう
> - アイデアをつなげましょう
> - 会話を楽しんでください
> - いたずら書きをしてかまいません
> - 遊び心で絵を描いてかまいません

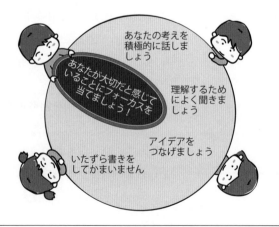

『ワールド・カフェ』78頁より

2. 基本的な手順

2-1 ワールド・カフェの準備の大枠

ワールド・カフェに限らず、ホールシステム・アプローチでは準備がきわめて大切である。その大枠は、以下の通りである。

1）ねらいの確定
2）問いの設定
3）指導計画の作成
4）もてなしの場づくりとテーブルセッティング

準備段階では特に問いの設定がきわめて重要である。ねらいにそって十分に練られた問いにより、テーマに焦点が当てられる。

ねらいと問いを確定できたら、進行の流れを確認して指導計画を作成しよう。

2-2 ワールド・カフェの構成と進め方

基本形は3つの個別ラウンドと全体セッションである（各20〜30分）。

第1ラウンド	第2ラウンド	第3ラウンド	全体セッション
4〜6人で、テーマ（問い）について話し合う。	各テーブル1名（テーブルホスト）だけ残して、他のメンバーは他のテーブルに移動する。新しい組み合わせで問いについて話し合う。	移動したメンバーが最初のテーブルに戻り、他のテーブルで得たアイデアを紹介しながら話し合いを続ける。	カフェホストがファシリテーターとなって、各テーブルの話し合いの結果を全体で共有する。

各ラウンドの特徴は次の通りである。

第1ラウンド	テーマについて話し合って探求する
第2ラウンド	他のテーブルで多様なアイデアを「他花受粉」する
第3ラウンド	多様な視点で気づきや発見をつなぎ合わせて統合する
全体セッション	各テーブルの気づきや発見を収穫して共有する

3. 問いの立て方

3-1 探求を生み出し、ポジティブな未来志向の問い

ワールド・カフェがうまくいくか、いかないかは**問いの立て方**による。

テーマに関して、参加者が本当に話し合いたいと思っている問いを提示することが大切である。問いの設定に当たっては、ネガティブな問題探求よりも未来志向のポジティブな問いとする。問題や困難などネガティブな問いの探求からはネ

ガティブな未来しか考えられないからである。

例えば、問題探求に偏った問いはポジティブな問いに転換する。

> 〈例〉 クラスに活発さが欠けているが、クラスの問題点は何だろう？
> ➡信頼と相互協力のあるクラスを実現するのに、できることはどんなことだろう？

3-2 問いの三段階

問いを立てる際の視点は、（1）ポジティブで集合的な方向性を見出す問い、（2）アイデアをつなぎ合わせて発展に至る問い、（3）未来志向で行動につながる問いである。

これらは、3つのラウンドの各ラウンドで問いを変えて取り組む場合に、基本パターンとして適用できる。

> 〈例〉 第1ラウンド　私たちは最善を尽くすに値する目的は何でしょう？
> 　　　第2ラウンド　私たちのアイデアの中心には何があるでしょう？
> 　　　第3ラウンド　変化を起こすためには、最初の一歩は何でしょう？

4．ファシリテーターのあり方

4-1 周到に準備し、ファシリテーションのしかけを活かす

ファシリテーターの役割の基本は企画と準備である。特に、ねらいを明確化し、探求を引き起こし、ポジティブな未来創造につながるような問いを設定する。

準備段階にはさまざまな仕事があるが、ワールド・カフェの進行段階では、ファシリテーターが場に介入する必要はほとんどない。この手法には、ファシリテーションの要素が進行プロセスのなかに組み込んであるからである。

ファシリテーターはワールド・カフェに組み込まれたファシリテーションの要素を確認し、そのしかけが有効であるように配慮しながら場を見守る。

ワールド・カフェのしかけとは次のような要素である。

> 1）場づくり ➡ 「もてなしの空間」づくり
> 2）グループサイズ ➡ 少人数（4〜6人）の話し合い
> 3）グランドルール ➡ 「テーブル・エチケット」
> 4）対話の場の保持 ➡ カフェホストの役割
> 5）問いと傾聴 ➡ 「問い」にフォーカス
> 6）多様性のある意見交換 ➡ 人の移動による

7) 混沌と収束 ➡ 異なる意見の交錯による対話
8) ファシリテーション・グラフィック ➡ 模造紙の活用
9) 気づきの共有 ➡ 全体セッションの設定

『ワールド・カフェ』74頁より

4-2 リラックスした「もてなしの空間」を保持する

ワールド・カフェのファシリテーターには、カフェ全体に関わるカフェホストと各テーブルに関わるテーブルホストが存在する。名称が示すように、双方とも「ホスト」である。つまり、対話の場を安心・安全でリラックスできる場として保持することが大切である。

特に、ワールド・カフェのファシリテーター（カフェホスト）で重要なのはもてなしの姿勢である。

■参考　カフェホストのホスティング10カ条
① 力強い問いを立てる
② 会場の下見を行い、設定に細心の注意を払う
③ もてなしの空間づくりに徹する
④ 複雑にしないで、シンプルにする
⑤ コントロールしないのはもちろん、できるだけ何もしない
⑥ できるだけ自分も会話に参加する
⑦ アイデアが結びつき、集合知が生まれるよう気を配る
⑧ 模造紙の活用を奨励する
⑨ 参加者の発言にコメントしない
⑩ 参加者のフィードバックを得て、次に活かす

『ワールド・カフェをやろう』74頁より

5．対話型授業へのアレンジ

5-1 短縮バージョンを創る

ワールド・カフェは、その場に応じたアレンジがさまざまに行われることが多い。

学校教育でもさまざまなアレンジが可能だろう。2つの観点からアレンジを考えることができる。ひとつは、授業で扱う際の時間的制約を乗り越える工夫であり、もうひとつは、ワールド・カフェの学習効果をより有効にするためのアレンジである。

（1） 1ラウンド（10分）の練習バージョン

「ＹＥＳかＮＯか？　それはなぜか？」等の発言しやすい問いを設定し、1ラウンドだけで実施する。ひとつの判断に対する多様な理由を出し合うことで、生徒は自分の判断理由を深める体験を経験するだろう。こうした話し合いをくり返すことで、対話に慣れるようにしていく。

（2） ワールド・カフェは通常1時間半以上を要する。学校の45~50分授業では時間的制約がある。アレンジを工夫しなければならない。

ａ．35分の簡易バージョン

➡対話型授業として対話型問答とワールド・カフェの組み合わせを考慮する。問いは1つで第1ラウンド（10分）を軸とし、第2ラウンド（5分）は他のテーブルの模造紙観察だけにして、それをもとに第3ラウンド（10分）で収束し、全体セッション（10分）で各テーブルの気づきを収穫・共有する簡易版である。

ｂ．2時限に分割した短縮バージョン

➡各ラウンド20分ほど確保する。
前半（1～2ラウンド）と後半（3ラウンドと全体会）に分けて実施する。

ｃ．特別時間割での90分バージョン

➡2時限連続が組める場合には通常の進め方が可能である。
例えば、総合的な学習の時間とロングホームルームを組み合わせる時間割の例がある。
少なくとも15分で3ラウンドを組めるパターンである。

5-2　アレンジの留意点

（1） 話し合いのグランドルールを確認しよう

テーブル・エチケットを事前に確認する。こうして、話し合いのグランドルールを知り、深い対話（ダイアログ）のルールを身につける。

（2） 協働的な対話を促す

どちらが正しいかのディスカッションではなく、ダイアログによる協働学習が保てるようにする。

（3） 問いは絞って

テーマの探求に集中する場合、問いはラウンドごとに変更せず固定しよう。少なくとも、第1～2ラウンドは1つの問いに焦点を絞る方が深めやすい。

（4） ＦＧ（ファシリテーション・グラフィック）の工夫

テーブルで書く「いたずら書き」（テーブル・レコーディング）を単なるお絵かきとせず、ある程度内容を整理することができるよう指導する。

（5） 行動計画につなぐ

第3章　ワールド・カフェ

ワールド・カフェでテーマを探求したあと次の行動計画につなぎたいときは、他の手法、例えばＯＳＴの行動計画と組み合わせて実施するなどの企画を考慮する。

6．モデルプラン（テーマ：まちづくり）

6-1　まちづくりワークショップ（「まちづくり・カフェ」）

自分の住む町の人たち（8人）が集まってまちづくりワークショップを実施するものとする。多様な住民を想定してロールプレイ*形式でワールド・カフェを行う。

その際、登場人物の役割を担った学習者は、アンケートの結果を踏まえて、事前学習で役割の専門性を高め、ジグソー法*で学習に臨むものとする。

こうして、自分事として専門性ある意見交換ができる授業をしくむとよい。

*ロールプレイ
関係者の役割を演じることで問題を自分事として共感的に捉える参加型手法。

*ジグソー法
複数の視点をグループで個別に専門化し、説明し合うことを統合して全体像を学び取る学習法。

■ロールプレイの登場人物（例）
　A 市役所職員（司会）　　B 小学校教諭　　C 高齢者　　D 重度障害者
　E 妊娠中の女性　　F 医師　　G サラリーマン　　H 在住外国人

今回の授業は、3限を配当し、事前調査〜研究、前半（第1〜2ラウンド）、後半（第3ラウンド〜全体セッション）に分けて実施するものとする。

コンテキスト・流れ　等	進め方・支援　等
<コンテキスト> ・テーマ：生き生きとしたコミュニティ ・ねらい：多くの多様な住民が過ごしやすいまちづくりを構想し参画する態度を培う ・対　象：中学3年 ・単　元：「地方自治」 <流れ> 　3ラウンド＋全体共有のワールド・カフェ形式で話し合いを行う（各20分） <事前準備> ・市内に住む多様な方々にアンケートして　その方々の生き方・考え方を調査する ・調査内容をロールプレイの役割に応じてさらに学習して専門性を高めておく	1　各テーブルに役割をもった4〜6人が着席し、カフェホストは事前にテーマとテーブル・エチケットを確認する （1）**第1ラウンド：問いの探求** 　　問い1：「多くの住民が望む"過ごしやすいまち"とはどんなまちだろう？」 （2）**第2ラウンド：席替えで他花受粉** 　　問い：問い1と同じ （3）**第3ラウンド：戻って意見の統合** 　　問い2：「望ましいまちづくり実現のためにできることは何だろうか？」 （4）**全体セッション：収穫と共有** 　　「各テーブルでの話し合いの成果は何か？それを皆で共有しよう！」

<参考> 役割カードの例

> ヴァン・ミン（在住ベトナム人）男性　50歳
> ◆自己紹介
> 15年前にベトナムから日本にやってきました。日本語はまだまだですが少し大丈夫です。
> 毎日残業で帰りが遅いです。ベトナムにいた頃は小学校教師でした。このまちには外国人も多いので、外国人も参加できるまちづくりが望ましいと思っています。
> ◆まちのことで気になっていること
> 私のまわりの人たちは親切ですが、そのほかの関わりない人たちは外国人と関わる意識がないみたいで残念です。
> ◆困っていること
> まちの掲示物が日本語だけなので、もう少し外国人に配慮してほしいです。ごみの出し方なども決まりがあるようですが、説明してもらえないので日本のモラルがなかなか理解できなくて困っています。
> ◆まちへの提言
> 日本の皆さんたちと一緒に交流したり、まちのために何かを一緒にできたら素晴らしいと思います。

6-2　ロールプレイとジグソー法の意義

　学びのテーマ探求は、できるだけ身近に引き寄せる問いで探求したい。授業以外ではなおさらである。

　けれども、すべてのテーマで個人の問題とできない場合もありうる。そのための参加型の手法が**ロールプレイ**である。そしてロールプレイをより深めるための手法が**ジグソー法**である。

　ロールプレイは、自分が学習の当事者を演ずることで、自分事として共感的に考えるための手法である。ここでのモデルプランでも、まちにはさまざまな人がいて、各々が願いを持っていることを他人事とせず、そうした人々の立場を理解するために、アンケートやインタビューしたうえで役割を演じている。

　ジグソー法は、モデルプランでは、自分が担当した人物についての専門性を高め、深い発言ができるように事前研究している。役割の専門性を高めることで発言が深まることが期待される。ワールド・カフェではテーブル移動があるので必ずうまく配置されるとは限らないが、それも現実を反映していると言えるだろう。

　モデルプランの授業は「地域」や「地方自治」に関連する単元での対話型授業である。参加者の役割カード作成のために、生徒が地域で取材するなり、図書館等で調べるなりが前提になる。

　モデルプランでは4項目でアンケートしているが、アンケート項目や役割カードは生徒自身が作成するのが良い。その他のカードについても同様である。

ここでは、モデルプランの参加者の願いを一般化して一覧しておこう。

市役所職員	行政と市民が協働する地域づくりへの期待
小学校教師	子どもたちの安全配慮の要望と学校と地域の連携への期待
高齢者	高齢者が生き生きとでき、介護の充実したまちづくり
重度障害者	バリアフリーなまちづくり
妊娠中の女性	待機児童問題などのない子育てしやすいまちづくり
医師	地域医療体制の確立
サラリーマン	休日やオフタイムに楽しめるまちづくり

7．ワーク課題

ワールド・カフェの対話型授業のために、単元における話し合いのコンテキスト・流れ・問いを作成しよう。その際、
a．自分の考えた簡易バージョン
b．2分割バージョン
　の2種類を作成してみよう。また、
c．総合的学習の時間等での90分バージョンも考えてみよう。

ワークショップの様子。各要素を付箋に書き出してグループ分けする

参考文献

- A．ブラウン＆ D．アイザックス『ワールド・カフェ　カフェ的会話が未来を創る』ヒューマンバリュー、2007
- 香取一昭・大川恒『ワールド・カフェをやろう―会話がつながり、世界がつながる』日本経済新聞出版社、2009
- 香取一昭・大川恒『ホールシステム・アプローチ―1000人でもとことん話し合える方法』日本経済新聞出版社、2011

第2部　より高度なファシリテーションへの道

第4章　AI

＜AI活用の場面例＞
問題点や弱みなどの側面よりも強みや価値などポジティブな側面に焦点を当てることで可能性を切り開く手法であるゆえに、課題への対応や諸活動で前向きな姿勢を築くときに。

1. AI紹介

個人や組織が最大限に輝くにはどうしたら良いだろうか？
AIはその答えのひとつである。

1-1　肯定的な姿勢とストーリーテリングの効果

　AI（Appreciative Inquiry）の直訳は「真価を正当に評価する探求」で、この用語は人間や組織の「あるがまま」を肯定的に受け入れる姿勢が軸となっている。AIはポジティブな考え方を貫徹して対話を助ける手法である。

　この肯定的な姿勢は、ある組織が最も効果的に機能する要因は、ポジティブな経験が大きな影響を及ぼしているという調査結果からきているとされており、私たちが理解しておくべきAIの主要原理（肯定性の原理）である。すなわち、ポジティブな問いを発することでポジティブな変化が生まれる。しかも、それが肯定的で活気を与えるものであればあるほど大きな変革を実現できる。

　そもそも、私たちの社会に関する理解は、その構成員である人々の相互作用によって組み立てられる（構成主義＊の原理）。

＊構成主義
ある対象について人々の相互作用によって理解を組み立てて構築すること。

　私たちが学ぶべきは、この社会ではポジティブなイメージをもって努力することが重要であり、それによって希望が実現する可能性が高まる（期待成就の原理）こと、さらに、イメージ、比喩、ストーリーによってポジティブな価値の共有が可能で（詩的比喩の原理）、望んでいる未来があたかも実現したかのように語ったり演じたりすることで未来の変化が起こりやすくなること（体現の原理）などである（ストーリーテリング＊の効果）。

＊ストーリーテリング
知識や経験をストーリーのかたちで伝達すること。

■参考　AIの8つの原理

①構成主義の原理……知識は会話という相互作用を通じて生み出される。
　　　　　　　　　　言葉が未来を創る。
②肯定性の原理………ポジティブな問いを発すると、ポジティブな変化が生まれる。
　　　　　　　　　　質問が肯定的で活気を与えるものであるほど、変化は大きく持続的なものになる。

③期待成就の原理……期待した通りのことが実現する。肯定的なテーマの選定が重要。
④詩的比喩の原理……組織は開かれた本のようなもの。
　　　　　　　　　ストーリーテリングと比喩やイメージが重要。
⑤体現の原理…………望んでいる未来が今あたかも実現したかのように語ったり演じたりすることにより、そうした未来に向けての変化が起こる。
⑥同時性の原理………探求を始めること自体が即変革を引き起こすことになる。
　　　　　　　　　　探求を始めると同時に人々の行動や意識が変化し始める。
⑦全体性の原理………全体性を反映することが重要。
　　　　　　　　　　すべての関係者（ステークホルダー）の参加を求める。
⑧選択自由の原理……一人ひとりの自主的な選択による貢献が重要。
　　　　　　　　　　手挙げ方式による実行・チームの編成。

『ホールシステム・アプローチ』99頁より

1-2　問題解決アプローチからAIアプローチへ

　現状を改善しようとするとき、一般には、問題点を抽出し、原因を分析して解決策を探ろうとする。AIはこうした従来の問題解決アプローチと正反対のアプローチをとる。

　すなわち、現状のあるがままの姿を肯定的に受け入れることで、その可能性を探求してポジティブな変革に至るアプローチである。問題解決の探求とあるべき姿の探求は決して別物ではなく、コインの表裏である。

　問題解決アプローチとAIアプローチの違いを対比したのが次の表である。

表　問題解決アプローチとAIアプローチ

問題解決アプローチ	AIアプローチ
・問題を特定する ・原因分析を行う ・解決策を考える ・行動計画を作る	・自分たちの強み・価値を発見する ・可能性を思い描く ・実現方法を考える ・改革の取り組みを持続する

『ホールシステム・アプローチ』90頁より

　ここでは、AIが存在する問題を無視して進めているかのように思えるかもしれない。けれどもそうではない。肯定的テーマの選定等は、ほんとうに望むことを問うことで、問題点を可能性に転換しているのであり、問題に焦点を当てるよりも根源に潜むポジティブな強みや価値に焦点を当てることの有効性を提起しているのである。

2. 基本的な手順

2-1　ＡＩ活用の準備の大枠

　ここでは、ＡＩ全体のうち、学校現場で活用できるように、インタビューを中心とした第一段階のディスカバリーに絞って解説する。

　ＡＩに限らないが、ホールシステム・アプローチでは準備がきわめて大切である。その大枠は以下の通り。

　　1）　ねらいの設定と肯定的テーマの選定
　　2）　指導計画の作成
　　3）　ＡＩインタビューの問いの作成
　　4）　インタビューシートの作成と必要な文具等の準備

　肯定的テーマを選定したら、次に進行の流れを確認して指導計画を作成しよう。準備段階では、特にインタビューの問いの作成が難しいかもしれない。肯定的テーマを反映するとともに、ＡＩの全体像も踏まえた問いを工夫したい。それによって、第１段階（ディスカバリー）のインタビューだけでもＡＩ全体のサイクルに対応できることになる。

2-2　ＡＩ全体（４Ｄサイクル）の構成と進め方

　ＡＩの流れは下の通り、ディスカバリー（Discovery）～ドリーム（Dream）～デザイン（design）～デスティニー（Destiny）の**４Ｄサイクル**で展開する。

　これら各々は、問題解決アプローチの「問題探求～原因分析～解決策模索～行動」に対応していると言える。

＊ポジティブコア
強みや価値など。

　まず準備段階は、検討するテーマを肯定的な言葉で表現することから始める。「活力の源を探求する」段階では、参加者へのインタビューを行い、各自のテーマに関わる力を見出して「ポジティブコア＊」として共有する。抽出されたポジティブコアはインタビューで確認できた強みや価値である。グループでそのインタビュー結果を共有する。

　次に、「可能性を思い描く」段階では、その強みや価値が発揮されたらどのよ

うな未来が実現するか語り合い、感情に響く寸劇や絵などで表現する。

次の「実現方法を考える」段階では、思い描く理想的な未来の状態を実現するには何が必要かを検討し、挑戦的な宣言文を作成して宣誓する。

「変革を持続させる」段階では、変革チームと行動計画を作り、日常的な活動として、生成されたエネルギーを持続させていく。

以上が４Ｄサイクル全体の進め方であるが、ＡＩ全体を実施するには３泊４日を要する。

ゆえに、以下では、Discovery（活力の源探求）に絞って紹介していこう。

2-3　ＡＩ「ディスカバリー」の進め方

ここではインタビューを４Ｄサイクルと連動させることで、インタビューだけでも４Ｄサイクル全体をまわすことができる。

（１）２人一組で「ＡＩインタビュー」を行う

一人15分を目安に３～５個の問いについて相互インタビューする。

（２）グループでインタビューの結果であるストーリーを共有する

グループで一人５分を目安にインタビュー結果のキーワードを共有。

（３）ポジティブコアを発見する

グループ内で重要なキーワードを５個抽出する。

（４）模造紙にポジティブコアマップを描く

抽出したキーワードを総合したものをイメージマップに表現する。

最後のイメージマップは、次「ドリーム」に直結しているので、ありたい姿の表現とすることができる。

3．問いの立て方

3-1　大切な成功体験のストーリー

ＡＩでは問いがきわめて重要である。特にＡＩインタビューでは問いを４Ｄサイクル全体に連動させることに工夫を要する。ゆえに、問いは各サイクルのねらい（活力の源を探求する～可能性を思い描く～実現方法を考える～変革を持続させる）を反映させることを考慮する。さらに、問題に焦点を当てるネガティブな問いは避け、ポジティブな問いに変換する必要もある。

インタビューの質問は、３～５個用意し、ストーリーとして成立するようにサブ質問を添える。質問の内容は３つの時制（過去・現在・未来）の観点で作成するとストーリーにつながりやすい。

具体的な問いとそれに伴うサブ質問は次の通りである。

> ■問1　過去の成功体験
> 「これまでの人生でもっとも（テーマに関して）うまくいっていたのはどんな状態でしたか、成功の体験を話してください。」
> ➡ 「それはいつ、どこで、どのように起こりましたか？」
> ➡ 「なぜうまくいったと感じたのですか？」

> ■問2　成功体験をポジティブに総括
> 「それでは、その素晴らしい結果を可能にした要因は何でしょう。」
> ➡ 「それはどのような行動や態度が関係していましたか？」
> ➡ 「どのようなことを大切にしていたからでしょうか？」

3-2　過去から現在、そしてポジティブな未来へのストーリー

　過去の成功体験をポジティブに総括できたら、そのプラス思考を現状分析および未来の希望へとつなぐ。

　具体例は以下のような問いである。

> ■問3　現在の状況をポジティブに分析
> 「現在の状況はさまざまな課題に直面しています。けれども、希望を与える兆しもあるでしょうか。」
> ➡ 「もっともポジティブで希望のもてる兆しは何だと思いますか？」
> ➡ 「その兆しはどのような影響を与えるでしょうか？」

> ■問4　未来の期待につなぐ
> 「あなたは今、10年後の未来にワープしました。そこではあなたの思いがうまくいっています。」
> ➡ 「そこでは何が見えますか、どんな状態でうまくいっていますか？」
> ➡ 「あなたの強みや能力は発揮されていますか？」

> ■問5　未来への方法と持続
> 「最後の質問です。10年後の未来から今日をふりかえってください。」
> ➡ 「未来と今とでは何が違いますか？」
> ➡ 「あなたの望む素晴らしい未来を実現するための第一歩はどうしますか？」

4. ファシリテーターのあり方

4-1 周到に準備し、ポジティブな場を保持する

　　ＡＩにおいても活動の流れはあらかじめ設計されている。ゆえに、ファシリテーターにとって重要なのはその準備段階にある。肯定的なテーマを選定し、４Ｄに連動した問いを設定する。ＡＩ本番では、ゆったりとしたポジティブな場を保持しながら、参加者を設計された流れに導く。

　特に、軸となるＡＩインタビューでは、自由闊達な発想を引き出すために、ゆったりとした空間スペースを確保するなどを工夫したい。

4-2 感性に働きかける

　　ＡＩの長所のひとつはアプローチのなかに物語が生成されることにある。人間は理論よりも物語に共感することで心が動くのである。そして言葉（物語）の力が未来を創る。

　ここにおいて、ファシリテーターの仕事は場をコントロールしようと介入することではない。学習者のエネルギーの推移を把握していることである。

　その際、留意すべきは、参加者のエネルギーの高まりを保持することである。モチベーションが低下しないように、製作した成果を常に見えるかたちにしておくなどの工夫が必要である。

5. 対話型授業へのアレンジ

5-1 短縮バージョンを創る

　　対話型授業での実践はＡＩを代表するディスカバリーを行う。

　通常は、インタビューすることで力の源泉を探求していくが、テーマによって、生徒個人を対象にしたインタビューでは意味をもたないこともある。その場合は、別な主体を想定してＡＩインタビューを行うことが必要になる。

　例えば、企業レベルなら企業、地域レベルのテーマなら地域、国家レベルの問題なら国家を主体にする。

　簡易バージョンは、ＡＩインタビューをグループで検討する授業とポジティブコア抽出～発表までの授業の計２時限に分けて実施することになる。

5-2 インタビュー自体から学びを創る

　授業以外で、インタビュー自体がより良い出会いをもたらす実施も有効である。ＡＩインタビューを見本となる対象に実施することで、インタビューする側が大きな学びを得ることができる。

　ＡＩは、人間のあるがままの姿をみつめながら、肯定的な見方を育てていくので、学習者に必要な自己肯定観を高める効果があるが、そればかりでなく、インタビュー自体が学びを生み出す。

　次にあげるのは、米国の高校における進路学習での教育効果の事例である。

> ■参考　米国オハイオ州のショー高校の進路学習
> 　基礎学力テストに不合格となる生徒が合格者数を上回るという危機的状況にあったショー高校で、低学力の生徒を自由参加で集めＡＩを行った。
> 　そのプロセスは単純なもので、生徒たちが、教師、両親、学問で成功している人たちにインタビューを行ったという。そのインタビューは、他者はどのように勉強し学んでいるか、大学卒業生にはどのような仕事のチャンスがあるか、大学とはどのようなものかを探るものだった。そして、インタビュー終了後、生徒たちはストーリーと結果を共有し、プレゼンテーションし、お互いに内容を教え合った。その結果、終了時には、参加した生徒のほぼ全員が学力テストに合格し、大学に進学する決心をしていたという。
>
> 　　　　　　　　　　　　　　　　　　　『ポジティブ・チェンジ』42-43 頁より

6．モデルプラン（テーマ：まちづくり）

6-1 まちづくりワークショップ（ＡＩインタビュー）

　4Dサイクルにおける第1Dのディスカバリーを実践する。

　自分の住む町でＡＩアンケートをしながら、まちづくりに取り組む。

　その進行と質問（およびサブ質問）の例は次の通り。

（1）テーマ：住民一人ひとりが誇りを持てるまちづくり

（2）地域について問答の後、ＡＩインタビュー（ポジティブコアの発見）

（3）インタビューで得た物語のポジティブコアをグループで抽出する。

（4）ポジティブコアを表現し、ふりかえりの題材とする。

表　ＡＩインタビューシート

問1	あなたが自分のまちでもっとも好きだったところはどんなところですか？ ➡それはどんなところが好きだったのですか？ ➡あなたはどんな気持ちをもっていましたか？	メモ
問2	それでは、好きな原因は何ですか？ ➡それはどのような価値があるのでしょうか？ ➡どのような点があなたにとって大事ですか？	メモ
問3	現在のこのまちの良さをどんなふうに見ますか？ ➡このまちのどこが誇れる点でしょうか？ ➡このまちの持ち続けるべき良さは何でしょう？	メモ
問4	あなたが目覚めると10年後です。10年前には不可能と思われたことがすべて実現しています。 ➡それはどのようなまちでしょうか？ ➡どこが素晴らしいと思えますか？	メモ
問5	最後の質問です。10年後の世界から今をふりかえってください。 ➡未来と今とでは何が違っていますか？ ➡素晴らしい未来を実現するには、どんな第一歩を踏み出したら良いですか？	メモ

6-2　まちづくりの課題を整理し、対策につなぐ

　　　　　　　　ディスカバリーはＡＩの第一段階であるから、課題解決に向けたポジティブな対応はイメージで共有することにとどまっている。

　　　そこで、ここではもう１時限追加して、課題をどのように解決するかを検討する。ＡＩでの解決策は改善の改革案となる。

7．ワーク課題

1．現在の単元で、ＡＩのディスカバリーを実施してみよう。

　授業の課題対策案を検討するのにＡＩアプローチを採用して検討する授業案を作ろう。

　ポジティブなテーマ設定をして、ＡＩインタビューの質問シートを作成し、２時限を割り当てる指導計画を立ててみよう。

2．部活動で、チームを強くするためにＡＩアプローチを採用してみよう。

　また、伸び悩んでいる生徒をコーチングするために、面接でＡＩインタビューを実施し、ＡＩアプローチを試みてみよう。

参考文献

- Ｄ．ホイットニー＆Ａ．ロステンプルーム『ポジティブ・チェンジ』ヒューマンバリュー、2006
- 香取一昭・大川恒『ホールシステム・アプローチ』日本経済出版社、2011

第2部　より高度なファシリテーションへの道

第5章 フューチャーサーチ

<フューチャーサーチ活用の場面例>
過去からの現在までの歴史を踏まえることで、現状に対する共通理解と理想的な未来を共有する手法ゆえに、授業や諸活動での課題解決をねらいとするときに。

1. フューチャーサーチ紹介

1-1 共通の価値に焦点を当てた未来展望

＊コモングラウンド
参加者全員で合意できる共通の価値。

　フューチャーサーチは、できるだけ多くの関係者が集まって、過去〜現在〜未来を検討することで、全員が合意できる共通の基盤（コモングラウンド＊）を見いだし、将来のビジョンを描いて、それを実現するための行動につなぐ対話の手法である。

　私たちが直面する問題は、さまざまな利害が複雑にからみ合い、多くは共通のよりどころのない状況にある。フューチャーサーチでは、歴史という共通の土俵で関係者が協働作業をすることで、参加者は自己の枠に囚われることなく共通の価値を見いだすことが可能になる。

　フューチャーサーチが大切にしていることは次のような考え方である。

- 多様な視点を重視し、できるだけ多くの参加者を集める。
- 協働作業を自律的に運用する。
- 共通の価値と未来展望に焦点を当てる。
- 部分より全体を探求し、グローバルに考え、ローカルに行動する。

1-2 タイムラインの発展的手法

＊タイムライン
歴史的な出来事を書き出すことで、その延長としての現在および未来について考察する参加型手法。

　フューチャーサーチは参加型学習の手法で知られている「タイムライン＊」と考え方が似ている。けれども、この手法はタイムラインよりもワーク内容が精緻であり、深い探求をプロセスのなかに仕組んでいる。その結果、合意形成のための共通価値に至る。歴史的視点導入にタイムラインは有効だが、その発展としてこの手法に取り組むならば、一味違う深さを実感できるだろう。

　ここでは、まず、タイムラインを理解しよう。この手法は教育分野で古くからある参加型手法である。社会の出来事や自分の経験などを時間軸に沿って表すことで、歴史的に事象を分析していく。

　時間を横軸にとって、時間の流れをラインとして表す。事象を過去〜現在へと

書き並べ、それらの関係性を時間的・空間的に考察することで、自分や自分たちの社会が歴史的連続性のなかにあることを知る。

さらに、時間のラインを未来まで伸ばして考えることで、未来を自分たちの選択で決定することができることに気づく。そこから、未来構想を「望ましい未来」と「望ましくない未来」に分岐して描き、自分たちはどういう未来を築くのか、そのためにはどうしたらよいのかを考察する。

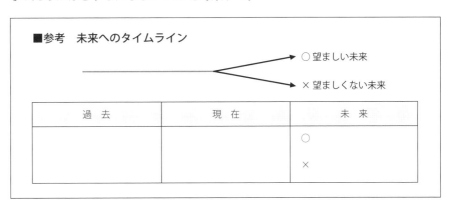

2．基本的な手順

2-1 フューチャーサーチ活用の準備の大枠

フューチャーサーチに限らず、対話を助けるツールとして精緻にしくまれたホールシステム・アプローチは総じて準備段階がきわめて大切である。
その大枠は以下の通り。
　　1）課題とねらいの明確化
　　2）指導計画の作成
　　3）進行に応じて問いの作成
　　4）年表作成活動の場づくり
課題とねらいを明確にして指導計画を作成したら、進行に応じた問いを用意しよう。

2-2 フューチャーサーチの構成と進め方

フューチャーサーチは、年表を作成して、過去（歴史の年表）〜現在（現状分析）〜未来（理想の未来）〜コモングラウンド（価値基盤の合意）〜行動計画（アクションプラン考案と実施）という5段階で構成される。

この手法は各段階でアウトプットがはっきり出るので進行がわかりやすい。特に、過去段階でアウトプットする年表がすべての軸になる。現在段階では、マイ

ンドマップを作成する。そして、未来段階では合意できた理想的な未来のシナリオを作成し、コモングラウンドを確認する。最後に、アクションプランを立てて実行チームをつくる。

表　フューチャーサーチのプロセス

1	過去	年表を作成して、過去を振り返る。 個人、ローカル、グローバルの3つの視点で、整理する。
2	現在	年表を見ながら、過去の影響下にある現在を分析する。 現在の重要なトレンドを自分たちとの関係で把握する。
3	未来	理想的な未来の可能性（シナリオ）を思い描く。 それを寸劇や絵などにして表現する。
4	コモン グラウンド	全体の場で、価値の基盤に合意する。 理想的な未来のイメージから共通の価値のリストを作成する。
5	行動計画	合意した共通の価値を基にした、未来実現のための行動計画を考える。 自発的な実行チームづくりをする。

3. 問いの立て方

3-1　進行プロセスに則して問いを設定

フューチャーサーチの問いは課題が明確ならば必然的に浮かび上がる。

通常、テーマは「〜の未来」となるが、問いは、過去の出来事と現在との間をつなぐ問いかけを考慮する。

例えば、現状分析では、「年表から何が読み取れるでしょう」という問いに続けて、「現在起こっていることで、今後に影響を与えるものには何があるか」を問う。

3-2　過去と向き合うことによる否認や混乱に対応する

フューチャーサーチでは歴史的な影響に向き合うなかで生じる否認や混沌が想定されている。新しい状況に対する否認や混乱を経ることで、違った次元の新しい現実を創り出す再生機運が生じる。

過去のしがらみとの矛盾が生じる場面では、再生するための問いとして、「自慢できること（好きなところ）と残念に思うこと（嫌いなところ）」などが定番の問いとなる。

最終的には、「10年後、あなたが望ましいと思う未来が実現しているとするならば、それはどのような状況でしょう」のようにポジティブに問いかけよう。

4. ファシリテーターのあり方

4-1 周到に準備し、成功の条件を意識する

フューチャーサーチの流れには対話を助けるファシリテーションの要素が精緻に組み込んであるので、ファシリテーターの重要な仕事は準備段階にある。それを十全に行い、対話の場が成功の条件を満たすように見守る。

まず、ねらいを明確化し、検討対象の範囲を決め、課題を明確にする。それによってテーマが確定する。そこから参加者の確認、時間枠・場所の設定などを企画し、アレンジ等の工夫をして問いを作成する。

そして、いざ開始されたのちはフューチャーサーチ成功の条件をできるだけ満たすように見守るのである。

■フューチャーサーチ成功の条件
- 「ホールシステム」が一堂に会すること
- ローカルな行動を起こすコンテキストとしての全体像を重視
- 「問題と対立」に注目するのでなく、「価値基盤と未来」に焦点を当てる
- 小グループの自己管理
- 参加者の全日程への完全な出席
- 快適な話し合いの環境
- 睡眠を間にはさんだ3日間の日程
- 活動計画について責任を公にすること

『フューチャーサーチ』69頁より

4-2 「何もしないでただそこに立っていなさい！」の真意

フューチャーサーチの創始者マーヴィン・ワイスボードとサンドラ・ジャノフはファシリテーターのあり方を明快に示唆している。

※「何もしないでただそこに立っていなさい！」(192頁参照)

それは「何もしないでただそこに立っていなさい！」*("Don't just do something, stand there！")という観点だ。この「何もしない」とは、場のコントロールはできるだけ手放すということである。それよりも、準備を周到に行い、学習者の自主性を最大限に尊重してスケジュールを進行させる。つまり4-1の記述を優先する。

ただし、ワイスボードとジャノフはファシリテーターとして押さえなければならないことも真意として示している。特に、多様性（対立）への対応が重要である。異論をもっている参加者がいれば孤立させないよう配慮することに留意したい。この手法は合意を優先するので、基本的には共通の基盤づくりを優先するの

だが、こうした配慮が伴ってこそ、自由で多様な意見交換とその場での新しい未来への合意が促進される。

フューチャーサーチにおいては、否認や混乱は想定されており、逆にそれらを大切にするファシリテーターの姿勢が肝で、例えば、「今の意見に支持者はいますか？」と聞いたりして、対話の促進をはかることが大切である。

フューチャーサーチでは皆で全体の視点を共有しているので、多様な視点が場に生じる。そこから新しい未来に向かう生成的な対話が展開される。

5．対話型授業へのアレンジ

5-1 タイムラインから発展させる

通常、フューチャーサーチは2泊3日を要し、準備期間に加えて、過去〜現在〜未来の段階ごとに1日ずつかけて実施する手法である。

したがって対話型授業では、時間的にアレンジが不可欠である。まず、よく使用される参加型手法のタイムラインを発展させたアレンジが馴染みやすいだろう。

通常1時限配当のタイムライン作成を軸にそれを補足するかたちで実践する。そのためには、現在分析で価値基盤の形成に留意し、そこから未来を構想する合意形成をねらいとしよう。

5-2 簡易バージョンを創る

第2に、歴史的視点が重要と判断する単元で、過去〜現在〜未来に1時限ずつ割り当てて3時限（3分割）確保し、フューチャーサーチの簡易版を実施する。その内訳は、年表作成＋現在分析＋未来構想になる。

なお、教育では、年表作成を実施する場合、それ自体をグループの調べ学習にすることが望ましい。そうでないと、歴史的事実をその場で書き出すことは難しい。少なくとも、歴史的に軸となる出来事はあらかじめ提示しておくことで、年表作成をスムースに進行したい。

6．モデルプラン（テーマ：まちづくり）

6-1 まちづくりワークショップ（歴史をふまえた未来づくり）

ここでは、自分の住む町でのＡＩアンケートをし、一人ひとりが自分のまちの可能性に誇りをもてたことを前提に、フューチャーサーチの簡易版を行う。

過去〜現在〜未来に1時限ずつ割り振る授業計画で、未来を構想する合意形成

までを実施する。
　なお、年表作成をスムースに進めるために、事前アンケートの段階で「まちに影響を良い与えた出来事は何ですか」を調べ、図書館でまちの歴史やテーマ別の出来事を調べておくものとする。

■テーマ：私たちのまちの未来

① 年表作成　　地域、日本、世界の3ジャンルで、主に戦後をふりかえる。
　　　　　　　　問い：「私たちのまちに影響を与えてきた過去の出来事は何でしょう？」

＜年表カード例＞

	まちの出来事	日本の出来事	世界の出来事
1949年以前			
1950年代			
1960年代			
1970年代			
1980年代			
1990年代			
2000年以降			

② 現状分析　　グループごとに年表を見ながら現在を分析する。
　　　　　　　　問い1：「年表から現在との関係で何が読み取れるでしょう？　また、現在のトレンドで今後に影響を与えるものは何でしょうか？」
　　　　　　　　問い2：「現在のまちで自慢できるところ（好きなところ）は何でしょう？残念だと思うところ（嫌いなところ）は何でしょう？」

③ 未来展望　　理想的な未来のシナリオを思い描く。
　　　　　　　　問い1：「10年後に望ましいまちが実現していたとしたら、それはどんなまちでしょうか？　絵に表現してください」

④ まとめ　　ふりかえりの問い：「各グループの未来像をつなぎ合わせるとどんな物語が見えてきますか？」（→ 行動計画へ）

6-2　課題を整理し、対策につなぐ

通常、フューチャーサーチの授業では、未来展望をイメージで表現して共有するまでで終わる。時間的にそこまでできれば成功と言える。

ここでは、皆で考察した未来展望のための課題を整理して、対策につなぐ授業をつけ加える。ここに出てくる対策は、単なる対策ではない。学習者が同じ土俵で協働して検討した結果である。

歴史を踏まえた課題対策のアイデアを「創る」学びとする。

7．ワーク課題

現在の単元で、フューチャーサーチを実施するためのテーマを設定し、
（1）タイムラインの拡充版
（2）3時限配当
の2種類について、歴史的視点で「未来を構想する」学びを企画してみよう。

ワークショップの様子。1枚の模造紙に全員で書きこみながらブレーンストーミング

参考文献

- M.ワイスボード＆S.ジャノフ『フューチャーサーチ』ヒューマンバリュー、2009
- 香取一昭・大川恒『ホールシステム・アプローチ』日本経済出版社、2011

第6章 OST

<OST活用の場面例>
課題解決に向けて、自主的に行動計画を出し合い、行動につなぐ手法ゆえに、諸活動で生徒の自主性・主体性を引き出すときに。

1．OST紹介

1-1 自主的に行動計画を出し合い、自主的活動につなぐ

OST（Open Space Technology）は、関係者が一堂に集まって課題を検討し、課題解決に対応するプロジェクトを参加者自らが提案して、活動につなぐ手法である。

設定したテーマに基づいて検討課題を出し合うが、あくまで「検討したい」課題であることが前提である。そして、そこには自分事としての意欲や情熱が伴っている。

そうした場では、参加者の自主性が最大限に尊重される。参加者自身が何とかして場を進行していこうとする。逆に言えば、ファシリテーターの介入はほとんど必要ない。そうした場のプロセスを精緻にシステム化している手法がOSTである。

1-2 自主性を最大限に尊重する

OSTの自主性尊重は徹底している。参加者の当事者意識と自己組織化能力を引き出すことを重視する。

創設者ハリソン・オーエンによれば、関心のある人は全員が適任者である。場に起こったことは起こるべくして起こったのである。そして、いつ始まろうといつ終わろうと参加者の自主性に委ねる。

この姿勢は、参加者への絶対的信頼に裏付けられていると同時に、主催側と参加者との信頼関係を築く考え方でもある。こうした姿勢を確認するために、ファシリテーターはこうした原則をオープニングで宣言し、貼り紙にしてテーマと共に壁に掲示しておく。

> ■4つの原則
> 1．ここにやってきた人は、誰でも適任者です。
> 2．何が起ころうと、起こるべきことが起こるのです。
> 3．いつ始まろうと、始まった時が適切な時です。
> 4．いつ終わろうと、終わった時が終わった時です。
>
> 『オープン・スペース・テクノロジー』85頁より

　また、参加者は、検討内容に関心がもてなくなったら、自由に退席して、休憩していてもよい。また、別の検討会に移っても構わない。この自由はOSTの法則にもなっている。

> １つの法則：主体的移動の法則
>
> さらに、もうひとつ、次のような注意点も貼り出しておく。
>
> えっ？　という感覚を大切にしてください。
>
> 『オープン・スペース・テクノロジー』85頁より

　OSTはユニークなアイデアが尊重される。意外性と驚きの空間であることはOST成立の条件ともなっている。

2．基本的な手順

2-1　OSTの準備の大枠

　OSTのプログラムは精緻なので、まず、全体の大枠を理解しておく必要がある。周到な準備が必要だが、準備段階の大枠は次の通りである。
（1）　課題に関する前段階の学びの検討
（2）　テーマとねらいの設定
（3）　指導計画の作成
（4）　サークルの場づくり、ほか

　この手法は、これまでのホールシステム・アプローチ（ワールド・カフェ、ＡＩ、フューチャーサーチ）と異なり、現状分析や未来展望から行動計画につなぐ手法ではなく、最終的な行動計画に関する手法である。ゆえに、それ以前の学びにつなぐときに、テーマとねらいに沿って指導計画を作成しよう。

2-2　OSTの構成と進め方

この手法の展開は精緻であるので、まず、各段階のねらいにそって整理しておくと次の通りである。

　1）目的を共有する
　2）検討したい課題を提案する
　3）課題を検討する
　4）課題に対応するプロジェクトを提案する
　5）実行チームを編成する
　6）プロジェクトを実施する

OSTは、こうしたねらいにそって、自主性を維持できるプロセスを精緻に組み立てている。ワークショップの進め方は以下のようになる。

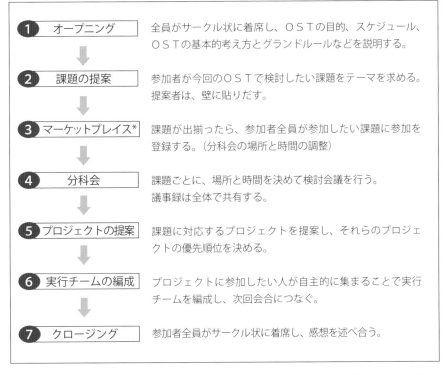

＊マーケットプレイス
分科会の場所と時間を調整する場。

オープニングで目的を共有する。検討したい課題が提出され選択したら、検討会議（セッション）は、掲示板に、下のような「スペース・タイム・マトリクス＊」を掲示し、参加希望者は付箋紙を貼り付けて参加表明する。参加者にとって時間や場所が重なる場合はマーケットプレイスにて当事者間で調整する。

＊スペース・タイム・マトリクス
部屋を縦軸に時間を横軸にとった分科会に関するマトリクス表。

<参考> スペース・タイム・マトリクスの例

部屋名	10:30～12:00	昼食	13:30～15:00	15:00～16:30
A	付箋紙貼り付け～調整			
B				

『オープン・スペース・テクノロジー』91頁より

3. 問いの立て方

OSTにおける問いは話し合いを活性化し深めるものでなく、行動につなぐものであるので、その設定に大きな苦労はないであろう。例えば、「未来に向けて、必要な活動は何でしょう？」「未来に向けてやってみたいことは何ですか？」等の行動計画を求めるものとなる。

なお、ファシリテーターは、場にいる場合は、問いそのものに相当する無言の問いかけを行っているといえる。例えば、安全な時間と場を維持するために、姿を見せること、確固として場を見守っていること、内容に関する執着を手放して信頼すること、などである。

4. ファシリテーターのあり方

4-1 「スペースを開く」ための周到な準備

*「スペースを開き、スペースを保持する」
（192頁参照）

ハリソン・オーエンは、ファシリテーターのあり方に関して、「スペースを開き、スペースを保持する」* と示唆している。

「スペースを開く」とは、場の時間と空間を創造することだ。それには周到な準備が必要である。そのために、オーエンはスペースを開くためのチェック事項を示唆している。それらのポイントを表にすれば次の通りである。

■オープン・スペースのためのチェックリスト
- □ **適正**……OSTは目的にあっているか？
- □ **テーマ**… 明白に焦点が絞られており、想像を膨らませるスペースか？
- □ **招待状**…場所、時間、必要情報が載っているか？
- □ **時間**……十分に時間を割り当てたか？
- □ **会場**……メイン会場はサークル状に着席できるか？
- □ **壁**………分科会会場に障害物のない壁があるか？
- □ **その他スペース**… 十分なブレークアウト・スペースを確保できるか？
- □ **食事と飲み物**… もてなしの用意はできているか？
- □ **必要文具等**… マーキングテープ、マーカー、フリップチャート、付箋紙、マイク等

『オープン・スペース・テクノロジー』44-46頁より

4-2 スペースを保持する

　実は、この手法はホールシステム・アプローチの他の手法と比べて、もっともファシリテーターの存在感がない。オープニングでは中心となるが、そのあとのマーケットプレイス以降では出番がなくなり、姿を消してしまう場合もある。

　ファシリテーターのオープニングでの仕事には、次の6つのステップが求められる。

> ■開始作業　6つのステップ
>   1．歓迎
>   2．参加者を集中させる
>   3．テーマの宣言
>   4．プロセスの説明
>   5．掲示板の設置
>   6．マーケットプレイスの開設
> 　　　　　　　『オープン・スペース・テクノロジー』96頁より

　ファシリテーターとしての教師は、いまだこのような自主的活動に乗ってくるクラスづくりができていない場合は、教育的配慮としてしばらくは耐える必要がある。

　家庭でも部活動でもそうだが、自主性が尊重されていないところでは、生徒のやる気は育たない。**子どもは自主性の抑圧にはやる気のなさで抵抗する**ものである。ところが、自主性を最大限に保証されていると、家庭でも部活動でもクラスでも、自主的に行動しようとする傾向がある。

　なお、集中力を高めるスキルとしては、オープニングでファシリテーターへの注視を促したり、その後は、手を挙げることに反応して挙手で意思疎通してもらうなどの工夫をするとファシリテーターの運用はスムースに展開しやすくなる。

5．対話型授業へのアレンジ

5-1 短縮バージョンを創る

　生徒のアクションプランと活動を計画する授業で、OSTの半日バージョンを短縮した授業を工夫したい。

　比較する半日バージョンモデルは次の通りである。

```
■半日バージョンのスケジュール（例）
 9:00 ～ 10:30   オープニング
10:30 ～ 12:00   第1セッション
12:00 ～ 13:30   昼食
13:30 ～ 15:00   第2セッション
15:00 ～ 16:30   第3セッション
16:30 ～ 18:00   クロージング
             『オープン・スペース・テクノロジー』89頁より
```

この半日モデルも多数の学習者を想定しているので、分科会のセッションが3つになっているが、学校のクラス程度では第1セッションだけで済む。

2時限分の時間を要するが、次のような短縮バージョンを創る。
（1）授業1：オープニング（テーマ、手順などの説明）
　　　　　　課題提案（検討したい課題を出し合う）
（2）授業2：分科会（課題ごとに検討する）
　　　　　　プロジェクト提案と実行チーム編成

主眼は、テーマに関する活動計画を生徒が自主的に考案すること、およびそれを皆で自分事として検討し、自主的活動に結びつけることである。

5-2　時間が許せば、ワールド・カフェ短縮版と組み合わせる

ワールド・カフェ短縮版（2時限）に、ОＳＴ短縮版（2時限）を組み合わせることを考慮したい。総合的な学習の時間などでまとまった時間を確保できるならば、組み合わせの実現性はさらに高まるだろう。

また、授業だけでなく、修学旅行等の学校行事で生徒主体の活動に取り組む場合も、事前学習の後に実施すれば「主体的参画」が実現するだろう。

6．モデルプラン（テーマ：まちづくり）

6-1　まちづくりワークショップ（自主的行動計画）

ここでは、自分の住む町で何をしたいかを決めて、自主的な活動グループをつくることをねらいとして、短縮バージョンを実施する。なお、事前学習は前提となる。

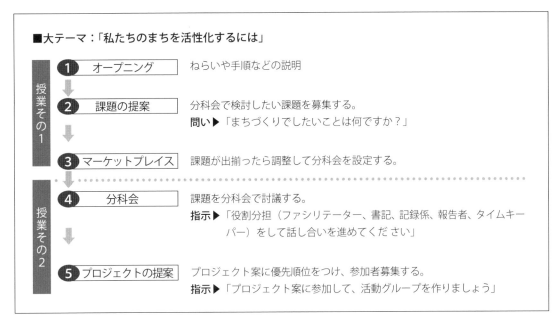

ここでのポイントは、テーマ提案で生徒の主体的な計画を尊重すること、マーケットプレイスを経て、賛同者で検討会議を行い、実施につなぐことである。なお、不参加はともかく、分科会の移動は可能とする。

6-2 ワールド・カフェからOSTにつなぐオプション

できれば、ワールド・カフェ短縮版（2時限）とOST短縮版（2時限）の組み合わせで実施する。

ワールド・カフェ短縮版は、各ラウンド20分で、前半（第1〜2ラウンド）と後半（第3ラウンドと全体会）であるから、これにOST短縮版（2時限）を加えるかたちになる。

7. ワーク課題

現在の単元で、OSTを実施するためのテーマを設定し、時間配分を工夫して、「自分たちにできること」「自分たちがしたいこと」を計画し実行に移す授業を実践しよう。

また、総合的な学習の時間の総合学習で、設定したテーマに関して、ワールド・カフェとOSTを組み合わせた指導計画を立ててみよう。

参考文献
- H.オーエン『オープン・スペース・テクノロジー』ヒューマンバリュー、2007
- 香取一昭・大川恒『ホールシステム・アプローチ』日本経済出版社、2011

おわりに

　もうずいぶん前になりますが、電車でご一緒した顔見知りの教授に、「講座でもっとも重要視していることは何ですか？」と聞かれ、「基本は教師がファシリテーションを身につけることです」とお答えしたところ、「なるほど、ラーニング・ファシリテーターですね」という反応がありました。新鮮でした。米国では、教師は知識を教える teacher ではなく、生徒の主体的学びを支援する learning facilitator の時代であるという話になったのでした。

　ここから、学ぶとは主体的な成長（自己変容）の営みであり、教師はそれを助ける存在なのだ。そうした学びこそがほんとうの学びなのだ、という思いにつながっていきました。

　本書は、拓殖大学国際開発教育センターの主催する開発教育ファシリテーター養成のための公開講座10年間の実践を土台にしています。

　第1部は「通常コース」の内容に、第2部は「アドバンストコース」の内容に即しています。第2部は第1部の基礎があっての応用です。

　本書の刊行にあたっては「教育ファシリテーション研究会」に集った修了生有志の協力にまず感謝します。最終的には、弘文堂の編集者・外山千尋さんとの協働作業になりましたが、とても楽しい制作過程でした。

　また、内容に関しては、講座のゲスト講師にもお呼びしている多田孝志先生（目白大学教授）、香取一昭先生（マインドエコー代表）に多くの刺激的示唆をいただきました。さらに、折にふれて激励いただいた赤石和則先生（拓殖大学国際開発教育センター長）やいつも温かく見守ってくださっている渡辺利夫先生（拓殖大学総長）と甲斐信好先生（拓殖大学国際開発研究所長）にも心より御礼申しあげます。

　今後、教育ファシリテーターにとっては、学習者主体の観点がますます重要になるでしょう。また、世界で活躍できることも重要です。ファシリテーターとして、個々人やチームの潜在能力を最大限に引き出し、共に課題に立ち向かっていける人材である「グローバル・ファシリテーター」の育成も視野に入れていきたいものです。

　こうした展望をうちに含みながら、本書を座右に置いていただき、日々の教育実践を積み上げていただくことを願っています。

編者を代表して　小貫　仁

● 編　者

石川一喜 いしかわ・かずよし　　　　　　　　　　　　　　序章-第1部担当

拓殖大学国際学部准教授
東京学芸大学教育学部（初等科教員養成課程社会科）卒業、東京学芸大学大学院教育学研究科（社会科教育専攻法学政治学講座）修士課程修了（教育学修士）。

専門分野
　　開発教育、ファシリテーション、教育方法論、時事問題学習

著　書
　　『ケータイの裏側』（共著、コモンズ、2008）、『開発教育―持続可能な世界のために』（共著、学文社、2008）、『時事問題学習の理論と実践―国際理解・シティズンシップを育む社会科教育』（共著、福村出版、2009）ほか。

小貫　仁 おぬき・じん　　　　　　　　　　　　　　　　　　第2部担当

拓殖大学国際開発研究所講師
早稲田大学教育学部（教育心理学専修）卒業、日本大学大学院修士課程修了（経済学研究科）。元埼玉県立高等学校教諭（社会科）。

専門分野
　　教育学（開発教育）、経済学（制度派経済学）

著　書
　　『援助と開発』（編著、開発教育協議会、1995）、『子ども・若者の参画』（共著、萌文社、2002）、『貧困と学力』（共著、明石書店、2007）、『開発教育〜持続可能な世界のために』（共著、学文社、2008）、『開発教育で実践するＥＳＤカリキュラム』（共著、学文社、2010）ほか。

● **執筆協力者** (50音順、所属は2016年5月現在)

上村　隆　かみむら・たかし　………………………………………………… 第3章 第3節
株式会社かんぽ生命保険

菊地秀信　きくち・ひでのぶ　………………………… 第1章 第1節、第10章 第1節
荒川区議会議員

九里徳泰　くのり・のりやす　………………………………………………………… 第6章
相模女子大学学芸学部英語文化コミュニケーション学科教授

木暮恵一郎　こぐれ・けいいちろう　………………………………………… 第8章 第2節
八王子市立長房中学校副校長

後藤雅子　ごとう・まさこ　……………………………………………………………… 第2章
保健師、南山大学大学院

五味雅彦　ごみ・まさひこ　…………………………………………………… 第8章 第1節
東京都公立小中学校講師

高須栄二　たかす・えいじ　………………………………………… 第4章 第2, 3節
茨城県立並木中等教育学校非常勤講師、農家、青年海外協力隊茨城県OV会

田中啓之　たなか・ひろゆき　………………………………………………… 第4章 第4節
相模女子大学人間社会学部社会マネジメント学科教授

南雲勇多　なぐも・ゆうた　………………………… 第7章 第2節、第9章 第2節
早稲田大学文化構想学部助手、認定NPO法人国際子ども権利センター理事

沼尾優泰　ぬまお・まさひろ　………………………………………………… 第3章 第2節
麗澤大学職員

藤木正史　ふじき・まさし　……………………………………………………… 第9章 第1節
東京学芸大学附属国際中等教育学校教諭

星　忠之　ほし・ただゆき　……………………………………………………………… 第5章
hughmer empower 代表

渡瀬みずほ　わたせ・みずほ　………………………………………………… 第4章 第1節
不動産開発会社勤務、2015年4月より青年海外協力隊（環境教育）でベトナムに赴任

教育ファシリテーターになろう！
グローバルな学びをめざす参加型授業

2015（平成27）年2月15日　初版1刷発行
2019（平成31）年2月28日　同　3刷発行

編　者　石川一喜・小貫　仁
発行者　鯉渕　友南
発行所　株式会社 弘文堂　　101-0062　東京都千代田区神田駿河台1の7
　　　　　　　　　　　　　TEL 03(3294)4801　振替 00120-6-53909
　　　　　　　　　　　　　　　http://www.koubundou.co.jp

デザイン・イラスト　高嶋良枝
印　刷　三報社印刷
製　本　井上製本所

© 2015 Kazuyoshi Ishikawa. Jin Onuki. Printed in Japan
[JCOPY]〈(社)出版者著作権管理機構 委託出版物〉
本書の無断複写は著作権法上での例外を除き禁じられています。複写される場合は、そのつど事前に、(社)出版者著作権管理機構（電話 03-5244-5088、FAX 03-5244-5089、e-mail : info@jcopy.or.jp）の許諾を得てください。
また本書を代行業者等の第三者に依頼してスキャンやデジタル化することは、たとえ個人や家庭内での利用であっても一切認められておりません。

ISBN978-4-335-55168-0